Minerva Shobo Librairie

コーポレート・ガバナンス改革の国際比較

多様化するステークホルダーへの対応

佐久間信夫
［編著］

ミネルヴァ書房

はしがき

　アメリカはコーポレート・ガバナンスの研究と実践において長い歴史をもつ。1800年代初頭に世界に先駆けて会社法による株式会社の設立が認められて以来，鉄道業や重化学工業など，多額の固定設備投資を必要とする産業は株式会社制度を採用し，その強力な資本調達機能を利用して様々な産業において巨大な株式会社が成長した。一方で，発展し，巨大化する株式会社に対する監視についての調査，研究も継続的に行われた。アメリカ議会下院銀行通貨委員会に設置されたプジョー委員会は1913年に『プジョー報告書』を公表した。これは当時の投資銀行を中心とする「マネー・トラスト」への支配集中体制を焦点とするものであったが，同時にこれらの投資銀行が株式所有，議決権信託，融資などによって鉄道会社や一般産業会社，公益事業会社の政策決定に重大な影響力を行使していることを危惧する内容であった。産業会社に対する金融機関の支配，いわゆる「金融支配」への懸念はその後，アメリカ国民や政府，議会が共有する問題となった。

　アメリカでは「金融支配」が経済と産業の寡占をもたらし，株式会社の健全な発展を妨げるのではないかという懸念から，この問題についての国家レベルでの大規模な調査が継続的に行われたのである。すなわち，1939年には『国家資源委員会報告書』，1968年には『パットマン報告書』，1978年には『メトカーフ報告書』が公表され，「金融支配」などの側面からの調査とこの調査結果を根拠とした監視が続けられた。

　他方，1932年にはバーリ゠ミーンズの『近代株式会社と私有財産』が刊行され，アメリカの200大企業の実態調査に基づく，「経営者支配論」が提起された。アメリカ大企業の支配者は，株主ではなく経営者であるという彼らの主張は，株式会社の支配者は所有者（株主）であるとする「所有者支配論」，そして株

i

式会社の支配者は銀行であるとする「銀行支配論」との間で激しい論争を巻き起こすことになった。50年以上にわたって継続された「株式会社の支配者は誰か」を巡るこの論争は世界各国に波及したが，日本の経営学界においても経営学研究の主要なテーマの1つとなり，多くの研究成果が蓄積された。

　一方，1970年代にアメリカ大企業では不祥事が続発し，大規模株式会社では経営者が強大な権力をもち，この権力を監視するための取締役会や株主総会などの機関が無機能化していることが明らかになった。すなわち大規模株式会社の支配者が経営者であり，強大な権力をもつ経営者を監視するシステムが機能していないことが次第に明らかになっていったのである。アメリカの株式会社論は，1970年代から，株式会社の支配（コーポレート・コントロール：corporate control）を巡る議論から，経営者支配を前提とした株式会社の統治（コーポレート・ガバナンス：corporate governance）を巡る議論へと転換していった。1980年代後半のアメリカでは敵対的企業買収を含むM&Aブームの中で，株主と会社の支配者である経営者の攻防が展開され，次第に取締役会を介した株主による経営者への監視機能が強化されていった。機関投資家を中心とする株主は取締役会の構造を改革し，1990年代初頭には，アメリカは世界で最も優れたコーポレート・ガバナンス制度を構築したように思われた。世界的な大企業の著名な経営者が株主の要求に応えていないとの理由で次々に解任され，アメリカのコーポレート・ガバナンスが完成したと考えられるようになったのである。1990年代には世界の多くの国々で，企業不祥事などを契機に，コーポレート・ガバナンス改革が行われたが，これらの国々はアメリカのコーポレート・ガバナンス制度をモデルに改革を進めることになった。

　1990年代にはアメリカのコーポレート・ガバナンス制度は自他ともに認めるグローバル・スタンダードとなった。しかし，2001年12月に発生したエンロン事件は，アメリカのコーポレート・ガバナンス制度に大きな欠陥があることを世界に示すことになった。エンロン事件を契機にアメリカの大企業では相次いでコーポレート・ガバナンスの機能不全が指摘されることになり，2002年7月にはエンロンの2倍の負債規模をもつワールドコムが破綻した。当時のブッ

シュ大統領は，アメリカのコーポレート・ガバナンスを再構築するためにサーベンス・オックスレー法（SOX法）を成立させたが，それはインサイダー取引に関与した経営者に対する厳しい罰則や監査法人への厳しい監視を内容とするものであった。コーポレート・ガバナンスを法律で厳しく規制するこのような方法は，ハードローと呼ばれるコーポレート・ガバナンス規律である。

このような中で，イギリスではソフトローと呼ばれるコーポレート・ガバナンス規律が発展しつつあった。すなわち，コーポレート・ガバナンスに関してイギリス企業で採用されている最も優れているコーポレート・ガバナンス制度，最善慣行規範（code of best practice）を呈示し，上場企業に対してこの最善慣行規範を遵守することを求めるという方法である。そして個々の企業がこの最善慣行規範（企業統治規範：コーポレート・ガバナンス・コード）を守れなかったとしても罰則があるわけではない。遵守できない場合はその理由を説明し，その理由が妥当であるかどうかは市場に評価させるというものである。「遵守せよ，さもなくば説明せよ」（comply or explain）と呼ばれるこのようなコーポレート・ガバナンス制度は厳しい罰則を伴わないため，一見大きな効力が期待できないようにも思われる。しかし，この制度を採用した多くの国では企業統治規範の遵守率が年々向上しているだけでなく，企業統治規範そのものの見直しも行われるため，その結果として上場企業のコーポレート・ガバナンスの水準が高くなっていることが明らかになった。

さらに，説明すれば必ずしも企業統治規範を守る必要がないこと，各国の法制度や経済実態，各業種や各企業の特殊事情を考慮した適用が可能であることなど，柔軟性が高いコーポレート・ガバナンス規律であるため，経営者にとっても取り組みやすいという特徴がある。証券取引所のような自主規制機関が規範を定め，「遵守せよ，さもなくば説明せよ」の方法でコーポレート・ガバナンスを規律づけるソフトロー・アプローチは，イギリスで採用され，その後フランス，イタリア，ドイツなどでも採用され，さらにアジア諸国にも普及が進んだ。日本において2015年から適用が開始されたコーポレートガバナンス・コードとスチュワードシップ・コードもソフトロー・アプローチによるコーポ

レート・ガバナンス規律である。

　これに対して，アメリカでは2002年に制定されたSOX法に基づいて厳格なハードローによるコーポレート・ガバナンス改革が大きな効果を発揮すると予測されていた。それにもかかわらず，2008年にはリーマンブラザーズをはじめとする投資銀行が次々に経営破綻し，アメリカの銀行のコーポレート・ガバナンスに大きな欠陥があることを露呈した。この事件を機に，アメリカのコーポレート・ガバナンス規律に重大な欠陥があるとの疑念は確信に変わり，各国はアメリカをモデルとするコーポレート・ガバナンス改革から距離を置き，ソフトローによるコーポレート・ガバナンス改革を進めていくことになった。すなわち，1990年代までは，各国のコーポレート・ガバナンスの制度はアメリカ型に収斂していくかのように見えたのであるが，エンロン事件以降はソフトローによるアプローチが世界のコーポレート・ガバナンス改革の主流となっていった。これは，各国の法律や経済制度，業種や個別企業の特殊性を尊重しつつ，経営者が株主を中心とするステークホルダーとの対話を通して自発的に，コーポレート・ガバナンスを改革していこうとするものである。法律でどんなに厳しく規制をしても必ず抜け道は見つけることができる。ステークホルダーとの対話という方法で，経営者がある程度自発的にコーポレート・ガバナンス改革に参加するソフトロー・アプローチは，経営者が規制逃れに走らず真剣に自社のコーポレート・ガバナンス改革に取り組むことが期待されるという点で大きな意義がある。

　法律や歴史，経済制度，労使関係などは国によって異なる。ソフトロー・アプローチは，これらの相違を認めた上でのコーポレート・ガバナンス改革である点も重要である。多様性を認めた上での改革であるため，成果も方向性も多様である。ドイツでは労資共同決定制度や二層制の取締役会を維持した上で，ソフトロー・アプローチによるコーポレート・ガバナンス改革が進められているが，韓国をはじめとするアジア諸国では財閥企業やファミリービジネスが国の経済の主要な部分を構成している。ソフトロー・アプローチはこうした多様性をもつ世界の多くの国々にも適用が可能であり，効果を期待し得るという点

でも意義がある。ソフトロー・アプローチが世界に波及するゆえんであろう。

このように世界のコーポレート・ガバナンス改革の潮流はハードロー・アプローチからソフトロー・アプローチへと大きく舵を切ったように思われる。本書はこのような大きな潮流変化の中で，各国がどのようにコーポレート・ガバナンス改革を進めているのかを検証するものである。各章の執筆においてはそれぞれの分野で大きな研究業績をもつ気鋭の研究者に執筆を依頼したが，すべてご快諾を得ることができた。執筆者の方々に御礼申し上げたい。

編者は大学院生の頃から株式会社支配論に関心をもち，同志社大学の故正木久司先生の論文で勉強させていただいた。正木先生は株式会社支配論という研究領域を切り拓いてこられた経営学の泰斗であられるが，編者は数十年前に同志社大学で開催された証券経済学会の懇親会の席で，正木先生の還暦記念論文集の執筆者の1人にとお声掛けいただいた。今日，株式会社支配論は株式会社統治論へと変化したが，正木先生との出会いがなければ，今日の編者はなかったと思う。本書を上梓するに当って改めて正木久司先生の学恩に感謝申し上げる。

また，本書出版に関してはミネルヴァ書房の梶谷修氏より多大なご配慮，ご支援を頂いた。ミネルヴァ書房からは『企業統治構造の国際比較』（2003年）以降，この研究テーマで3冊目の出版となるが，全て梶谷氏にご支援頂いたものである。ここに謹んで感謝申し上げる。

2017年9月

編者　佐久間信夫

コーポレート・ガバナンス改革の国際比較

——多様化するステークホルダーへの対応——

目　次

はしがき

第Ⅰ部　日本のコーポレート・ガバナンス

第1章　外部監視とコーポレート・ガバナンス …………佐久間信夫…3

はじめに ……………………………………………………………3

第1節　日本における企業統治改革の歴史 ………………………4

第2節　日本版スチュワードシップ・コードの適用と遵守状況 ………8

第3節　コーポレートガバナンス・コードの適用 ………………12

第4節　コーポレートガバナンス・コードの遵守状況 ……………13

おわりに ……………………………………………………………19

第2章　会社機関とコーポレート・ガバナンス …………文　載皓…23

はじめに ……………………………………………………………23

第1節　日本の会社機関とコーポレート・ガバナンス ……………24

第2節　会社機関の変革 ……………………………………………26

第3節　社外取締役とコーポレート・ガバナンス ………………30

第4節　日本のコーポレート・ガバナンスの課題 ………………32

おわりに ……………………………………………………………33

第Ⅱ部　アメリカのコーポレート・ガバナンス

第3章　外部監視とコーポレート・ガバナンス …………浦野倫平…41

はじめに ……………………………………………………………41

第1節　アメリカにおける企業統治改革の歴史 …………………41

第2節　株式所有構造の変化と機関投資家の行動 ………………46

第3節　自主規制機関 ………………………………………………52

目　次

　　第4節　連邦政府，SEC による規制……………………………………54

　　おわりに………………………………………………………………56

第**4**章　会社機関とコーポレート・ガバナンス…………今西宏次…64

　　はじめに ………………………………………………………………64

　　第1節　株式会社とそれ以外の企業および上場会社と非上場会社 …65

　　第2節　トップ・マネジメント組織と経営者支配論……………………68

　　第3節　取締役会…………………………………………………………70

　　第4節　株主提案…………………………………………………………77

　　おわりに………………………………………………………………83

　　　　　第Ⅲ部　イギリスのコーポレート・ガバナンス

第**5**章　外部監視とコーポレート・ガバナンス…………田中信弘…91

　　はじめに ………………………………………………………………91

　　第1節　企業統治改革の歴史……………………………………………92

　　第2節　所有構造の特徴と機関投資家の行動…………………………95

　　第3節　イギリス企業統治の制度的枠組み……………………………101

　　おわりに………………………………………………………………107

第**6**章　会社機関とコーポレート・ガバナンス…………出見世信之…114

　　はじめに ………………………………………………………………114

　　第1節　改革の進展………………………………………………………114

　　第2節　株主総会…………………………………………………………117

　　第3節　取締役会…………………………………………………………119

　　第4節　監査委員会と内部統制…………………………………………122

　　第5節　実効性の向上に向けて…………………………………………125

ix

おわりに……………………………………………………………………127

第IV部　ドイツのコーポレート・ガバナンス

第7章　外部監視とコーポレート・ガバナンス……………風間信隆…133

はじめに……………………………………………………………………133
第1節　企業統治改革の歴史と動向………………………………………134
第2節　企業形態と株式所有構造…………………………………………139
第3節　上場会社と機関投資家の台頭……………………………………142
第4節　企業統治規範（DCGK）と「企業の利益」……………………145
おわりに……………………………………………………………………147

第8章　会社機関とコーポレート・ガバナンス……………山口尚美…152

はじめに……………………………………………………………………152
第1節　株主総会をめぐる状況……………………………………………154
第2節　監査役会をめぐる状況……………………………………………157
第3節　執行役会をめぐる状況……………………………………………162
おわりに……………………………………………………………………166

第V部　韓国のコーポレート・ガバナンス

第9章　外部監視とコーポレート・ガバナンス……………金　在淑…173

はじめに……………………………………………………………………173
第1節　コーポレート・ガバナンス改革の歴史…………………………173
第2節　所有構造の変化と機関投資家等の行動…………………………175
第3節　自主規制機関の規制………………………………………………180
第4節　監査法人による監査………………………………………………182

第5節　金融委員会などの監督官庁の規制 ……………………………185

おわりに ……………………………………………………………………187

第10章　会社機関とコーポレート・ガバナンス ………柳町　功…191

はじめに ……………………………………………………………………191

第1節　株主総会 ………………………………………………………193

第2節　理事会（取締役会）改革 ……………………………………196

第3節　外部監査と監査委員会 ………………………………………204

第4節　内部統制機関と企業倫理 ……………………………………206

おわりに ……………………………………………………………………207

第Ⅵ部　その他の国のコーポレート・ガバナンス

第11章　フランスのコーポレート・ガバナンス ………村田大学…213

はじめに ……………………………………………………………………213

第1節　コーポレート・ガバナンス改革の歴史（1）：1990年代から
　　　　2000年代半ばまで ………………………………………………214

第2節　コーポレート・ガバナンス改革の歴史（2）：2000年代後半
　　　　以降 ………………………………………………………………218

第3節　フランス経済社会の伝統と外部監視 ………………………221

第4節　会社機関構造と取締役会 ……………………………………226

おわりに ……………………………………………………………………229

第12章　インドのコーポレート・ガバナンス
　　　　………………………………………ビシュワ・ラズ・カンデル…234

はじめに ……………………………………………………………………234

第1節　インドの会社形態の歴史 ……………………………………234

第2節　会社法上の機関構造 ……………………………………………237

第3節　1991年以降におけるインド企業の所有変化 ………………246

おわりに ……………………………………………………………………249

索　引……255

第Ⅰ部

日本のコーポレート・ガバナンス

第1章

外部監視とコーポレート・ガバナンス

は じ め に

　2015年を境に日本のコーポレート・ガバナンスが大きく変わり始めた。改正会社法の施行とコーポレートガバナンス・コードおよびスチュワードシップ・コードの適用が開始されたためである。コーポレートガバナンス・コードは上場企業に対して73の原則の遵守を，スチュワードシップ・コードは機関投資家に７つの原則の遵守を求めるものであるが，仮に遵守しなくとも罰則が科せられるわけではなく，遵守しない理由を説明すればよい。これは「遵守せよ，さもなくば説明せよ（コンプライ・オア・エクスプレイン，comply or explain）」と呼ばれる自主規制の方法であり，法律で規制するハードローに対してソフトローと呼ばれるものである。法律のように罰則を伴うものではないので，コーポレート・ガバナンスの実効性が疑問視されていたが，むしろ実効性の点でハードローよりも優れているとの認識が広がっており，ヨーロッパ諸国をはじめとして世界各国でソフトローによる規制が浸透している。

　1990年代以降，日本では法律の改正によるコーポレート・ガバナンス改革が続けられてきたが，日本企業のコーポレート・ガバナンス改革は遅々として進まなかった。そこで，日本における２つのコードの適用に期待が集まっていたが，その結果は期待以上だったように思われる。2015年から１年が経過した段階での日本企業のコーポレート・ガバナンス改革には大きな進展が見られる。そればかりでなく，コーポレートガバナンス・コードとスチュワードシップ・コードは，企業と機関投資家に自発的なコーポレート・ガバナンス改革を促す

3

第Ⅰ部　日本のコーポレート・ガバナンス

システムであることから，今後持続的に改革が進む可能性がある。ソフトローという従来とは全く異なる枠組みが導入されたことでコーポレート・ガバナンス改革への期待は大きなものがあるが，他方で，2つのコードは企業とステークホルダーの対話を重視していることもあり，日本に最も適したコーポレート・ガバナンスの構築も期待される。

　本書は各国のコーポレート・ガバナンスについて，企業の外部から企業を監視する仕組みと企業の内部組織を通して経営者を監視する仕組みとに分けて各国の制度と実態，そして改革の状況を分析している。本章は，日本における外部監視について考察するが，日本のコーポレート・ガバナンス改革において画期的な変化をもたらすことになった2つのコードの適用開始とその成果を中心に取り上げることにした。敢えていうならば，コーポレートガバナンス・コードは東京証券取引所の上場基準の一部であり，遵守状況の公表等も東京証券取引所によって行われるため，企業外部からの監視に含まれる。また，スチュワードシップ・コードは機関投資家による企業への監視状況をモニタリングする仕組みであり，金融庁が機関投資家のコーポレート・ガバナンスへの取組みをモニタリングする制度ということができる。そこで本章は，新しく導入された2つのコードの遵守状況を分析すると同時に，東京証券取引所（自主規制機関）による企業の監視と金融庁（政府機関）による機関投資家の監視について考察することになる。

第1節　日本における企業統治改革の歴史

（1）　法改正による企業統治改革

　日本においてコーポレート・ガバナンスの改革が始まったのは，1990年代からである。まず，1990年代初頭の金融・証券不祥事を受けて，監査役の機能強化と株主の権利強化を目的として，1993年に商法が改正された。監査役の機能強化に関しては，監査役の任期を従来の2年から3年に延長すること，大会社に監査役会を設置すること，大会社に社外監査役を少なくとも1名選任するこ

4

第1章　外部監視とコーポレート・ガバナンス

となどの改正が行われた。

　株主の権利強化の目的で行われた，1993年の商法改正における株主代表訴訟についての法律改正は，経営者の賠償責任を厳格化するものであり，経営者の違法行為に対する大きな牽制効果をもつものであった。

　2002年の商法改正では，日本企業のコーポレート・ガバナンスを改善するために委員会等設置会社（現　指名委員会等設置会社）の制度が導入されたほか，監査役のさらなる機能強化も行われた。しかし，委員会等設置会社を採用するか否かは任意とされたため，委員会等設置会社に移行した企業は100社前後と，極めてわずかな会社数にとどまった。

　また，2002年の商法改正においては大会社の監査役の半数以上に社外監査役を選任することを義務づけた。大会社の監査役会は3名以上の監査役で構成されるため，最低2名の社外監査役の選任が求められることになった。しかし，1993年の商法改正後の社外監査役の実態と同様，社外監査役の独立性が低いこと，社外監査役の選任を事実上経営者が行っていることなどの理由により，これらの社外監査役による企業統治機能には限界があった。

　2005年には会社法が制定され，2006年から施行された。会社法は，定款自治の理念の下，定款に規定を設けることにより，会社機関の設計や組織運営についての自由度が大幅に高まった。例えば，定款を変更することにより，利益処分の権限を株主総会から取締役会に移すことが可能になるなど，取締役会の権限を大きくすることができるようになった。さらに，会社法は株式会社に内部統制システムの構築を義務づけた。

（2）　東京証券取引所と金融庁による取組み

　東京証券取引所（以下，東証）は，2009年12月30日に有価証券上場規程等の一部改正を行い，独立役員を1名以上確保しなければならない旨を，企業行動規範の「遵守すべき事項」として規定した。[1]独立役員とは，一般株主と利益相反が生じる恐れのない社外取締役または社外監査役のことであり，独立役員の確保状況は「独立役員届出書」に記載し，東証に提出することが義務づけられた。

5

第 I 部　日本のコーポレート・ガバナンス

　2010年 3 月31日に施行された「企業内容等の開示に関する内閣府令の一部を改正する内閣府令」により，役員報酬の開示制度が導入された。この内閣府令は「企業内容等の開示に関する内閣府令」として1973年に大蔵省（現 財務省）によって発令されたものの一部を改正するものであり，現在は金融庁によって所管されている。役員の受け取る報酬が適切なものであるかどうかは，コーポレート・ガバナンスの観点から重要な問題であるが，従来は役員の受け取る報酬総額が公表されるだけで，役員の個別報酬額や，報酬額の決定プロセス，報酬額の評価基準などは公表されてこなかった。この改正は個別報酬額開示に向けて一歩前進ではあるが，個別報酬額開示の対象が 1 億円以上の報酬を得た役員に限定されていることや報酬額算定方法の開示が義務づけられていないことなど，なお，改善の余地を残すものとなっている。

　上記の改正内閣府令は，株主総会における議決権行使結果の開示を企業に義務づけた。議決権行使結果の開示は，イギリスやアメリカにおいても，法令によって上場企業に義務づけられている。議案が単に可決されたのか否決されたのかだけでなく，賛否の票数が公表されることによって，株主の意思をより詳細に把握できるほか，企業にとっても説明責任を果たす上で意味がある。経営者は反対比率の高い経営政策について修正をしていくべきであり，そうすることによって経営者はより適切に，株主の意思を経営政策に反映させていくことができる。

　議決権行使結果の開示は，2010年から行われたが，みずほ信託銀行株式戦略企画部はこの開示情報の集計・分析を行っている。⁽²⁾それによると，買収防衛策導入・継続議案について，賛成比率の低い会社は外国人所有比率が高い企業において顕著である。また，賛成比率の高い会社では，株式相互所有の持合い相手の企業の株式所有比率が高くなっている。

　次に，役員退職慰労金贈呈議案についても同様の分析を行っている。賛成比率の低い企業は外国人株式所有比率の高い企業であった。また，持合い株主の所有比率が高い企業では賛成比率が高かった。

（3）　改正会社法

　2014年には会社法が改正（以下，改正会社法）され，2015年5月に施行された。法改正のメイン・テーマは「企業統治のあり方」と「親会社に関する法律」であり，これらについての規制強化を意図している。[3] 改正会社法における重要な改正項目として，「監査等委員会設置会社の導入」「会計監査人選解任等議案の内容決定権の付与」「社外取締役選任に関する規律」「社外要件の変更」のほか，「多重代表訴訟の導入」「企業集団を含めた内部統制システムの整備に関する事項の例示の拡大」などを挙げることができる。

　改正会社法では監査等委員会設置会社の制度が導入されたが，これによって大規模な公開株式会社は従来の監査役設置会社，指名委員会等設置会社，監査等委員会設置会社の3つのタイプから1つを選択することになった。指名委員会等設置会社は，従来の委員会設置会社（2005年会社法で委員会等設置会社から名称変更された）を，改正会社法において，名称変更したものである。第1の，監査等委員会設置会社の機関構造については次章において述べる。

　次に，上記のうち第3の項目「社外取締役選任に関する規律」であるが，改正会社法は，大規模な公開会社に対して社外取締役を少なくとも1名選任することを促している。より厳密に記述するならば，監査役設置会社（公開かつ大会社）であってその発行する株式について有価証券報告書の提出義務を負う会社が社外取締役を置いていない場合には，「社外取締役を置くことが相当でない理由」の開示を義務づけたのである。[4]

　また，後述するように，2015年6月から東京証券取引所で適用が開始されたコーポレートガバナンス・コードでは，最低2名の社外取締役の選任を促している。そのため，これまで上場していた監査役設置会社においては，従来の2名以上の社外監査役に加えて2名以上（改正会社法では1名以上だが東証のコーポレートガバナンス・コードでは2名以上）の社外取締役の選任が必要になり，合計で4名の社外役員の選任が求められることになった。従来の監査役設置会社が監査等委員会設置会社に移行したならば，社外取締役である監査等委員を2名選任すれば，コーポレートガバナンス・コードの条件を満たすことができ

第Ⅰ部　日本のコーポレート・ガバナンス

る。監査等委員会設置会社では取締役会から取締役への大幅な権限委譲が認められ，社外役員選任数の負担も軽くなることから，2015年には監査役設置会社から監査等委員会設置会社に移行する企業が続出した。その際に，従来の社外監査役が監査等委員（社外取締役）に横滑りして就任する例も多く見られた。

　監査等委員会設置会社では，代表取締役をはじめとする取締役への権限委譲が促進される一方で，従来の社外役員を通した監視が弱められることによるコーポレート・ガバナンス機能の低下が懸念されるところである。特に監査役設置会社における社外監査役が社外取締役に横滑りして監査等委員会設置会社に移行したようなケースにおいては，これらの社外取締役に妥当性監査の責任を果たすことができるか等について別途検証する必要がある。

　2015年には改正会社法が施行されたのに加え，日本版スチュワードシップ・コードとコーポレートガバナンス・コードの適用が始まり，日本のコーポレート・ガバナンス改革が大きく前進することとなった。

第2節　日本版スチュワードシップ・コードの適用と遵守状況

（1）　スチュワードシップ・コードの意義

　金融庁は2014年2月に日本版スチュワードシップ・コードを作成し，2015年から適用を開始した。スチュワードシップ・コードは機関投資家が取るべき行動原則のことで，2010年にイギリスで導入され，これをモデルとして日本版スチュワードシップ・コードが作成された。日本版スチュワードシップ・コードには，以下に示す機関投資家の7つの責務が明記されている。[5]

　原則1　機関投資家は，スチュワードシップ責任を果たすための明確な方針を策定し，これを公表すべきである。

　原則2　機関投資家は，スチュワードシップ責任を果たす上で管理すべき利益相反について，明確な方針を策定し，これを公表すべきである。

　原則3　機関投資家は，投資先企業の持続的成長に向けてスチュワードシップ責任を適切に果たすため，当該企業の状況を的確に把握すべきで

第1章　外部監視とコーポレート・ガバナンス

ある。

原則4　機関投資家は，投資先企業との建設的な「目的をもった対話」を通じて，投資先企業と認識の共有を図るとともに，問題の改善に努めるべきである。

原則5　機関投資家は，議決権の行使と行使結果の公表について明確な方針をもつとともに，議決権行使の方針については，単に形式的な判断基準にとどまるのではなく，投資先企業の持続的成長に資するものとなるよう工夫すべきである。

原則6　機関投資家は，議決権の行使も含め，スチュワードシップ責任をどのように果たしているのかについて，原則として，顧客・受益者に対して定期的に報告を行うべきである。

原則7　機関投資家は，投資先企業の持続的成長に資するよう，投資先企業やその事業環境等に関する深い理解に基づき，当該企業との対話やスチュワードシップ活動に伴う判断を適切に行うための実力を備えるべきである。

イギリス版スチュワードシップ・コードには「機関投資家は，適切な場合には，他の投資家と協調すべきである」とする「原則5」が掲げられているが，日本版にはこの項目は見られない。一方で日本版には，イギリス版にはない「スチュワードシップ活動に伴う判断を適切に行うための実力を備えるべきである」という項目が追加されている[6]。

これまで日本の機関投資家は企業の株式に投資するだけで，株主総会で発言することもない，「モノ言わぬ株主」として存在するだけであった。日本版スチュワードシップ・コードは，機関投資家が誰に対して責任を負い，その責任を遂行するためにどのように行動すべきであるのかを明確に示したということができる。すなわち，機関投資家は資金の出し手の利益のために行動し，そのために投資先企業の経営者との対話を通して，長期的企業価値の向上に向けて努力することが求められることになった。機関投資家は，自らの資金の出し手に対して第一義的な責任を負い，その責任を果たすために企業経営者に対して

9

第Ⅰ部　日本のコーポレート・ガバナンス

積極的に働きかけなければならないのである。これまでのような「モノ言わぬ株主」であっては，資金の出し手に対する責任を果たしていないばかりでなく，投資先企業の持続的成長にも貢献していないことになる。日本版スチュワードシップ・コードは機関投資家の受託者責任を明確にし，資金の出し手に対して説明責任を果たすことを求めようとしているということができる。

（2）　機関投資家の行動の変化

　日本版スチュワードシップ・コードを受け入れた機関投資家の数は2016年2月の時点で213にのぼるが，この中には約130兆円の運用資金をもち世界最大の機関投資家といわれるGPIF（年金積立金管理運用独立行政法人）も含まれる。GPIFはすでに2014年にスチュワードシップ・コードの受入れを表明していたが，日本政府系の巨大年金基金がスチュワードシップ・コードへの取組みにおいて積極的な姿勢を見せていることの意味は大きい。GPIFは，2017年1月に「平成28年スチュワードシップ活動報告」を公表し，自らの議決権行使結果を公表しているばかりでなく，優れた「コーポレート・ガバナンス報告書」，優れた「統合報告書」をもつ企業を公表し企業のコーポレート・ガバナンス改革の旗振り役となっている。また，PRI（国連責任投資原則）やICGN（International Corporate Governance Network），ACGA（Asian Corporate Governance Association）など国外の関係団体，機関との連携強化を図りつつ，国内のコーポレート・ガバナンス改革を主導しつつある。

　金融庁は，2016年2月に「スチュワードシップ・コード受入れ機関の取組み方針・活動内容の公表状況[7]」を公表した。それによると日本版スチュワードシップ・コードを受け入れている機関は2015年11月時点で201機関であり，その内訳は，投資顧問会社が70％，年金基金12％，生損保11％，信託銀行3％，その他3％となっている。また各原則の遵守率について，原則1から原則7のうち，1つを除いて遵守率は80％を超えているが，原則5のうち議決権行使結果の開示は遵守率63％，エクスプレイン（説明）率10％，開示なしが27％であった。この公表内容により日本のスチュワードシップ・コードにおける問題の所在は

第1章 外部監視とコーポレート・ガバナンス

明確になった。

同様に，原則5における「議決権行使方針の公表」では，年金基金の公表比率が71％と最も高く，信託銀行67％，投資顧問会社52％，生損保が39％の順となり各機関投資家の課題が明らかになった。次に，7つの原則のうち最も遵守率が低かった議決権行使結果の公表を属性別に見ると，信託銀行が71％と最も高く，投資顧問会社64％，年金基金63％，生損保50％の順であった。生損保は投資先企業との利益相反の問題が以前から指摘されていたが，生損保は資金の出し手に対して第一義的な責任があるとの認識に立った行動が求められる。

スチュワードシップ・コードの適用と遵守状況の公表によって各機関投資家のコーポレート・ガバナンス活動への取組み状況とのその問題点が明らかになったが，GPIFや金融庁などが主導することによってこれらの問題点の解消に向けた取組みが進められることが予想される。成長が続く年金基金や生損保はその資金の出し手の多くが一般市民であるため，一般市民の利益を重視したコーポレート・ガバナンス改革が期待される。また，国際的にもESG投資が浸透しており，機関投資家は短期的利益を追求するコーポレート・ガバナンスから持続可能な，企業の長期的成長を追求するコーポレート・ガバナンスへと重心を移しつつある。

金融庁は，さらに監査法人ガバナンス・コードを策定し，監査法人改革にも着手しようとしている。金融庁は2016年末に5つの原則と22の細目からなる監査法人ガバナンス・コード案を提示したが，その中で最も注目されているのは一定期間で監査法人を交代させる制度の導入を検討していることである。監査法人と監査を受ける企業の経営者との癒着が企業不祥事を発生させる要因の1つであることは広く知られており，不祥事が起きるたびにこの問題が議論されている。EUでは，2016年に一定期間で監査法人を交代させる制度が導入されており，日本でも今後導入に向けた検討が進められると考えられる。

第Ⅰ部　日本のコーポレート・ガバナンス

第3節　コーポレートガバナンス・コードの適用

　2015年3月5日に作成され，2015年6月1日から運用が開始されることになったコーポレートガバナンス・コード原案は，東京証券取引所（以下，東証）の有価証券上場規程の別添として設けられ，東証の全上場会社に適用される。東証以外の各証券取引所においても，この原案に準じたコードが策定され，適用されることになる。

　日本版コーポレートガバナンス・コードはいわゆるプリンシプル・ベース・アプローチと呼ばれるガバナンス・コードで，今日グローバル・スタンダードとなっている OECD コーポレート・ガバナンス原則を参考に作られたものである。アメリカにおけるコーポレート・ガバナンスのアプローチは，ルール・ベース・アプローチと呼ばれるもので，SOX 法（Sarbanes-Oxley Act，企業改革法）や SEC 規則などで厳格な規定が設けられ，これに違反した場合には厳しい罰則が設けられている。これに対してプリンシプル・ベース・アプローチでは遵守すべき規範が設けられてはいるものの，遵守しなかったとしても罰則があるわけではない。その代わりに遵守しない理由について説明しなければならない。これは「遵守せよ，さもなくば説明せよ（comply or explain）」型のコーポレート・ガバナンスと呼ばれ，その説明に対する評価は市場に委ねられている。

　プリンシプル・ベース・アプローチによるコーポレート・ガバナンスの改善は，ハードローによって経営者に形式的なコーポレート・ガバナンスの整備を強制するのではなく，経営者が自発的に自社のコーポレート・ガバナンス体制を整備するよう誘導しようとするものである。そして，経営者によるコーポレート・ガバナンス改革が自己満足に終わるのではなく，経営者による説明（explain）が市場やステークホルダーの評価を通じて経営者にフィードバックされることによって持続的に経営者にコーポレート・ガバナンス改善を促すという点が重要である。このような仕組みを取り入れることによって，経営者が常に

第1章 外部監視とコーポレート・ガバナンス

自発的にコーポレート・ガバナンスの改善に取り組むことになり，コーポレート・ガバナンスの形骸化を抑止する可能性が高まるということができる。

エンロン事件の教訓を経て2002年にアメリカは厳格なSOX法を制定した。この法律は違法行為を行った経営者に対する厳しい罰則を含む法律であった。しかし，それにもかかわらず，2008年にはリーマン・ブラザーズをはじめとする多くの金融機関の不祥事が発生し，世界を長期不況に陥れた。ここでもまた，ハードローによる外からの規制には限界があることが示されたのである。ここに，ソフトローによって経営者を自発的なコーポレート・ガバナンスの実践に導こうとするプリンシプル・ベース・アプローチに期待が集まるゆえんがある。

コーポレートガバナンス・コードは，基本原則，原則，補充原則の3種類で構成されており，合計73本の原則が掲げられている。基本原則は，①株主の権利，②ステークホルダーとの協働，③情報開示，④取締役会等の責務，⑤株主との対話という5つの抽象的な基本原則から構成されており，これらをより具体化したものが30の原則，そしてそれをさらに具体化したものが38の補充原則である。東証の全ての上場企業にはこれら73の原則が適用されるが，マザーズおよびJASDAQ上場企業については，コンプライ・オア・エクスプレインの対象は5つの基本原則のみに限定されている。

第4節 コーポレートガバナンス・コードの遵守状況

（1） 遵守率の変化

日本でコーポレートガバナンス・コードの適用が開始されて1年余りが経過した2016年9月13日，東証は，2016年7月時点における上場企業のコード遵守状況を公表した（**表1-1** 以下では，市場第一部・第二部のガバナンス報告書提出会社2262社について分析）。この調査によると東証第一部，第二部上場企業のうち73項目のコードのすべてを遵守している会社は21.0％，コードの90％以上を遵守している会社は63.5％であり，合計84.5％の企業がコードの90％以上を遵守していることが判明した。

13

第Ⅰ部　日本のコーポレート・ガバナンス

表1-1　コーポレートガバナンス・コードへの対応状況の開示状況

【市場区分別の開示状況】

市場区分	開示会社数	2015年12月末比	コンプライ・オア・エクスプレインの対象		
市場第一部	1,797社	＋321社	全73原則	基本原則：5原則	
				原則　　：30原則	
市場第二部	465社	＋83社		補充原則：38原則	
マザーズ	197社	＋92社	基本原則：5原則		
JASDAQ	705社	＋183社			
合　計	3,164社	＋679社			

（出所）　株式会社東京証券取引所（2016）『コーポレートガバナンス・コードへの対応状況（2016年7月時点）』(http://www.jpx.co.jp/news/1020/nlsgeu000001xd3b-att/20160913.pdf　2017年1月16日閲覧）2頁。

　イギリスのFTSE350株価指数の構成銘柄でイギリス・ガバナンスコードの全原則を実施している会社の比率は，2015年12月末時点で57.1％であるので，イギリスと比べると遵守率は低い[14]。しかし，東証に上場する優良企業400社の株価指数であるJPX日経400の構成銘柄で見ると60.7％となり，イギリスとほぼ同水準となる。さらに，TOPIX100の構成銘柄における全項目遵守率は68％に達しており[15]，会社の規模（時価総額）が大きい会社ほど遵守率が高くなっている。先述の東証調査によると，業種別では全原則を遵守している会社の比率が高かったのは銀行業（80.5％），保険業（55.6％），電気・ガス業（40.9％）であり，2015年12月末との比較で遵守率の上昇が大きかったのも銀行業（50.0％から80.5％へ）と保険業（43.7％から55.6％へ）であった。

　項目別に見て，遵守率が昨年（2015年）と比べて10ポイント以上上昇した項目は，「独立社外取締役の2名以上の選任」（原則4-8）[16]，「取締役会による取締役会の実効性に関する分析・評価，結果の概要の開示」（補充原則4-11③），「情報開示の充実」（原則3-1），「召集通知の早期発送及び発送前Web公表」（補充原則1-2②）の4項目である（**表1-2**）。取締役会評価の遵守率が急上昇したのは，コードの適用開始以降，15年度から取締役会評価を始めた企業が多かったためと考えられる。

14

第1章　外部監視とコーポレート・ガバナンス

表1－2　実施率が10ポイント超上昇した原則

原　則	内　容	"実施" 会社数	"説明" 会社数	"実施" 率	2015年 12月末比
原則 4－8	独立社外取締役の2名以上の選任	1,783社	479社	78.8%	＋21.3pt
補充原則 4-11③	取締役会による取締役会の実効性に関する分析・評価，結果の概要の開示	1,245社	1,017社	55.0%	＋18.7pt
原則 3-1	以下の情報開示の充実 (i)会社の目指すところ（経営理念等）や経営戦略，経営計画， (ii)コードの諸原則を踏まえた，ガバナンスに関する基本的な考え方と基本方針 (iii)経営陣幹部・取締役の報酬決定の方針と手続 (iv)経営陣幹部・取締役・監査役候補の指名の方針と手続 (v)個々の経営陣幹部・取締役・監査役の選任・指名についての説明	1,943社	319社	85.9%	＋14.0pt
補充原則 1-2②	招集通知の早期発送及び発送前Web公表	2,073社	189社	91.6%	＋11.5pt

（出所）　渡邉浩司「上場会社のコーポレートガバナンス・コードへの対応状況：適用後1年を経過して」『監査役』2016年12月25日号，14頁。

（2）　遵守しない項目の分析

　コードではコンプライ・オア・エクスプレインのルールに基づいて遵守していない項目について，遵守しない理由を説明しなければならない。説明率，すなわち遵守しない比率が高い原則は**表1－3**に示した通りである。遵守しない比率が最も高かったのは，「議決権電子行使のための環境整備・召集通知の英訳」（補充原則1-2④）であり，2番目は「取締役会の実効性評価」（補充原則4-11③）であるが，2015年12月の調査と，この2つの項目の順位が入れ替わっている。これは最初のコード遵守状況調査で取締役会評価の遵守率の低いことが厳しく批判され，企業が改善に取り組んだ結果であるということができる。しかし，改善されたとはいえなお45％の企業が遵守していないのは問題であろう。「議決権電子行使のための環境整備・召集通知の英訳」については，自社

15

第Ⅰ部　日本のコーポレート・ガバナンス

表1-3　"説明"率が高い原則

原　則	内　容	"実施" 会社数 (社)	"説明" 会社数 (社)	"説明"率 (%)	2015年 12月末比 (pt)
補充原則 1-2④	議決権の電子行使のための環境整備（例：議決権電子行使プラットフォームの利用等），招集通知の英訳	1,001	1,261	55.7	−0.1
補充原則 4-11③	取締役会による取締役会の実効性に関する分析・評価，結果の概要の開示	1,245	1,017	45.0	−18.7
補充原則 4-2①	中長期的な実績と連動する報酬の割合，現金報酬と自社株報酬との割合の適切な設定	1,587	675	29.8	−0.8
補充原則 3-1②	海外投資家等の比率等を踏まえた英語での情報の開示・提供の推進	1,626	636	28.1	2.3
補充原則 4-10①	指名・報酬等の検討における独立社外取締役の関与・助言（例：独立社外取締役を主な構成員とする任意の諮問委員会の設置）	1,694	568	25.1	−4.3
原則 4-8	独立社外取締役の2名以上の選任	1,783	479	21.2	−21.3

（出所）　株式会社東京証券取引所（2016）『コーポレートガバナンス・コードへの対応状況（2016年7月時点）』
（http://www.jpx.co.jp/news/1020/nlsgeu000001xd3b-att/20160913.pdf　2017年1月16日閲覧）5頁。

　の株主構成において海外投資の比率が低いことなど，自社固有の事情により原則を遵守しない予定であることを説明する企業が大半を占めている。[17] こうした説明は前回調査の約6割から9割へと増加しているが，企業が現在の株主だけを考え，将来株主となる可能性をもつ者を考慮しないのは疑問である。

　遵守しない比率が高い項目の3番目は業績連動型報酬制度の導入である。この項目については遵守するかどうか検討中とする企業が約7割，遵守する予定なしと説明した企業が約2割を占めた。遵守する予定がない企業は，その理由を，「自社の業績がその時々の商品市況状況や為替相場の影響を強く受けてしまい，経営戦略の達成状況と必ずしも連動しない」ことや「自社の経営理念の実現を図るため」[18] などと説明しているが，妥当な説明であると評価される。[19]

第1章　外部監視とコーポレート・ガバナンス

（3）　任意の委員会の設置

　遵守率が5番目に低かった「指名・報酬などに対する独立社外取締役の適切な関与・助言」については今後遵守する予定なしとする企業が半分を占めている[20]。独立社外取締役の適切な助言を得る方法として，コードは任意の諮問委員会の設置を例示している。近年任意の指名委員会，報酬委員会が急増しているのは周知の事実である。

　指名委員会等設置会社における指名委員会[21]はその委員の過半数が社外取締役でなければならず，その人事案には法的拘束力があるのに対し，任意の指名委員会の人事案は法的拘束力をもたず，構成員の開示義務もない。したがって，コーポレート・ガバナンスの面では不完全な制度ではあるものの，2016年にセブン＆アイで鈴木敏文会長が辞任に追い込まれた事例やセコムの会長と社長が解任された事例は，いずれも任意の指名委員会での議論がきっかけとなった。任意とはいえ取締役や最高経営者の人事に大きな影響をもつ指名委員会が2014年から，コードの適用が開始された2015年を挟んで，2016年には5倍強の600社に増加したこと[22]の意味は大きいということができる。

　また旧来の監査役設置会社では4割強が指名委員会を設置しているのに対し，2014年の改正会社法で新設された監査等委員会設置会社（2016年11月現在で上場企業の約2割，674社がこの形態をとる）[23]では3割弱が設置しているに過ぎない。監査等委員会設置会社は監査役設置会社から移行する際に2名の社外監査役を横滑りさせる形で監査等委員会の社外取締役に就任させることが多いため，旧来の監査役設置会社に求められる2名以上の社外監査役と2名以上の社外取締役に比べ，社外役員の数は半減することになる。このように監査等委員会設置会社においては任意の指名委員会の不在と社外役員の半減という二重の意味でコーポレート・ガバナンス機能の低下が生じていることになる。

　また，企業法務を専門とする弁護士に対するアンケート調査[24]においても日本企業のコーポレート・ガバナンス改革で最も取組みが遅れているのは指名委員会にかかわる事項であった。具体的には「経営トップの選任過程の透明化」（54％の弁護士が指摘）「相談役・顧問制度の見直し・廃止」（同36％）などであった。

17

第 I 部 日本のコーポレート・ガバナンス

一方，報酬委員会の設置について日本企業はさらに消極的で，この2年間で3倍に増えたとはいえ，任意の報酬委員会も含め，設置している企業は東証第1部上場企業の3割に当たる約600社である。社長が役員の報酬を決定する従来の制度から社外取締役を過半数とする報酬委員会に報酬決定制度を変更しなければ，経営者に対する監視機能が働かないことはいうまでもない。ストックオプションなど業績連動型報酬制度については，独自の経営理念をもつ企業や役員の経営への貢献度が株価に必ずしも反映されない業種（業績が資源価格の変動や為替レートの変動に大きく依存する業種など）など，その採用が直ちにコーポレート・ガバナンスの改善に結びつくとはいえないが，社長ではなく，報酬委員会が定められた報酬基準に基づいて，透明性の高いプロセスを通して個々の役員の報酬額を決定する制度に変更することは，コーポレート・ガバナンス改革において重要な意味をもっている。

とはいえ，2015年6月にコードの適用が開始され，約1年後（2016年7月時点）のコードの遵守率は，独立取締役の選任などにおいて，非常に高いものであると考えることができる。イギリスやドイツにおいてもコードの遵守率は毎年上昇しているため，日本企業のコーポレート・ガバナンスも今後，相当程度改善を期待することができる。ヨーロッパ各国ではコードそのものの見直しも行われ，それに加えてコードの遵守率も上昇しているため，ヨーロッパ諸国のコーポレート・ガバナンスは急速に改善の途を歩んでいる。

また，日本においても2つのコードのフォローアップ会議が金融庁と東証によって設置され，コードの実効性をさらに高めようとする動きが見られる。機関投資家や議決権行使助言会社の中には独立社外取締役を3名以上とする提案や取締役会の3分の1以上とする提案なども行われており，日本のコーポレート・ガバナンス改革に対するステークホルダーの圧力は日増しに高まっているということができる。独立社外取締役を選任した企業ではROEが上昇したという調査結果も出されているため，今後経営者自身が企業価値を高めるためにコーポレート・ガバナンス改革を推進することも多くなると思われる。

社外取締役と企業業績の関係については，内閣府の調査によっても明らかに

第1章　外部監視とコーポレート・ガバナンス

されている。すなわち社外取締役を増員した企業では設備投資の売上高に対する比率が上昇し，ROE も上昇した（2 人以上増やした企業の ROE は2011年から14年の間で平均11.4％に達した）。⁽²⁹⁾

お わ り に

1990年代以降，20年以上に渡って大きな進展が見られなかった日本のコーポレート・ガバナンス改革が，コーポレートガバナンス・コードとスチュワードシップ・コードの適用開始によって大きく進み始めたことは間違いない。今後はコードそのものの改善と実効性の向上が取り組むべき課題となる。

コーポレートガバナンス・コード適用開始の前後の変化を見ると，株式相互所有の解消が進み，独立取締役を 2 名以上選任する上場企業の比率が大幅に上昇するなど日本のコーポレート・ガバナンス改革が一気に進んだように見える。これに対して，改正会社法は独立取締役 1 名以上の選任を求めたこと，監査等委員会設置会社を導入したことなど，わが国のコーポレート・ガバナンス改革を後退させるものであることは否めない。2 つのコードの今後のさらなる活用に期待が集まるが，海外の上場企業においては，はるか以前から，独立取締役が取締役会の過半数を占めており，この点における日本の水準は今なお低いと言わざるを得ない。

ステークホルダーとの対話を重視するコーポレートガバナンス・コードはわが国の文化や風土に最も適したコーポレート・ガバナンスを構築していく上で有用なものである。一方で資本や資産の効率性を示す ROE などの指標において日本企業は欧米企業に比べて低いことが指摘されているが，2 つのコードの活用はこれら資本や資産という経営資源の効率性の向上に資することが期待される。

機関投資家に対する資金の出し手の多くは一般の市民であり，一般市民の声が企業の経営政策により強く反映されるようになることも期待される。

19

第Ⅰ部　日本のコーポレート・ガバナンス

注

⑴　東京証券取引所，2011，37頁。

⑵　みずほ信託銀行株式戦略企画部編，2011。

⑶　石山，2014，2頁。

⑷　田中，2015，4頁。

⑸　金融庁，2014，6頁。

⑹　井口，2015，86頁。

⑺　金融庁，2016a。

⑻　金融庁，2016a，5頁。

⑼　金融庁，2016a，6頁。

⑽　金融庁，2016b。

⑾　中村・倉橋，2015，4頁。

⑿　中村・倉橋，2015，6頁。

⒀　東京証券取引所，2016a。

⒁　渡邉，2016，11頁。以下も同稿によっている。

⒂　細川，2017，22頁。

⒃　TOPIX100社では3人以上選任している会社が70％に達している（細川，2017，24頁）。

⒄　細川，2017，17頁。

⒅　細川，2017，18頁。

⒆　経営者は独自の経営理念や道徳観をもって経営組織を主導しているため，個人的な報酬から大きなインセンティブを与えられているとは限らない。日本の経営者にはとくにこのような傾向が見られるため，報酬による経営者の規律づけには限界がある。次を参照のこと。田中，2017。

⒇　細川，2017，18頁。

㉑　2016年12月時点における指名委員会等設置会社の数は69社（全上場企業の約2％），監査等委員会設置会社は680社（同19％），監査役設置会社は2765社（約79％）である（『日本経済新聞』2016年12月20日）。

㉒　『日本経済新聞』2016年10月8日。

㉓　『日本経済新聞』2016年11月17日。

㉔　日本経済新聞が実施した第12回「企業法務・弁護士調査」『日本経済新聞』2016年12月19日。

㉕　『日本経済新聞』2016年12月21日。

㉖　東証が公表した独立取締役選任状況の調査によると，独立取締役を2人以上選任した一部上場企業は，2014年21.5％，2015年48.4％，2016年79.7％であった。2014年から2015年にはその選任率が26.9ポイント，2015年から2016年には31.3ポイント上昇しており，

第1章　外部監視とコーポレート・ガバナンス

2015年のコード導入を機に独立取締役の選任が急速に進んだことがわかる（東京証券取引所，2016b）。

⑵7　アメリカの議決権行使助言会社のグラスルイスは，日本の監査役設置会社において社外役員を全体の3分の1以上にすることを求めている。そしてこの条件を満たさない企業に対しては，取締役会会長の取締役選任議案に反対を推奨する指針を打ち出した（Glass Lewis, 2017, p. 1）。

⑵8　大和総研の調査によると，複数の独立取締役を置く企業のROE（2014年度）は7.4%，独立取締役が1名の企業のROEは5.4%，全く置いていない企業のROEは3.1%とROEと社外取締役の選任には強い相関があることを示している（伊藤，2016，4頁）。

⑵9　『日本経済新聞』2016年8月16日。内閣府，2016。

引用参考文献

井口譲二，2015，「日本版スチュワードシップ・コードと伊藤レポート」北川哲雄編『スチュワードシップとコーポレート・ガバナンス』東洋経済新報社。

石山卓磨，2014，『会社法改正後のコーポレート・ガバナンス』中央経済社。

伊藤正晴，2016，『日本企業の独立取締役の選任状況と企業パフォーマンスとの関係（前編）』大和総研。

内田修平，2017，「コーポレート・ガバナンス・コード対応の動向」『監査役』2017年3月25日号。

金融庁，2014，『「責任ある機関投資家」の諸原則《日本版スチュワードシップ・コード》』http：//www.fsa.go.jp/news/25/singi/20140227-2/04.pdf　2017年3月20日閲覧。

金融庁，2016a，「スチュワードシップ・コード受入れ機関の取組み方針・活動内容の公表状況」（http：//www.fsa.go.jp/singi/follow-up/siryou/20160218/02.pdf　2017年2月18日閲覧）。

金融庁，2016b，『「監査法人の組織的な運営に関する原則」（監査法人のガバナンス・コード）（案）の策定について』（http：//www.fsa.go.jp/news/28/sonota/20161215-1/01.pdf　2017年3月13日閲覧）。

田中一弘，2017，「コーポレート・ガバナンス改革が置き去りにしてきたこと」『監査役』2017年3月25日号。

田中亘，2015，「取締役会の監督機能の強化」『商事法務』2015年3月15日号。

東京証券取引所，2011，『東証上場会社　コーポレート・ガバナンス白書2011』。

東京証券取引所，2016a，『コーポレートガバナンス・コードへの対応状況（2016年7月時点）』（http：//www.jpx.co.jp/news/1020/nlsgeu000001xd3b-att/20160913.pdf　2017年1月16日閲覧）。

東京証券取引所，2016b，「東証上場企業における独立社外取締役の選任状況〈確報〉」（https：

//www.shojihomu.or.jp/documents/10448/1967904/20160901s_13.pdf/8ff92f76-ffc1-4075-9bb4-1f8eb437542d　2017年3月13日閲覧)。

内閣府，2016，『平成28年度年次経済財政報告』。

中村直人・倉橋雄作，2015，『コーポレートガバナンス・コードの読み方・考え方』商事法務。

細川幸稔，2017，「コーポレートガバナンス・コード適用後の潮流と開示の状況」『知的資産創造』2017年1月号。

みずほ信託銀行株式戦略企画部編，2011，『臨時報告書における議決権行使結果開示の傾向〔平成22年・23年の事例分析〕』商事法務。

渡邉浩司，2016，「上場会社のコーポレートガバナンス・コードへの対応状況：適用後1年を経過して」『監査役』2016年12月25日号。

Glass Lewis, 2017, *2017 Proxy Paper Guidelines.*

（佐久間信夫）

第2章

会社機関とコーポレート・ガバナンス

は じ め に

　バーリーとミーンズの論争に代表される現代企業をめぐる諸問題は，基本的に所有と支配の分離から始まる。これらをめぐる論争は，近年では会社支配の問題からコーポレート・ガバナンスの問題へと展開してきた。このコーポレート・ガバナンスに関する活発な議論の根底にあるのは，明らかに「経営者支配」から生じる諸問題が大半である。いわゆる「企業は誰のものなのか」という根源的な問いであり，それらをめぐる課題を解決する方策として「これだ」という結論には未だに至っていないのが現状である。

　日本でコーポレート・ガバナンスのあり方について問う声が高まったのは1990年代に入ってからであり，その中でも特に1997年以後であった。これは大手金融機関の破綻や不祥事の発覚が相次いだことが契機となったといえる。当時，日経4紙（日本経済新聞，日本産業新聞，日本金融新聞，日経流通新聞）と，全国4紙（朝日新聞，毎日新聞，読売新聞，産経新聞）にコーポレート・ガバナンスに関連する内容が掲載され，その注目度が短期間で急激に高まっていたことがその深刻さを裏づけている。その頂点となった2005年以後徐々に低下する傾向を見せているものの，日本を代表する大企業をめぐる不祥事の発覚は後を絶たない。

　とりわけ，株主総会における議決権制度は制度上の落とし穴として認識され，経営者支配の形で実に様々な問題の源泉となっていた。さらに，敵対的買収などから当該企業の経営権を防衛する目的で始まった安定株主政策は，経営に失

第Ⅰ部　日本のコーポレート・ガバナンス

敗したり，無能な経営者の保身を容認したりするような形で90年代まで続いたが，近年株式相互持合いの解消などによって新たな展開に入っている。

　このような動向の中でコーポレート・ガバナンス改革も同時に推進されているが，大きく会社機関である取締役会の構造改革と，株主行動の促進という2つの方向を見せている。前者が内部監視であり，後者が外部監視に当たる（浦野，2007）。

　本章では日本の会社機関の変革を中心にコーポレート・ガバナンスの問題を取り上げる。具体的には，近年法制度の改正などを通して行われるハードローと，証券取引所の上場規則改正などを通して行われたソフトロー両面から社外独立取締役制度の有効性について検討する。前者に該当するのが日本版スチュワードシップ・コードとコーポレートガバナンス・コードであり，後者が商法や会社法などである。また，それらの改正を通して提起されている諸課題について論点を整理する。

第1節　日本の会社機関とコーポレート・ガバナンス

　最初にコーポレート・ガバナンスの問題が注目の的となったのは，1980年代の後半のアメリカであった。[1]この時期に注目されたのは，株主の利益保護のために講じられた経営者・企業経営の監視体制であった。その後，1980年後半から1990年代初頭にかけて発生してイギリスの大型倒産とその原因となった不祥事，2001年から2002年にかけて勃発したアメリカのエンロンやワールドコムのような大企業の倒産劇は世間を揺るがした。このような動向は，1990年代のバブル経済の崩壊とともに日本においても発生し，コーポレート・ガバナンスの重要性を再認識させる重要な契機となっている。コーポレート・ガバナンスの問題が注目の的となったことは，国や地域によって異なる様相を見せているが，当初の不祥事防止の視点から，近年では徐々に株主価値上昇へと視点が移っている。

　トップ・マネジメントについては，アメリカがシェアホルダー志向型的で一

元制システムを採用していたり，ドイツがステークホルダー志向的で多元制システムをとっていたりするなど国や地域によって異なる形で発展してきていると思われている。これに対し，日本は1950年代の商法改正により，アメリカ型のトップ・マネジメントの形式を導入したが，年功序列的内部昇進という慣行がその定着を妨げていた。内部昇進の頂点として取締役と代表取締役のポジションが存在していたため，その結果，受託管理職能を担うはずの取締役会と代表取締役という会社機関に政策決定，業務執行，監視・監査という機能が明確に分離されない状態を招いてしまった。さらに，日本の場合は，社長，副社長，専務，常務などの名の下で全般管理者層，受託経営者層，そして部門管理者層が未分化されることが多かった。このような状態では取締役会が大規模化と形骸化し，取締役の地位が単に身分概念にすり替わっている。当然，内部からの昇進者が多くの社内取締役を占め，社外取締役数は僅かな比率となる傾向があった。

　一方，かつて日本においてはこれらの経営者を監督する機関として取締役会と監査役会があった。日本の場合，形式上はアメリカ型の一元制を採用しているように見えるが，業務監査機能は取締役会が，そして会計監査機能は監査役会が担っている。しかも一部の業務監査機能は監査役会が担当する非常に特異な制度をとっていた。このように，アメリカやドイツが単一の監督機関を有しているのに対し，日本のそれは，取締役会と監査役会が併存するような形態をとっている。

　ここでは日本の会社機関について触れる前に，コーポレート・ガバナンスの分析視点の基本となっている課題について明らかにする。コーポレート・ガバナンスの課題は，基本的に①「会社はだれのもので，だれのために経営されるべきか」と，②「だれの立場でだれが経営者を監視・牽制するのか」に帰結される。このような観点から見ると，本章では②が分析の対象となる。日本企業の経営者をいかに監視し牽制するのかという監視主体には大きく分けて外部監視と会社機関がその対象になるが，ここでは後者である会社機関を中心に取り上げる。

第Ⅰ部　日本のコーポレート・ガバナンス

　現在，日本の会社機関の形で法律的に認められているのは，①監査役設置会社における取締役会と監査役会，②委員会設置会社の監査委員会，③社外取締役と社外監査役がある。

　上述したように，日本では商法や会社法の改正を通してコーポレート・ガバナンスの改革を行ってきた。

第2節　会社機関の変革

　近年，コーポレート・ガバナンス改革をめぐる目まぐるしい様々な動きがある中で，最も注目されているキーワードの1つに社外取締役がある。経営者の監視機能に大きな役割を果たすと期待されている社外取締役については，アメリカにおいて実に多岐にわたって使用されている。これに当たる用語には，「社外取締役（outside director）」「独立取締役（independent director）」「利害のない取締役（non-affiliated director for disinterested director）」などがある。

　伝統的に，監督する役割として取締役会の機能が効率的であるという考え方を支持している研究者達は，社外取締役が経営者と株主間のエージェンシー問題を効果的に解決できる点を強調している。特に，業績の低下している企業に対して，取締役会の中で社外取締役の比率を高めると，株主価値を上昇させることができるという。さらに，社外取締役が大多数で占められている取締役会（outsider-dominated boards）は，社内取締役で大多数が占められている取締役会（insider-dominated boards）よりおおよそ20%以上のリターンが期待できるという。しかし，近年の日本の研究によると，社外取締役の選任と株主価値の上昇との因果関係については，「正」の関係を認めるものと，両者の「関係性」が乏しいという見解も少なくないことなど画一的な結果になっていない。[6]

　一方，社外取締役に対する要求は経営上の持ち分の水準が低下する際により強くなりなる傾向がある。さらに，監視するためのインセンティブや社外取締役本人の力量（ability）によっても非常に異なる結果を生み出す。しかも社外取締役は社内取締役に比べて，当該企業における業務上の詳細な内部事情や経

第**2**章　会社機関とコーポレート・ガバナンス

表2－1　近年の会社機関変革の動向

項　目	時　期	内　容	備　考
執行 役員制	1996年 6月	代表取締役の指揮下で特定の部門の業務 執行に専念する職務のこと	ソニーを始め大企 業の半数が採用
委員会等 設置会社	2002年の 商法改正	監査役会を廃止し，取締役会の中に3つ の委員会を設置することが可能（その半 数は社外取締役）	
監査等 委員会 設置会社	2014年 会社法改正	監査役会に代わって過半数の社外取締役 を含む取締役3名以上で構成される監査 等委員会が，取締役の職務執行の組織的 監査を担当	
監査役 設置会社	2009年 東証上場規定	2名以上の社外監査役の選任の義務化	

（出所）佐久間信夫編著，2016，『よくわかる企業論　第2版』ミネルヴァ書房，74-77頁。

営戦略に対する理解も不足しているかもしれない。

　日本で社外取締役という名称が法律に登場したのは，2001年12月の商法改正のときであった。これは社外取締役を強制的に導入することによって取締役会の業務監査機能の強化を意図するものであったといえる。

　先述した日本のコーポレート・ガバナンス改革のための近年の動向は，執行役員制，委員会設置会社（2014年の会社法改正で指名委員会等設置会社へ呼称変更），商法改正による株主代表訴訟，監査等委員会設置会社などを中心に行われている。それぞれの制度の特徴について**表2－1**に示した。
(7)

　日本の上場会社の組織形態を類型別に見ると，2021年では監査役会設置会社が62.6%，2015年の会社法改正で新しく設置された監査等委員会設置会社が34.2%，指名委員会等設置会社が3.2%という順になっている。また，その中
(8)
での外国人の株式保有比率もほぼ同様の様子を見せている。

　次に，指名委員会等設置会社へ移行している企業数は，2021年8月2日現在，82社である。その具体的な構成は，東証1部が69社，東証2部が4社，マザー
(9)
ズ4社，JASDAQ4社，セントレックス1社となっており，その大半が東証1部の上場企業で占められている（日本取締役協会，2021年）。この数値は，指

27

第Ⅰ部　日本のコーポレート・ガバナンス

表2-2　日本の委員会等設置会社の設置現況

会社数	両方設置	指名のみ	報酬のみ	両方未設置	合計
東証1部全体	519	16	72	1,363	1,970
任意（監査役設置会社）	377	13	59	1,103	1,552
任意（監査等委員会設置会社）	81	3	13	206	357
法定（指名委員会設置会社）	61	0	0	0	61

（出所）「上場企業のコーポレート・ガバナンス調査」日本取締役協会（2016年8月1日）（http：//www.jacd.jp/news/odid/cgreport.pdf　2017年6月19日閲覧）。

名委員会設置会社が認められた2003年（44社）の実績から見ると，さほど増加していないのが実状である。

　日本取締役協会の調査によれば，2021年現在，監査等委員会設置会社へと移行している企業は，1106社であり，移行が始まった2003年を基準で見ると，大幅に増加していることが分かる。当該組織形態を採用した理由としては，意思決定の迅速化，経営の透明化，海外投資家の支持率の向上等がある。

　金融庁などが中心となって定めたのが日本版スチュワードシップ・コードである。同コードは機関投資家の受益者に対する責任ある行動原則の基準を提示した意味合いが強いといえる。ここでいう「スチュワードシップ」の本来の意味とは何か。まず，スチュワードとはそもそも「他人の財産を管理する人」を指している。しかし，スチュワードシップ・コードの基礎となったイギリスのキャドバリー報告書によれば，スチュワードシップとは，単に財産を管理するだけでなく，「会社を守る，育てる」という能動的な意味も含まれている。[11]

　日本で2014年2月に導入されたコーポレートガバナンス・コードは，日本版スチュワードシップともいわれているものである。この原型となっているのが，2010年にイギリスで策定されたスチュワードシップ・コードであり，2008年に勃発した金融危機後の改善策として知られている。[12]イギリスでは日本より先に2006年の会社法ならびに関連コードやガイドライン，2012年にスチュワードシップ・コード，2014年9月のコーポレートガバナンス・コードが策定された。

第**2**章　会社機関とコーポレート・ガバナンス

　もちろん，日本の近年のコーポレート・ガバナンスの改革の動向は，イギリスのものと比較すると，その形式と内容の面において同様のものではない。

　2021年7月31日現在，金融庁が発表したスチュワードシップ・コードの受け入れを表明した企業数は316社であることが明らかになっている。その内訳を見ると，信託銀行等が6社，投信・投資顧問会社等が202社，生命保険会社・損害保険会社が24社，年金基金等が72社，その他（議決権行使助言会社他）が12社となっている。

　日本の場合は，国策として行われたアベノミクス政策を推進するための手段の一環として本来のコーポレート・ガバナンスの目的とは若干異なって企業の持続的成長と企業価値の増大化を目指すものであった。言い換えれば，これはコーポレート・ガバナンスについて政府は最小限の干渉に留め，企業自立に任せるべき法機能を強制的に推し進めた点にある。このような今回の改革は「攻めのガバナンス」や「コーポレート・ガバナンス元年」ともいわれ，法制度改正による強制的な移行を評価する論者もいる。企業の持続的成長と企業価値の増大化という目標は，当該企業自らが本来的に遂行すべき目標であり，日本政府があえて成長戦略として推し進めるものではない。これは機関投資家を規制することであり，ステークホルダー・エンゲージメントを求めることが主な目的となっている。

　しかし，このコーポレート・ガバナンス・コードはソフトローであるため，策定後に状況に応じて容易に見直すことが可能な利点もある。換言すれば，これは法的な拘束力はなく，遵守に対する強制力がないため，非遵守に対する制裁もない。その制定までに至るプロセスとして国会での審議という非常に厳格なプロセスを通過しなければならないハードローと比較すると，プロセスの面においては，それを回避するための手段であるのではないかという認識も看過できない。そういった面においては，ハードローとソフトローの位置づけが非常に重要な役割を果たしていると思われる。コーポレート・ガバナンス・コードへの対応状況を見ると，2016年12月31日現在，3512社がコードへの対応状況を開示している。

第Ⅰ部　日本のコーポレート・ガバナンス

　一方，「遵守か説明か（comply or explain）」というルールについては，遵守もせず，しかもまともな説明がなかった場合，その制裁を統制する機関をどこに設け，その独立性をいかに保つのかについての議論も必要である。同コード[16]は，5つの基本原則と各基本原則に対する考え方，原則，および各原則に対する補充原則で成り立っており，望ましい原則として73項目が取り上げられている。同コードは，仮に遵守しない場合でもその遵守しない理由を明示すれば処罰は受けないことになっている。しかし，虚偽の説明を行った場合は規則によって制裁を受けることになっている。

第3節　社外取締役とコーポレート・ガバナンス

　社外取締役の資格については，会社法331条1項各号に欠格事由を以下のように規定している。「①法人（同項1号），②成年被後見人若しくは被保佐人又は外国の法令上これと同様に取り扱われている者（同項2号），③一定の刑事罰を受けた者（同項3号・4号）と定められている」。また，取締役や監査役に対する独立性が問われていたが，独立役員についての規定を東証は「a　当該会社の親会社又は兄弟会社の業務執行者　b　当該会社を主要な取引先とする若しくはその業務執行者又は当該会社の主要な取引先若しくはその業務執行者　c　当該会社から役員報酬以外に多額の金銭その他の財務を得ているコンサルタント，会計専門家又は法律専門家　d　最近においてaから前cまでに該当していた者　e　次のaから前dまでのいずれかに掲げる者の近親者」となっている。そして，「独立役員が①過去に独立性基準に抵触していた場合，又は②上場会社の主要株主である場合には，これらの事実を踏まえてもなお一般株主と利益相反のおそれがないと判断し，独立役員として指定する理由を独立役員届出書やコーポレート・ガバナンス報告書に記載することが必要とされている」（上場規程施行規則211条・226条）という。

　表2-3が示しているように，社外取締役の前職または現職を見ると，全体企業の場合，「親会社の役職員（33.1％）」「親会社以外のグループ会社の役職

第**2**章　会社機関とコーポレート・ガバナンス

表2－3　社外取締役の前職または現職

（単位：上段　人，下段　比率％）

	全　体		上　場		非上場		大会社		大会社以外	
	2014年	2015年	2014年	2015年	2014年	2015年	2014年	2015年	2014年	2015年
1．親会社の役職員	1,637	1,150	182	143	1,455	1,077	1,173	844	440	302
	33.1	21.4	8.8	4.9	50.6	41.4	29.6	19.0	51.8	39.3
2．親会社以外のグループ会社の役職員	242	229	37	47	205	182	190	149	50	37
	4.9	4.3	1.8	1.6	7.1	7.5	4.8	3.4	5.9	4.8
3．大株主の役職員	972	930	329	343	643	587	810	778	154	137
	19.6	17.3	15.9	11.7	22.3	24.1	20.5	17.5	18.1	17.8
4．取引銀行の役職員	113	155	82	106	31	49	105	137	5	13
	2.3	2.9	4.0	3.6	1.1	2.0	2.7	3.1	0.6	1.7
5．取引先の役職員	379	532	203	297	176	235	333	430	42	43
	7.7	9.9	9.8	10.1	6.1	9.7	8.4	9.7	4.9	5.6
6．会社と無関係な会社の役職員	717	1,033	572	879	145	154	619	905	85	121
	14.5	19.2	27.6	29.9	5.0	6.3	15.6	20.4	10.0	15.8
7．公認会計士又は税理士	121	207	104	187	17	20	99	177	20	28
	2.4	3.9	5.0	6.4	0.6	0.8	2.5	4.0	2.4	3.6
8．弁護士	241	410	205	372	36	38	219	378	15	28
	4.9	7.6	9.9	12.6	1.3	1.6	5.5	8.5	1.8	3.6
9．大学教授	214	351	190	311	24	40	196	321	8	16
	4.3	6.5	9.2	10.6	0.8	1.6	4.9	7.2	0.9	2.1
10．官公庁	103	122	67	99	36	23	98	114	1	6
	2.1	2.3	3.2	3.4	1.3	0.9	2.5	2.6	0.1	0.8
11．その他	210	256	101	157	109	99	118	206	30	37
	4.2	4.8	4.9	5.3	3.8	4.1	3.0	4.6	3.5	4.8
合計人数	4,949	5,375	2,072	2,941	2,877	2,434	3,960	4,439	850	768
	100.0	100.0	100.0	100.0	100.0	100.0	100.0	100.0	100.0	100.0

（出所）　日本監査役協会「役員等の構成の変化などに関する第16回インターネット・アンケート集計結果」2015
年12月15日（http://www.kansa.or.jp/support/enquet16_151215-1.pdf　2017年6月19日閲覧）。

第Ⅰ部　日本のコーポレート・ガバナンス

員（4.9%）」「大株主の役職員（19.6%）」「取引銀行の役職員（2.3%）」「取引先の役職員（7.7%）」「会社と無関係な会社の役職員（14.5%）」「公認会計士又は税理士（2.4%）」「弁護士（4.9%）」「大学教授（4.3%）」「官公庁（2.1%）」「その他（4.2%）」など実に多様な職業で構成されていることが明らかになっている。主に，「親会社の役職員」「大株主の役職員」「会社と無関係な会社の役職員」という順で高い割合を占めていることがわかった。

　東証１部上場企業2191社における独立社外取締役の数は，2021年８月２日現在，昨年比で56社増加して2126社となっている。さらに，独立社外取締役を２人以上選任している企業は31%（679社）となっている。

　先述したように，会社法改正で社外取締役を少なくとも１人以上選任するか，もしくは選任しない場合にはその理由を説明するルールが定まっている。2015年３月の決算期に「社外取締役を置くことが相当ではない理由」について開示されているが，その具体的な内容を見ると，以下のようになっている。[18]

　大きく分けて「社外取締役を置かなくてもガバナンス上不都合はない（必要性なし）」という理由と，「適任者が見つからない（人材不足）」という消極的な理由を開示する例が多い。これは事業の現場に事情に詳しい社内取締役の方が迅速かつ的確に対応できると思われるからである。要するに，従来の社内役員による取締役会，監査役会，内部統制システムを通しても十分に業務執行の監査と会計監査ができるという認識である。言い換えれば，社外取締役の選任によって生じうる業務遂行上の重複と社外から別途に人材を確保するために想定される費用の問題が根底にあると考えられる。一方で，2015年４月21日に『日本経済新聞』の広告欄に4500名の「社外取締役名鑑」が紹介されることもあった。

第４節　日本のコーポレート・ガバナンスの課題

　第１に，コーポレート・ガバナンスの目的として取り上げられている株主価値の向上のために政府が政策的に利用したことについてである。すなわ

ち，日本版スチュワードシップ・コードが受託責任を全うさせるという目的として策定されたことについてである。このコードの特徴は，これは本来の機関投資家の原則は自由で自主的に策定するものであることを理解せずに，企業経営にプレッシャーをかけるための単なる手段としてしかコーポレート・ガバナンス機能を見なさないという批判である。世界に目を向けると，1990年代半ば以後，機関投資家は，各々の特色ある受託者に対する責任を果たすための独自のコーポレート・ガバナンスの原則を有しているのが一般的な常識であった。

第2に，社外取締役設置強制に専念するあまりに，「設置強制」の実質化・強化に向けての内容と強さ，そして継続期間の長さなどについての具体的な実行に関する議論が不足する点である。実際に，アメリカでは取締役会で社外取締役の比率が過半数を超える企業数は，1938年に50％，1961年に61％，1972年に71％，1976年に83％へと上昇する傾向を見せていた。その後も，社内取締役の比率は，1973年に40％，1988年には25％まで低下していた。それにもかかわらず，2000年代初頭に不祥事が勃発するなどの問題が生じた点である。

第3に，社外独立取締役の役割として「助言」する機能があるが，これは具体的にはいかなるものなのかに関する疑問である。

お わ り に

以上のように，本章では日本の会社機関の特徴と近年の改革の動向について検討した。日本の会社機関は一見アメリカの経営・監視システムをとっているように見えるが，取締役会と監査役会が曖昧な形で業務監査と会計監査を担当している。近年の一連のコーポレート・ガバナンス改革は，社外取締役や社外監査役の役割分担の明確化と，権限強化という面では非常に評価に値する。会社法の改正やスチュワードシップ・コードとコーポレートガバナンス・コードが制定されるなどコーポレート・ガバナンス改革の面では制度的に進展があったと思われる。

さらに，ソフトローの改正が先に施行期間が設けられ，問題点などを収集するような形で行われ，さらに会社法改正というハードローの改正で制度的に固めるような形をとっているように見える。

しかし，日本のコーポレート・ガバナンス改革の動向は，政府の政策の一環として進められたものであり，コーポレート・ガバナンス先進国といわれるイギリスのものとは若干異なる様相を呈している。要するに，本来相応しい姿として考えられる当該企業の自治に導く政策決定に至らなかった点には，議論の余地が残るのではないかと思われる。

注

(1) 海道・風間，2009。

(2) 奥村，1984。

(3) 海道・風間，2009，7頁。

(4) 川口幸美，2004，21頁。

(5) 平田，2001，32頁。

(6) 例えば，大林守・若杉敬明（2011年）の研究によれば，優れたコーポレート・ガバナンスであるほど株式投資収益率を押し上げる効果を有するという。しかし，三輪芳朗・J. Mark Ramseyer（2015）の研究では，「企業の収益性」の説明変数としてQ（製造業企業に限定したTobinのQ），ROI（株式投資収益率），総資産営業利益率，自己資本経常利益率，Growth（総資産の平均成長率）の5つを挙げたが，これらの変数間の強い相関関係を見出せないという結論である。

(7) 佐久間，2016，74-77頁。

(8) 「上場企業のコーポレートガバナンス調査」日本取締役協会（https://www.jacd.jp/news/opinion/cgreport.pdf　2021年9月7日閲覧）。

(9) 「指名委員会設置会社リスト」日本取締役協会（https://www.jacd.jp/news/opinion/jacd_iinkaisecchi2.pdf）2021年9月7日閲覧。

(10) 『東証上場会社コーポレート・ガバナンス白書　2021』（https://www.jpx.co.jp/news/1020/nlsgeu000003zc0h-att/nlsgeu000003zc32.pdf　2021年9月7日閲覧）。

(11) 北側，2015，83-84頁。

(12) 藤川，2016。

(13) 金融庁，2021年7月31日，2021年9月7日閲覧。

(14) 新山，2015，18-35頁。

(15) 東京証券取引所，2017年1月16日，2017年6月19日閲覧。

第2章　会社機関とコーポレート・ガバナンス

⑯　石川，2015，37-51頁。

⑰　日本取締役協会，2016，2017年6月19日閲覧。

⑱　塚本英巨，2016，「『社外取締役を置くことが相当でない理由』の開示分析」『企業会計』68(2)，59-66頁。

⑲　小島，2014，60-61頁。

⑳　Miwa, Yoshiro and J. Ramseyer, Mark, 2006, The Fable of the Keiretsu：Urban Legends of the Japanese Economy, Journal of Japanese Law 273.

引用参考文献

青木崇，2016，『価値創造経営のコーポレート・ガバナンス』税務経理協会。

秋坂朝則，2016，「我が国社会法・取引所規則にみる社外取締役」『企業会計』68(2)，42-54頁。

新山雄三，2015，「社外取締役はコーポレート・ガバナンス強化の担い手たり得るのか：『企業統治改革改正，スチュワードシップ・コード，コーポレート・ガバナンス・コード』の実情と課題」『専修大学法学研究科所報』2015年12月，18-35頁。

石川真衣，2015，「フランスにおけるコーポレート・ガバナンス・コードの見直しについての覚書」『早稲田法学』91巻1号，37-51頁。

伊豫田隆俊・松本祥尚・浅野信博・林隆敏・町田祥弘・高田知実，2012，『実証的監査理論の構築』同文化出版。

浦野倫平，2007，「外部監視とコーポレート・ガバナンス」佐久間信夫編著『コーポレート・ガバナンスの国際比較』税理経理協会。

大林守・若杉敬明，2014，「コーポート・ガバナンスと企業業績」『専修商学論集』専修大学学会，53-62頁。

奥村宏，1984，『法人資本主義』お茶の水書房。

海道ノブチカ・風間信隆編著，2009，『コーポレート・ガバナンスと経営学』ミネルヴァ書房。

蟹江章，2008，『会社法におけるコーポレート・ガバナンスと監査』同文館出版。

川口幸美，2004，『社外取締役とコーポレート・ガバナンス』弘文堂。

北側哲雄編著，2015，『スチュワードシップとコーポレート・ガバナンス』東洋経済新報社。

金融庁「スチュワードシップ・コードの受入れを表明した機関投資家のリストの公表について」(http://www.fsa.go.jp/news/27/sonota/20160315-1.html　2017年6月19日閲覧)。

小島大徳，2014，「日本版スチュワードシップ・コード：日本の機関投資家コーポレート・ガバナンス原則」『国際経営論集』No. 48，53-70頁。

35

第Ⅰ部　日本のコーポレート・ガバナンス

佐久間信夫，2003，『企業支配と企業統治』白桃書房。

佐久間信夫編著，2007，『コーポレート・ガバナンスの国際比較』税務経理協会。

佐久間信夫編著，2016，『よくわかる企業論　第2版』ミネルヴァ書房。

タワーズワトソン編，2015，『攻めのガバナンス　経営者報酬・指名の戦略的改革』東洋経済新報社。

出見世信之「コーポレート・ガバナンス改革の促進要因と成果に関する詩論的考察」『日本経営倫理学会誌』第24号，125-135頁。

東京証券取引所「コーポレート・ガバナンス・コードへの対応状況」(http://www.jpx.co.jp/equities/listing/cg/tvdivq0000008jdy-att/20170116.pdf) 2017年1月16日。

東京証券取引所「コーポレート・ガバナンス白書　2017」(http://www.jpx.co.jp/equities/listing/cg/tvdivq0000008jb0-att/white-paper17.pdf　2017年6月20日閲覧)。

東京証券取引所「東証上場会社における独立社外取締役の選任状況」(http://www.jpx.co.jp/news/1020/20160727-01.html) 2016年7月27日閲覧。

平田光弘，2001，「21世紀の企業経営におけるコーポレート・ガバナンス研究の課題：コーポレート・ガバナンス論の体系化に向けて」『経営論集』第53号，東洋大学経営学部，32頁。

藤川信夫，2016，『英国 Senior Management Regime（SMR），上級管理者機能（SMFs）とコーポレート・ガバナンス・コード』文眞堂，2016年。

三輪芳朗・J. Mark Ramseyer，2015，「2014会社法改正，『コーポレート・ガバナンス・コード』と『社外取締役』」『大阪大学院経済論集』第28巻第2号，15-138頁。

日本監査役協会「役員等の構成の変化などに関する第16回インターネット・アンケート集計結果」2015年12月15日(http://www.kansa.or.jp/support/enquet16_151215-1.pdf　2017年6月19日閲覧)。

日本取締役協会「指名委員会設置会社リスト」(http://www.jacd.jp/news/gov/jacd_iinkaisecchi.pdf　2021年8月2日閲覧)。

和田合同法律事務所編，2015，『Q&A 社外取締役社外監査役ハンドブック』日本加除出版。

Cotter, J., Shivdasani, A. and Zenner, M., 1997, 'Do Independent Directors Enhance Target Shareholder Wealth During Tender Offers?', *Journal of Financial Economics*, 43(2), pp. 195-218.

Fama, Eugene F. and Jensen, Michael C., 1983, Corporations and Private Property: A Conference Sponsored by the Hoover Institution, *Journal of Law and Economics*, 26(2), pp. 301-325.

Lin, Steve and Pope, F. Peter, and Young, Steven, 2003, 'Stock Market Reaction to the Appointment of Outside Directors', *Journal of Business Finance & Accounting*,

第**2**章　会社機関とコーポレート・ガバナンス

30(3)-(4), pp. 351-382.

Perry, T., & Shivdasani, A., 2005, Do boards affect performance? Evidence from corporate restructuring. *Journal of Business*, 78(4), 1403-1431.

（文　載皓）

第Ⅱ部

アメリカのコーポレート・ガバナンス

第3章

外部監視とコーポレート・ガバナンス

はじめに

　アメリカのコーポレート・ガバナンス改革の歴史を見ると，その改革は一貫して，投資家保護の名目の下で，経営者優位のガバナンス体制を株主優位のそれに転換させることを目指して，株主主権論を前提とした取締役会の改革と株主権の強化のための法規制改革を中心に進められてきたということができる。

　本章では，1990年から今日に至るまでのアメリカの上場会社のコーポレート・ガバナンス改革の動向について外部監視の観点から，取締役会改革と株主権の強化のための法規制の改正，ならびに株主優位のガバナンス構築のための主役として期待される機関投資家を含む株主の動向に焦点を当て，その動向を把握するとともに，株主権の強化を目指した同国のガバナンス改革が抱えている問題点についても指摘していく。[1]

第1節　アメリカにおける企業統治改革の歴史

（1）　取締役会改革

　アメリカの上場会社の取締役会改革の進展は，「その構成の変化に示唆されている[2]」という。**図3-1**によれば1970年代後半から独立取締役の増加が見られるようになり，2012年の時点で84％にまで上昇している。このことから，アメリカにおける取締役会改革の側面からのコーポレート・ガバナンス改革は，1970年代後半から大きく進展しはじめたことがわかる。

図 3 − 1 アメリカ企業における独立取締役占率の推移

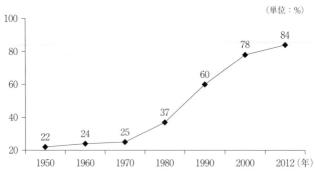

(出所) 杉山欽哉・田口杏奈, 2013,「米国コーポレート・ガバナンスの最近の動向」『生命保険経営』(生命保険経営学会) 第81巻第1号, 77頁。

　独立取締役が増加する以前のアメリカにおける上場会社の取締役会の構成は,「CEO が自分の親しい関係にある取引先の役員や友人を取締役として招聘していたため, 外部取締役といってもいわば CEO の身内であり, その役割も必要に応じて CEO の相談に乗るという『助言モデル』に依拠したものであった。」[3]このことからもわかるように, 従前のアメリカの上場会社の取締役会の性格は, CEO の意向が通りやすく, ガバナンス体制についても CEO を含む経営者が優位な状況であったといえる。

　これに対して, すでに1956年の時点で投資家保護の観点から上場会社の取締役会に最低2名の社外取締役を入れることを上場規則に定めるなど[4], 従来からアメリカ企業のコーポレート・ガバナンス改革に強い関心を示していたニューヨーク証券取引所 (以下, NYSE) は, 1977年に上場規則を改正し, 独立取締役だけからなる監査委員会の設置を義務づけている[5]。

　図3−1に見られるアメリカ上場会社の独立取締役の増大は, その結果と見られるが, この NYSE 上場規則改正の真の目的は, 取締役会の経営監督機能を強化することにあり, これはアメリカの上場企業の取締役会そのものの性格を, 経営者優位の「マネジメント・ボード」から, 経営者に対する監督機能を重視する「モニタリング・ボード」に変化させるための第一歩となったと評価

できる。そして，ここから大きく進展したアメリカ上場会社の取締役会改革は，
「『外部役員をより多く含む独立性の高い取締役会ほど株主利益の実現に忠実で
ある』という一般通念[7]」に支持されながら推進されていったと考えられる。

（2）　機関投資家の行動変化

　一方，アメリカのコーポレート・ガバナンスにおいて外部監視の主役として
の役割を担う機関投資家は，1980年代においてすでに株主アクティビズム（投
資先企業の経営に積極的な介入を試みる株主行動）への転換を意識するようになっ
ていたが，その転換を促す契機となったのは，1988年のエイボン・レターであっ
た。

　エイボン・レターは，1988年にアメリカ労働省がエイボン社の年金担当者に
あてた書簡で，受託者責任の中に議決権行使も含まれること，さらには議決権
行使の際に最優先すべきものは加入者の利害であることを明示したものである。
当時の公的年金等の機関投資家は，投資先企業に不満があれば，株主行動より
も株式売却を優先する，いわゆる「ウォール・ストリート・ルール」に基づい
た従前の投資スタイルがもはや維持できなくなり，株式の長期保有を前提にし
た株主アクティビズムへの転換を迫られていたが，エイボン・レターはその行
動転換を後押ししたものと位置づけられる。

　これを契機として，機関投資家の関心は投資した企業の長期収益性に向かう
ようになり，1990年代になると彼らの投資行動もリレーションシップ・インベ
ストメント，すなわち，エンゲージメント（投資先企業の経営者との目的ある対
話）を通じて相互に信頼関係を醸成しながら経営者に対する外部監視機能を果
たそうとするものに重点が置かれるようになっていった。[8][9]

　とはいえ，現実には，90年代には，GM，IBM，アメリカン・エクスプレス，
アップルなどの大企業で，機関投資家に後押しされた独立取締役を中心とした
取締役会の意向により，CEO が解任される事例が続いた。こうしたことから，
機関投資家と経営者の関係は，対話路線に転化したとはいっても，意見の対立
が明らかになった場合に機関投資家が厳しい行動をとることもあったことがわ

第Ⅱ部　アメリカのコーポレート・ガバナンス

かる。ただ，当時のこうした機関投資家とその意を受けた独立取締役による
CEO の解任事例は，先に見た「外部役員をより多く含む独立性の高い取締役
会ほど株主利益の実現に忠実である」という一般通念に見合うものと見なされ，
アメリカでのコーポレート・ガバナンスは，株主優位のガバナンス体制が構築
されつつあり，それが健全に機能しているとの判断につながったものと思われ
る。

（3）　SOX 法の成立

　しかし，残念ながらアメリカのコーポレート・ガバナンス制度はまだ完成さ
れたものではなかった。2001年12月に発生したエンロン社の倒産，同社経営者
による不祥事の発覚は，機関投資家のみならず，アメリカのコーポレート・ガ
バナンスにかかわるすべての人々に大きな衝撃を与えた。倒産前のエンロン社
の取締役会は模範的と高く評価され，独立取締役についても当時では一流とさ
れる陣容で構成されていたはずであるが，事件は起きてしまった。エンロン社
の問題点は，「監査法人が監査と同時に経営コンサルティングも行っており，
監査法人の独立性が損なわれ……社外［独立…筆者注］取締役は，金融工学を
駆使した複雑な取引の実態を解明しきれず，また経営陣も『透明性』をもって
これを十分に説明していなかったために，チェック機能を果たすことができな
かった。[10]」ことにあるとされる。

　これらのことは，いくらコーポレート・ガバナンスの制度を整備しても，そ
れが正しく運用されなければ，取締役会による経営者の監視機能も含め，すべ
てのガバナンス機能が不全に陥る可能性があることを改めて示すものであった。

　これを受けて2002年以降，アメリカでは政府，アメリカ証券取引委員会（以
下，SEC），NYSE 等のコーポレート・ガバナンスにかかわる主要な機関すべ
てが迅速に対応して，外部監視をさらに強化し，経営者には厳しい罰則を科す
方向でガバナンス改革が進んだ。具体的には2002年の SOX 法制定[11]と2003年の
NYSE 等の上場規則の大幅改正[12]である。これらのコーポレート・ガバナンス改
革のための施策は，外部者である独立取締役等の視点を用いて経営者監視と経

44

営の透明性を高めるという目的で共通している。これにより，経営者の説明責任を明確にし，経営者の独断と彼らによる会社の私物化を防止しようとしたのである[13]。アメリカでそうした迅速な対応が可能となったのは，「『株主利益のためには，企業経営者を監視する強力なコーポレート・ガバナンスが不可欠』という考えが行政と産業界に根深く浸透していたため」[14]とされている。

（4）　ドッド＝フランク法の成立

　その後のアメリカでは，迅速にコーポレート・ガバナンス改革を実施したこともあり，その時点では「アメリカのガバナンスやディスクロージャー制度は大変優れた制度であり，本来であれば十分機能する仕組みであるとの認識は変えていない。[15]」状況にあった。

　その結果，その後のアメリカのコーポレート・ガバナンスは，「機関投資家による株主アクティビズムが本当に企業を改善させるか否かは不明である」[16]との一部の懸念の声がありながらも，従前と変わらずこれまで続けてきた取締役会の改革（「モニタリング・モデル」への転化）と，リレーションシップ・インベストメントに取り組む機関投資家の存在を前提とした株主権の強化をさらに進める方向で改革が進められることになった。

　ところが時を経ずして，再びアメリカのコーポレート・ガバナンスを大きく揺るがす事態が起きた。2007年のリーマン・ショックに端を発する2008年の金融危機の発生である。この金融危機の大きな原因の１つとして「大手金融機関のコーポレート・ガバナンス・システムおける欠点が指摘されている。」[17]といわれるように，今回は金融機関のガバナンス不全が露呈した[18]。これを受けて，アメリカでは2010年にドッド＝フランク法（Dodd-Frank Wall Street Reform and Consumer Protection Act）[19]が制定され，再び，株主権を強化するコーポレート・ガバナンス改革が実施された。この改革は，金融危機の原因の１つとされた金融機関のガバナンス改善を目指すものであったが，結果として金融業以外のすべての上場会社にも適用されることになった。（表3-1）

　しかしながら，金融危機以降，アメリカでは，株主権を強化し，株主優位の

第Ⅱ部　アメリカのコーポレート・ガバナンス

表 3 - 1　アメリカ上場企業についての企業統治改革の歩み

年月	イベント
1940. 12	SEC が外部監査人の推薦権限を執行役でない取締役から成る委員会に付与すべきこと等を提言
1967. 7	AICPA（アメリカ公認会計士協会）が全上場企業につき社外取締役から成る監査委員会を設置すべきこと等を提言
1977. 1	NYSE が，独立取締役のみから成る監査委員会の設置をその全上場企業に義務づけ
1977. 12	海外不正支払防止法成立（1934年取引所法に挿入）。上場企業の会計の適正性確保を目的とする諸規制を導入
1999. 2	NYSE・NASDAQ の諮問機関であるブルー・リボン委員会が監査委員会の実効性の強化に関する報告（および勧告）書を提出
1999. 12	ブルー・リボン委員会の報告（および勧告）書を受けて，NYSE・NASDAQ が監査委員会の人数要件（3名以上）および「独立取締役」の要件等を強化
2001. 12	エンロン破綻
2002. 7	SOX 法成立（全上場企業に監査委員会を設置すべきこと等を法令上強制）
2003. 11	SEC が SOX 法を受けた NYSE・NASDAQ の上場規則改正を承認
2008. 9	リーマン・ブラザーズ破綻
2010. 7	DF 法成立（全上場企業に報酬委員会を設置すべきこと等を法令上強制）

（出所）太田洋・松平定之，2012a，「米国上場企業のコーポレート・ガバナンスに関する最新動向（上）」『商事法務』No. 1959，17頁。

ガバナンス構築を目指すコーポレート・ガバナンス改革の基本方針そのものに対する信頼性が揺らぎつつある。アメリカのコーポレート・ガバナンス改革は今，大きな壁に直面しているといえるのである。

第2節　株式所有構造の変化と機関投資家の行動

（1）　アメリカにおける株式所有構造の変化

　アメリカのコーポレート・ガバナンスにおける外部監視の主役は機関投資家である。本節では，この機関投資家の株主としての動向について，アクティビスト・ファンドおよび議決権行使助言会社との関わりを中心に見ていくことにする。

表3-2 アメリカにおける株式所有構造（1990〜2015年）

（単位：10億ドル、（ ）内は％）

年	家計部門	銀行部門	保険会社	私的年金	公的年金	投資信託・投資会社	政府及び海外	発行済み株式市場価格
1990	1,994.5 (56.49)	10.9 (0.3)	144.6 (4.1)	572.8 (16.2)	284.9 (8.07)	276.2 (7.82)	247.4 (7.01)	3,531.3
1995	4,498.3 (53.04)	19.3 (0.23)	262.3 (3.09)	1,182.8 (14)	715.0 (8.43)	1,293.2 (15.25)	510.6 (6.02)	8,481.5
2000	7,984.6 (46.15)	43.3 (0.25)	427.8 (2.47)	1,823.1 (10.5)	1,355.3 (7.83)	4,089.8 (23.64)	1,575.7 (9.11)	17,299.6
2005	8,231.9 (39.96)	62.9 (0.31)	462.0 (2.24)	2,287.8 (11.1)	1,716.5 (8.33)	5,605.8 (27.21)	2,233.8 (10.84)	20,600.7
2006	10,190.9 (42.3)	79.8 (0.33)	517.4 (2.15)	1,976.3 (8.2)	1,900.7 (7.89)	6,736.6 (27.96)	2,691.4 (11.17)	24,093.1
2007	10,017.6 (39.55)	88.8 (0.35)	508.6 (2.01)	2,041.0 (8.06)	2,021.7 (7.98)	7,555.6 (29.83)	3,095.8 (12.22)	25,329.1
2008	5,614.4 (36.76)	33.8 (0.22)	401.4 (2.63)	1,275.0 (8.35)	1,311.7 (8.61)	4,391.8 (28.82)	2,209.3 (14.5)	15,237.4
2009	7,278.3 (36.76)	63.6 (0.32)	410.1 (2.07)	1,504.4 (7.6)	1,683.0 (8.5)	6,000.3 (30.3)	2,862.0 (14.45)	19,801.7
2010	8,694.4 (37.42)	73.6 (0.32)	437.0 (1.88)	1,778.1 (7.65)	1,869.7 (8.05)	6,967.1 (29.98)	3,416.7 (14.7)	23,236.6
2011	8,295.0 (36.96)	67.4 (0.3)	456.9 (2.04)	1,680.4 (7.49)	1,789.7 (7.97)	6,572.9 (29.29)	3,579.8 (15.9)	22,442.1
2012	9,669.9 (37.41)	71.3 (0.28)	507.3 (1.96)	1,890.7 (7.31)	1,959.5 (7.58)	7,618.0 (29.47)	4,131.0 (15.9)	25,847.7
2013	12,851.9 (38.33)	101.3 (0.3)	608.9 (1.82)	2,243.8 (6.69)	2,379.2 (7.1)	9,941.2 (29.65)	5,401.7 (16.1)	33,528.0
2014	14,203.3 (38.64)	108.5 (0.3)	641.9 (1.75)	2,370.2 (6.45)	2,501.4 (6.81)	10,781.3 (29.33)	6,151.2 (16.73)	36,757.8
2015	13,994.9 (39.13)	99.9 (0.28)	623.0 (1.74)	2,252.4 (6.3)	2,363.9 (6.61)	10,648.1 (29.77)	5,784.5 (16.17)	35,766.7

（出所）Board of Governors of Federal Reserve System, "Financial Accounts of the United States-Z.1" の各年版を基に筆者作成（https://www.federalreserve.gov/releases/z1/default.htm 2017年8月2日閲覧）。

第Ⅱ部　アメリカのコーポレート・ガバナンス

　表3-2は，1990年から2015年までのアメリカにおける株式所有構造の変遷と発行済株式の市場価格の推移を示したものである。まず注目されるのは発行済み株式の市場価格の推移で1990年に3兆5310億ドルだったものが，金融危機直前2007年までに25兆3290億ドルと約7.2倍にまで急増していることである。直後の2008年に発生した金融危機で，10兆ドルの大幅減少を見たが，その後は世界的な金融緩和政策の追い風を受けて急速に持ち直し，2015年までのわずか7年で35兆7660億ドルにまで到達している。これは，金融危機前の最高水準である2007年の1.41倍，金融危機が発生した2008年から見れば2.35倍もの水準となっている。その結果，各部門が所有する株式総額もそれぞれ大きく増加している。その中でも投資信託・投資会社の所有比率が金融危機後の2008年以降，約30％の水準で高止まりし，その所有額も大きく伸びていることは注目される。[20]

　すでに見たように，機関投資家は1990年代以降，株主アクティビズムに転化したが，彼らの当初の行動は，議決権行使も辞さないとしながらも，基本的にはエンゲージメントを通じて，経営者との間に長期的な信頼関係を構築するリレーションシップ・インベストメントを目指すものであった。機関投資家のそうした投資態度はその後も変わることはなく，「多くの機関投資家は，投資先企業のガバナンス改革を促す方法として，エンゲージメントと議決権行使を車の両輪と位置づけている。[21]」とされる。

　ところが「2003年にSECが運用会社の議決権行使の方針及び手続きの開示を求める規則を採択した[22]」ことから，機関投資家は，議決権を行使するに際して，その根拠について合理的な説明が求められるようになった。この説明においては当然ながら，実際の議決権行使に至るまでのプロセスである機関投資家と当該企業の経営陣とのエンゲージメントのあり方・内容も問われることになる。これにより機関投資家のリレーションシップ・インベストメントは，議決権行使についての説明責任を果たすと同時に，将来の議決権行使に備えて，数ある投資先企業の中から議決権を行使する可能性がある企業を予め選定し，事前に十分なエンゲージメントを行う必要に迫られることとなった。

　しかし，議決権行使の根拠を説明するにしろ，議決権行使に備えて重点的に

エンゲージメントを行うべき企業を選定するにしろ，広範な投資先を有する機関投資家がそれらを独自に行うことは能力的にも時間的にも限界がある。そこで機関投資家が提携先として注目するようになったのが，議決権行使助言会社であり，アクティビスト・ファンドであった。[23]

（2）　機関投資家と議決権行使助言会社

　議決権行使助言会社は，機関投資家のエンゲージメント対象企業および議決権行使対象企業の選定をサポートする機能・役割を担う組織である。「多くの機関投資家は，議決権行使助言会社が提供するリサーチ・サービスを利用して対象先を絞り込んでいる。数千社の企業をリサーチするのは大手機関投資家でも負担が大きく，議決権行使助言会社がこの機能を肩代わりしていると考えられる。」[24]とされる。

　議決権行使助言会社との提携による機関投資家のメリットは，自らの議決権行使およびエンゲージメント活動を効率的に行うことが可能となるだけではない。彼らとの提携により自らのエンゲージメントのあり方，議決権行使が適正であるとの合理的な根拠を得ることもできる。機関投資家はSECに課せられた説明責任を果たすために「外部から得た様々な情報を勘案しているとの外観を作るようになる。そのような外観を示すために，議決権行使助言業者の利用は有益」[25]であると判断しているのである。

（3）　機関投資家とアクティビスト・ファンド

　アクティビスト・ファンドは，一定以上の株式保有を前提に，コーポレート・ガバナンス改革にも関与するなど積極的に経営提言を行い，株主総会でも積極的に議決権を行使するなど，いわゆる「モノ言う株主」として株主アクティビズムを実践しようとする投資ファンドのことである。[26]

　アクティビスト・ファンドの投資パターンは，「投資先を絞り，一定以上の持分を取得する。……彼らは，各社について徹底したリサーチを行い，……比較的大きな持分を取得した上で，投資先を監視する。深い投資先企業への理解

第Ⅱ部　アメリカのコーポレート・ガバナンス

と一定の持分が，会社に対する提案の裏付けとなる[27]」のである。

　こうした投資パターンをとるのがアクティビスト・ファンドであるが，2000年代中盤以降は，その行動に変化が生じたという。当時のアクティビスト・ファンドの行動に関する分析によると「最近の傾向（2007年時点―筆者注）としていえるのは，敵対的アプローチが減少し，友好的アプローチが主流になってきている。これは経営陣が以前よりもアクティビストの声に耳を傾けるようになったという事情に加えて，『敵対的なファンド』とレッテルを貼られることは，その後の投資活動の妨げになりうるからである。それよりも，友好的な経営の指南役としての評判を高めれば，ターゲット企業側からの反発が少なくなり，投資活動がしやすくなる。[28]」との判断が背景にあったとされる。この結果，アメリカではアクティビスト・ファンドの活動が2000年代中盤から急速に活発化している。[29][30]

　前節でも述べたように，機関投資家は，元来，投資先に対して敵対的な態度で臨み短期的利害を優先しかねないアクティビスト・ファンド等の投資ファンドについてはこれを異端と見なしていた。しかし，このようなアクティビスト・ファンドの行動変化に対して，「多くの銘柄を保有する機関投資家は，コストがかかりすぎるため行うのが難しい投資先への働きかけを代わりに行ってくれる存在として，アクティビスト・ファンドを概ね好意的に評価[31]」するようになっていった。

　こうして本来はその投資態度の違いから相容れなかった機関投資家とアクティビスト・ファンドは接近するようになっていった。機関投資家は，アクティビスト・ファンドからの提案でもそれが機関投資家の議決権行使やエンゲージメントを改善する上で効果的であると判断すれば，アクティビスト・ファンドの行動を支持するようになったのである。

　現在，アメリカで活躍しているアクティビスト・ファンドと機関投資家との関係については，「アクティビスト・ファンドへの投資家が公的年金等の機関投資家である場合も多い。[32]」とされる。しかし，「実際に機関投資家の支持を得られるのは，アクティビスト・ファンドの要求が，投資先の企業価値向上にプ

第3章 外部監視とコーポレート・ガバナンス

ラスの効果をもたらすと考えられる場合に限られる。その点，他の機関投資家
は，アクティビスト・ファンドの提案の質を慎重に見極めている」という。[33]

（4） 株主アクティビズムの活発化と短期主義への疑念

　このようにアメリカの機関投資家がアクティビスト・ファンドと提携するに
当たっては，慎重な判断をしているとする見解も存在する。しかしながら，2000
年以降顕著となった金融肥大化，その中での機関投資家とアクティビスト・
ファンドの接近に見られるような株主アクティビズムの活発化は，常に短期主
義（short-termism あるいは business myopia）への疑念がつきまとう。[34]

　実際，アメリカでは，金融危機以前の2006年7月に投資プロフェッショナル
の資格認定団体であるCFA（Center for Financial Market Integrity）と経営者
団体であるビジネス・ラウンドテーブル（Business Roundtable）が共同でBreak-
ing the Short-Term Cycle という報告書をまとめ，短期主義問題の改善を訴
えている。[35]

　短期主義傾向への疑念を生む要因の1つに，機関投資家によるヘッジ・ファ
ンド（分散投資を行い，主に短期的な売買により高い運用収益を追求する投資信託）
等に対する貸株（保有している株式を証券会社を通じて機関投資家等に貸し出すこ
と。貸手は借手より貸株料・金利を得る）の活発化がある。金融肥大化の中で機
関投資家は，「毎期のリターンを少しでも上昇させるため，貸株による手数料
拡大を目指すようになった」。[36]「長期保有中心の機関投資家でも，運用パフォー
マンスをあげる手段として，貸株を積極的に行うようになった」とされる。[37]

　しかし，貸株を行う機関投資家は，「貸株を行っている間は，議決権行使が
できないため，ガバナンス発揮の機会が失われる」ことになる。[38]一方，借株を
したヘッジ・ファンド等は，議決権を行使するアクティビスト・ファンドとし
て短期主義的な株主行動を取ることも可能となる。このように機関投資家によ
る貸株の活発化は，機関投資家とアクティビスト・ファンドの誤った接近の一
因となると同時に，機関投資家による長期的視点に立ったガバナンスの低下を
もたらし，短期主義に基づく誤ったガバナンス強化をもたらすことにもなりか

51

第Ⅱ部　アメリカのコーポレート・ガバナンス

ねないリスクを有するものであるといえる。もし仮に，機関投資家がそのよう
なリスクを事前に認識しながらも，自らの運用パフォーマンスを上げるために
積極的に貸株を行っているとすれば，その時点で，すでに機関投資家自身が短
期主義を容認していることになる。

　このようにアメリカの機関投資家による貸株の活発化は，株主アクティビズ
ム活発化への批判，ひいてはアメリカの株主優位のガバナンス構築に対する批
判を招来する重要な問題を孕んでいるといえるのである。

第3節　自主規制機関

（1）　NYSE の上場規則

　アメリカのガバナンスにおいては，法的根拠をもつ自主規制機関の果たす役
割が大きい。その中でも最も影響力が強いのが NYSE，FINRA（Financial Indus-
try Regulatory Authority：金融取引業規制機構，以下，FINRA）などの業界団体
である[39]。

　NYSE の上場規則は，2008年の金融危機を受けて2009年にも見直され，現在
では，アメリカの上場会社は，指名／コーポレート・ガバナンス委員会，報酬
委員会，監査委員会を設置することはすべての上場会社の義務とされ[40]，かつ，
取締役の過半数を独立取締役とすることも義務づけられている。また，CEO
を除く独立取締役だけによる取締役会の開催も義務づけられている（**表3-3**）
しかし，その内容は2003年上場規則と大きく変わるものではない。このことは，
米国のガバナンス改革のための取締役会改革案は，2003年の時点ですでに出尽
くしていることを意味しているのかもしれない[41]。

（2）　FINRA

　FINRA は，米国証券業会の新たな自主規制機関として2007年に発足した。
同機関は，全米証券業協会（NASD）と NYSE の会員規制機能の合併により誕
生したもので，約5100社にのぼる全米の会員証券会社や登録外務員の監督など

第**3**章　外部監視とコーポレート・ガバナンス

表 3 - 3　NYSE 上場会社のガバナンス基準（上場会社マニュアル303A条）の概要

303A.01　上場会社の取締役の過半数は独立取締役でなければならない（IM–5605（1））

303A.02　独立性テスト（IM–5605）

「独立取締役」の定義は以下の点を満たさなければならない

（a）（i）取締役会が，当該取締役が，直接に，あるいはパートナー，株主，あるいは会社と重要な関係を有する組織の役員として，上場会社と重要な関係を有していないと認定している

（ii）それに加えて，上場会社の取締役会の報酬委員会委員である取締役の独立性を認定するに当たり，取締役会は取締役が報酬委員会の委員としての義務に関連して，経営から独立である能力にとって重要な関係を持つか否かを左右するあらゆる要因を考慮しなければならない。それには，（A）上場会社によって当該取締役に支払われるコンサルティング，助言に対する報酬，（B）当該取締役が上場会社，上場会社の子会社あるいはその関連会社と関係があるかどうか

（b）加えて，以下の場合は，取締役が独立しているとみなされない

（i）取締役が過去 3 年以内に，上場会社の従業員，直接の集団メンバー，役員であった

（ii）取締役が過去 3 年のうち12ケ月にわたり，上場会社から12万ドル以上の直接的な報酬を受け取っていた。ただし，以前の勤務に対する取締役と委員報酬，および年金，繰延払い報酬は除くものとする

（iii）会社の現在あるいは以前の内部あるいは外部の監査人に雇われていた取締役，あるいは監査人と同じ集団に属するとみなされる取締役が雇用関係が終了してから今だ 3 年を経過していない

（iv）取締役が，報酬委員会が上場会社の経営者から構成されている会社の役員である場合には，そのような契約が終了してから未だ 3 年を経過していない

（v）取引が100万ドルあるいは売上高の 2 ％を越える会社の経営者が，そのような関係がなくなってから 3 年を経過していない

303A.04　指名／コーポレート・ガバナンス委員会：すべての NYSE 上場会社は独立取締役だけで構成される指名／コーポレート・ガバナンス委員会を設置しなければならない。委員会の目的と責任は，取締役会が定めた基準にしたがい，取締役会のメンバーに相応しい人物を指名することである（IM–5605-7）

303A.05　報酬委員会：すべての NYSE 上場会社は独立取締役だけで構成される報酬委員会を設置しなければならない。CEO に対する報酬の長期インセンティブ要因を決定するにあたって，報酬委員会は会社の業績と相対的な株主のリターン，比較対象となる会社の CEO の類似のインセンティブ，および過去数年間の上場会社 CEO に与えられた報酬を考慮しなければならない（IM–5605-6）

303A.07　（a）および（b）すべての NYSE 上場会社は独立取締役 3 名以上で構成される監査委員会を設置しなければならない。監査委員会の各委員は財務的な知識を持っていなければならず，しかも少なくとも 1 名は会計，あるいは財務管理の経験を持っていなければならない。もし監査委員会の委員が 3 社以上の公開会社の監査委員を兼任している場合には，各監査委員会はそのような業務が委員の監査委員としての能力を損なうものではないことを判断し，そのことを開示しなければならない（IM–5605-3（2））

303A.03　独立取締役だけの取締役会の開催：取締役会は経営者が参加しない定例の会議を開催しなければならない（IM–5605-1（2））

（注）　条文末尾の番号は，対応する NASD 規則（2009年 3 月以降改正）。

（資料）　NYSE, *Listed Company Manual*（2009年11月25日改正）。

（出所）　佐賀卓雄，2014a,「金融システム危機とコーポレート・ガバナンス改革」『月刊資本市場』No. 350, 33頁。

53

第Ⅱ部　アメリカのコーポレート・ガバナンス

を行い，米国証券業界の自主規制の中心的な役割を担うことが期待されている。[42]

第4節　連邦政府，SEC による規制

　すでに第1節で見たように，連邦政府および SEC による規制は2000年代に入り新たな展開を見せている。アメリカでは証券関係法（連邦法）として2002年に SOX 法が，そして2010年にはドッド＝フランク法が制定された。[43] またそれを受けて SEC も規制によるガバナンス改革に積極的に取り組む行動派に転換している。[44][45] 本節では直近のドッド＝フランク法のガバナンス改革に関連する条項を取り上げ見ておくことにする。

（1）　取締役の巨大報酬問題への対応（ドッド＝フランク法951条～954条）

　企業経営者に対する報酬に関して株主に賛否を問う制度を Say on Pay という。Say on Pay は，2002年にイギリスですでに導入されていたが，アメリカでもドッド＝フランク法951条として導入された。951条は，上場会社の役員報酬にかかわる定期的な（少なくとも3年ごとの）株主投票を義務づけるとしている。[46] ただ，この株主投票は法的拘束力をもたない勧告的投票（advisory votes）に該当する。このため投票結果は株主による意思表明にすぎず，これによってただちに会社の取締役会の決定が覆るものではない。[47]

　このように Say on Pay は，その結果に法的拘束力はないが，株主に役員報酬に対して意見表明する機会を付与することで，上場企業の役員報酬決定について一定の影響力を及ぼすことが可能となる。[48]

　同法952条では，報酬委員会は全員が独立取締役である取締役メンバーにより構成されるものとし，もし報酬委員会の独立性を確保できない場合は，規則の適用除外となる一部の会社を除いて上場禁止を指示するとし，報酬委員会の独立性を強く求めている。[49]

　同法953条は，役員報酬の情報公開に関するもので，公開会社に対して，委任状勧誘書類において，実際に支払われた役員報酬額と公開会社の財務業績と

54

の関係を示す情報を開示すると同時に，それについて明確な説明を求めている。また，すべての被用者の年間報酬総額の中央値と CEO の年間報酬総額を開示し，両者のギャップを明示するよう要求している。[50]

　加えて同法954条は，誤って支払われた役員報酬の回収，すなわちクローバック（claw back）を規定している。そこでは，過去３年間に誤ったデータに基づきインセンティブ報酬（報酬として付与されたストックオプションを含む）が役員に支払われていた場合に，過剰報酬分を回収する方針を整備し，実施しな[51]ければならないとしている。[52][53]ただし，クローバック条項については「SEC から規則の提案はまだ行われていない」。[54]

（2）　株主の議決権強化・影響力拡大（ドッド＝フランク法971条）

　ドッド＝フランク法の中で株主の議決権強化・影響力拡大に大きく関わるのは，プロキシー・アクセス（proxy access）の導入を規定した971条である。

　プロキシー・アクセスは，一定の条件を満たす株主が，会社から株主に送付される委任状勧誘書類（Proxy materials）に，自らが推薦する取締役候補者を記載することを請求する権利をいう。委任状勧誘がなされた議案が株主総会において可決された場合には，その決定は法的拘束力をもつことになる。したがって，プロキシー・アクセスの導入は，株主による取締役指名提案を容易にし，株主による経営関与を強めるものとなる。

　このプロキシー・アクセスを認めた971条の導入（2010年７月）を受けて，SEC は同年８月に，公開会社は，３年以上の間，議決権株式の３％以上を保有している等の条件を満たす株主単独あるいは投資グループによってなされた取締役の選任に関する提案についてのみ，委任状説明書（委任状勧誘書類）に記載する義務を負うとする SEC 規則（14a-11）を提案した。[55]しかしながら，同年９月にビジネス・ラウンドテーブルとアメリカ商工会議所が本規則の審査を連邦巡回控訴裁判所に申し立て，その結果，申立てが認められ，本件は無効とされ[56][57]ている。

　現在の SEC のスタンスは，会社の付属定款にプロキシー・アクセスの手続

第Ⅱ部　アメリカのコーポレート・ガバナンス

規定を設けることで，プロキシー・アクセスを行うことは可能とし，各社の任意によるプロキシー・アクセスの導入は認めるとの立場を取っている[58]。ただ，付属定款経由のプロキシー・アクセスでは，まずは付属定款の改正の手続きが必要であるため，実際に株主がプロキシー・アクセスを行うことは不可能に近い。このため971条の実効性については当初の意図からは大きく後退しているといえよう[59]。

お わ り に

　これまで見てきたように，アメリカのコーポレート・ガバナンス改革は，株主優位のガバナンス体制の構築を目指して進んできたのであるが，一方において株主の短期主義に対する疑念もまた大きくなり，アメリカのコーポレート・ガバナンス改革のあり方に対する批判も高まっている。

　このような株主主権論を前提としたアメリカのコーポレート・ガバナンス改革に対する批判の背景には，①実体経済に深刻な影響を与えたグローバル金融危機への反省や，②金融危機後の金融緩和政策の下で，中長期的観点に立ち企業の成長にコミットしようという投資家が株式市場に十分存在していないという問題意識，さらには，③CSRやESG投資の考え方が普及してきたことなどがある[60]。

　これに関連して，ビジネス・ラウンドテーブルが2016年にコーポレート・ガバナンス原則を発表している[61]。

　同原則において，ビジネス・ラウンドテーブルは，現在においても，アメリカは世界最高のコーポレート・ガバナンスを有し，世界最高の財務報告システムと証券市場システムを有しているとしながらも，同時に近年は，株主アクティビズムが，あらゆるレベルで活発なままで，これがターゲットとなった会社とその取締役会にかなりのプレッシャーとなっているとの認識を示し，株主アクティビズムの活発化と一部株主による短期主義に依拠した要求の拡大に重大な懸念を表明するとともに，会社の長期価値創造の視点に立った事業戦略優先の

56

重要性を訴えている。[62]

　また，株主と経営者のエンゲージメント（対話）のあり方が，今後ともアメリカの上場会社にとってコーポレート・ガバナンスの重大な課題であり続けるとの見解も示して，もしそうであれば，株主は，自らの権利・影響力の増大に見合う責任負担についても十分に認識すべきであると強調している。そして，その責任の範囲については，単に情報公開にとどまらず，会社の長期価値創造の実現に対する株主の責任を自覚すると同時に，自らの主張や行動が，会社の長期価値創造の視点から見て合理的なものであることについて説明責任を果たすことまでが含まれるとし，今後，アメリカのコーポレート・ガバナンスを考えるに当たって，この株主による責任の自覚と説明責任の遂行という考え方が浸透していくことが不可欠であると主張している。[63]

　このビジネス・ラウンドテーブルの提言は，現在のアメリカのコーポレート・ガバナンスが直面している問題の本質を突く重要なものであるといえる。アメリカは今，経済的にも政治的にも大きな岐路に立っている。同国の今後のコーポレート・ガバナンス改革がどのような展開を見せるのか，その動向が注目される。

注

(1) 1990年代以前のアメリカのコーポレート・ガバナンスの動向については，佐久間，2007，45-65頁を参照されたい。

(2) 佐賀，2014b，107頁。

(3) 佐賀，2014b，108-109頁。

(4) 独立取締役という言葉は，「監視の役割を果たす取締役」という意味で1970年代になって初めてコーポレート・ガバナンスの辞書に登場している。（佐賀，2014b，109頁）よって本章では，それ以前のことについて触れる場合には独立取締役ではなく，社外取締役と記すことにする。

(5) 鎌田，2004，136頁。鎌田，2005，76-77頁を参照。

(6) 「マネジメント・ボード」は，経営を担う取締役会において，経営監督機能よりも経営執行機能の方が優位のモデル（監督機能＜執行機能）。意思決定においては，株主の意向よりも，CEOや内部役員の事業方針が優先される。一方，「モニタリング・ボード」

第Ⅱ部　アメリカのコーポレート・ガバナンス

は，取締役会において，経営監督機能の方が経営執行機能よりも優先されるモデル（監督機能＞執行機能）。意思決定に際しては，事業の執行を担う CEO ほか執行担当役員の意向よりも監督業務に専念する取締役の意見が通りやすくなる。「モニタリング・ボード」において，株主の意向を受けて選任された独立取締役が監督業務に従事することになれば，取締役会は「株主の利益を守る経営監視の場」（藤田，2015，203頁）となり，会社のガバナンス体制も株主優位に近づくことになる。

(7)　Takenaka, 2006, p. 2.

(8)　機関投資家の行動転換を促すもう 1 つの契機となったのが，1985年の機関投資家評議会（The council of Institutional Investors: CII）の設立である。機関投資家評議会設立の元々のきっかけは，「1985年に当時のカリフォルニア州財務長官が，テキサコ社（CalPERS が最大の株主）の経営者がグリーンメイルに屈したことに憤慨し」（三和，1999，134頁）たことであったとされる。このような同評議会の設立経緯から，当時の機関投資家が株主アクティビズムに転換するにしても，短期的利益を志向するバイアウト・ファンドやアクティビスト・ファンドとは，その投資態度において一線を画していたことがわかる。

(9)　株主アクティビズムは，株主利益を確保することを目的に，積極的な経営提言を行い，株主総会でも積極的に株主提案・議決権行使をしながら企業の経営改善を図る行動をとることと定義される。この「株主アクティビズム自体は，1980年代終わり頃に，投資ファンドではなく，カルパースに代表される公的年金により始められた」（岩谷，2007，201頁）とされるが，アメリカの機関投資家による「株主アクティビズム」といえば，本来はここで述べたような友好的なリレーションシップ・インベストメントを指すものであった。

(10)　光定，2005，10頁。

(11)　SOX 法は，連邦法である証券関係法において，1933年証券法，1934年証券取引所法の制定以来の改革とされるが，その正式名称の『証券関係法に基づいて作成される開示資料の精確性および信頼性を高めて投資家を保護するための法律（An Act to Protect Investors by improving the Accuracy and Reliability of Corporate Disclosures Made Pursuant to the Securities Law, and for other Purposes）』に端的に示されているように，投資家保護の立場から，公開企業の財務報告制度の改革（厳格化）を目的として，監査制度を抜本的に改革するとともに，投資家に対する経営者の責任と義務・罰則を定めたものである。

(12)　SEC は，エンロン事件直後の2002年 2 月には，上場規則内にガバナンス強化策を盛り込むことを，NYSE や NASDAQ など主要証券取引所に命じ，これを受けて NYSE は2003年に上場規則を改正している。内容については第 3 節「自主規制機関」にて触れる。

第**3**章　外部監視とコーポレート・ガバナンス

⒀　鎌田，2005，73頁を参照。

⒁　鎌田，2005，74頁。

⒂　橋本，2002，14頁。

⒃　Kim, and Nofsinger, 2004, p. 97.（ケネス・A・キム／ジョン・R・ノフシンガー／
　　加藤監訳，2005，124頁）

⒄　佐賀，2014b，116頁。

⒅　これに対して，「いち早くこの問題を分析した OECD は，2004年に定めたコーポレー
　　ト・ガバナンス原則を改正する必要はなく，その効果的な実行こそが課題であると指摘
　　し，特に4つの分野での改革が必要であると結論している。それは報酬決定プロセスの
　　ガバナンス（ストックオプションなど業績連動型報酬制度の見直し……筆者注），リス
　　ク管理の効果的な遂行，取締役会の役割の見直し，そして株主権の強化である」（佐賀，
　　2014a，29頁）これらの指摘はアメリカのドッド゠フランク法にも反映されたと思われ
　　る。

⒆　正式名称からもわかるように「主に米国の金融機関，特に銀行についての改革を目指
　　したものである。一方で，株主議決権の拡大や公開会社の役員報酬の監視といった，コー
　　ポレート・ガバナンスの分野でも新たな規制を導入」（山本，2015，27頁）している。

⒇　「現代資本主義が『マネー資本主義』と呼ばれるように，マネー（債券，株，銀行資
　　産で示される金融資産）の規模は，実体経済の成長率をはるかに上回る速さで膨張して
　　いる。このようなマネーが，ファンドに集中し，その影響力が高まっているのが現代資
　　本主義の特徴である」（三和，2016，89-90頁）とされるが，表3-2はその実態を如実
　　に示しているといえる。2008年に発生した金融危機は，こうした行き過ぎたマネー資本
　　主義の結果とも見ることができ，資本主義自体が限界を迎えているとの主張も多数ある。

㉑　岩井，2014，3頁。

㉒　瀧，2007，213-214頁。

㉓　最大手は1985年設立の ISS（Institutional Shareholder Service Inc.）で，第2位は2003
　　年に参入したグラス・ルイス（Glass Lewis & Co., LLC）である。

㉔　岩井，2014，5頁。

㉕　鈴木，2016，3頁。

㉖　アクティビスト・ファンドの多くは，私募形式の投資ファンドであり，公募型の投資
　　信託とは区別される。また，「このようなファンドは，……私募形式のため，監督官庁
　　である SEC に登録する義務がないうえ，その登記はケイマン諸島などのタックスヘイ
　　ブンに置かれている場合が少なくなく，その実態は明らかではない。」（三和，2016，91
　　頁）

㉗　岩谷，2007，203頁。

㉘　岩谷，2007，216頁。

59

第Ⅱ部　アメリカのコーポレート・ガバナンス

(29)　岩谷，2007，202頁を参照。

(30)　アクティビスト・ファンドの活動が活発化した理由として，①ヘッジ・ファンドのメジャーな戦略の代替戦略として採用されるケースが増えたこと，②委任状争奪戦が制度上容易に行え，かつコストも下がったこと，③エンロン・ワールドコム事件以降，取締役会や経営陣がアクティビスト・ファンドを含む株主の意見に耳を傾けるようになったこと（岩谷，2007，202-203頁を参照），また，④金融緩和や好調な株式市場を背景とした良好な運用環境により，投資資金がアクティビストに集まりやすくなったことなどが挙げられている。（吉川，2014，2頁を参照）

(31)　岩谷，2007，215頁。

(32)　岩谷，2007，215頁。

(33)　岩谷，2007，215頁。

(34)　短期主義とは，「企業や投資家などにおいて，長期的な視野ではなく短期的な視野に基づく行動が蔓延する状況のことをいい……経済の長期的な発展や安定を阻害しかねない悪弊」（淵田，2012，53頁）のことを指す。

(35)　淵田，2012，55頁を参照。

(36)　淵田，2012，61頁。

(37)　淵田，2012，65頁。

(38)　淵田，2012，61-62頁。

(39)　藤田，2015，90頁を参照。

(40)　監査委員会については，すでに1977年に NYSE がすべての上場会社に対して独立取締役のみからなる監査委員会の設置を義務づけていたが，2002年の SOX 法により設置が法令上の義務に移行している。（太田，松平，2012b，50-51頁を参照）

(41)　アメリカにおいては，現在においても CEO と取締役会議長の兼任が許されており，取締役会における監督業務と執行業務の分離は未だに不十分であるとの見解もある。

(42)　関，2007，26頁を参照。

(43)　アメリカのコーポレート・ガバナンスに関するルールは，原則として州法（会社法：代表はデラウェア州会社法）や，SEC の意向が反映された NYSE や NASDAQ の上場規則が規定してきたが，SOX 法，ドッド＝フランク法は，それを超えて連邦法レベルでの実体法として規定されたものである。

(44)　この展開については，鎌田，2007に詳しい。

(45)　SEC は設立以来，株主による権利行使を促進する立場をとってきたが，エンロン事件までは，SEC の掲げる『投資家保護』の理念は情報開示の原則の上に構築されてきた。（鎌田，2007，43頁を参照）

(46)　さらに，「上場企業は，年次報告書に，当年度の役員報酬を検討するにあたり，前年の Say on Pay 結果をどのように考慮したかについても，記載が求められる。」（杉山・

田口，2013，88頁）

(47) 松尾，2010，297頁を参照。

(48) ドッド゠フランク法951条は，買収防衛策である「ゴールデンパラシュート」（敵対的
買収者により役員を解任された場合に，巨額の退職金等の支払う条項）の導入について
も，Say on Pay と同様に，株主投票を行うよう求めている。

(49) 松尾，2010，299頁を参照。関連項目として，ドッド゠フランク法951条（a）では，
報酬コンサルタントの中立性・独立性を担保するための情報開示を要求している。

(50) 松尾，2010，302頁を参照。

(51) 過剰報酬とは，経営者が実際に受け取った報酬と，もし財務諸表が正確であった場合
に受け取ったと考えられる報酬との間の差額のこと。

(52) 松尾，2010，302-303頁を参照。

(53) クローバックは，すでに SOX 法（304条）に存在していたが，SOX 法では，クロー
バック責任が CEO と CFO に限られていたのに対して，ドッド゠フランク法では，一
般の取締役にも拡大し適用されている。（福本，2010，53頁を参照）

(54) 藤田，2015，100頁。

(55) コーポレート・ガバナンスに関する法律問題研究会編，2011，22-23頁を参照。

(56) 吉行，2014，348頁を参照。

(57) 「SEC が導入を試みたプロキシー・アクセスは，基本的にオプト・アウト（opt-out：
選択的離脱）することが認められない，公開会社に対する一律適用を意図した規則，す
なわち，強行的なプロキシー・アクセスであった。コーポレート・ガバナンスに対する
このようなアプローチには批判も多く，プロキシー・アクセスは私的自治に委ねるべき
とのパブリック・コメントが SEC に数多く寄せられていた」（吉行，2013，49頁）

(58) プロキシー・アクセスに関する法規制の詳しい経緯については，吉行，2014，345-349
頁に詳しい。

(59) ドッド゠フランク法のその他の株主権の強化に関する条項について補足しておく。
ドッド・フランク法971条では，Say on Pay 以外にも，上場会社で，候補者数が定員
内で落選者がない状態での取締役選任において，過半数以上の賛成票が必要とされる「絶
対多数投票制度」を要求している。（福本，2010，49頁を参照）それ以前は，『相対多数
決制度』が採用されており，「当制度の下では，取締役候補者が定員数以内の場合，株
主の過半数の賛成票が得られなくとも，1 票でも賛成票が得られれば取締役に選任され
るため，株主による反対票は効力を持たないこととなる。……このため，株主による取
締役候補者選任の機会が事実上奪われているとして，単純多数決制度の導入を求める声
が高まって」（杉山，田口，2013，91頁）いた。なお，絶対多数投票制を採用する企業
は S&P500構成企業で2006年の16％から2013年には90％に上昇している。（藤田，2015，
96頁を参照）

第Ⅱ部　アメリカのコーポレート・ガバナンス

⑽　淵田，2012，56頁を参照。加えて CSR に代わる発展的な概念として，CSR を事業戦略に有機的に結び付ける CSV（Creating Shared Value：共通価値の創造）も登場している。

⑽　Business Roundtable, 2016.

⑽　Business Roundtable, 2016, pp. 1 - 4 .

⑽　Business Roundtable, 2016, p. 2.

引用参考文献

岩井浩一，2014，「米国機関投資家によるエンゲージメント活動の実態」『野村資本市場クォータリー』（野村資本市場研究所）2014年春号。

岩谷賢伸，2007，「米国アクティビスト・ファンドの実態と資本市場における役割」『資本市場クォータリー』（野村資本市場研究所）2007年秋号。

太田洋・松平定之，2012a，「米国上場企業のコーポレート・ガバナンスに関する最新動向（上）」『商事法務』No. 1959。

太田洋・松平定之，2012b，「米国上場企業のコーポレート・ガバナンスに関する最新動向（下）」『商事法務』No. 1960。

鎌田信男，2004，「エンロン事件と米国のコーポレート・ガバナンス改革」『東洋学園大学紀要』第12号。

鎌田信男，2005，「米国における企業改革と日本的経営システムの課題」『東洋学園大学紀要』第13号。

鎌田信男，2007，「米国証券市場におけるコーポレート・ガバナンス改革と SEC の役割」『現代経営経済研究』（東洋学園大学）第 2 巻第 1 号。

コーポレート・ガバナンスに関する法律問題研究会，2011，『株主利益の観点からの法規整の枠組みの今日的意義』日本銀行金融研究所。

佐賀卓雄，2006，「企業不祥事とコーポレート・ガバナンス改革」『証券レビュー』第46巻第 7 号。

佐賀卓雄，2014a，「金融システム危機とコーポレート・ガバナンス改革」『月刊資本市場』No. 350。

佐賀卓雄，2014b，「独立取締役とコーポレート・ガバナンス」『証券レビュー』（日本証券経済研究所）第54巻第10号。

佐久間信夫編著，2007，『コーポレート・ガバナンスの国際比較』税務経理協会。

杉山欽哉・田口杏奈，2013，「米国コーポレート・ガバナンスの最近の動向」『生命保険経営』（生命保険経営学会）第81巻第 1 号。

鈴木裕，2016，「米国における議決権行使助言業への規制法」『金融資本市場』（大和総研）。

関雄太，2007，「新たな自主規制機関 FINRA の誕生」『資本市場クォータリー』（野村資

本市場研究所）2007年秋号。

瀧俊雄，2007，「再編が続く議決権行使関連ビジネス」『資本市場クォータリー』（野村資本市場研究所）2007年冬号。

橋本基美，2002，「米国におけるコーポレート・ガバナンスに関する上場規則の見直し」『資本市場クォータリー』（野村資本市場研究所）2002年夏号。

福本葵，2010，「アメリカのコーポレート・ガバナンス改革」『証研レポート』（日本証券経済研究所）第1661号。

藤田勉，2015，『日本企業のためのコーポレート・ガバナンス講座』東洋経済新報社。

淵田康之，2012，「短期主義問題と資本市場」『野村資本市場クォータリー』（野村資本市場研究所）2012年秋号。

松尾直彦，2010，『Q&A アメリカ金融改革法―ドッド＝フランク法のすべて』金融財政事情研究会。

光定洋介，2005，「日本における企業・株主価値向上のためのコーポレート・ガバナンスの運用」『Sanno University Bulletin』26(1)。

三和裕美子，1999，『機関投資家の発展とコーポレート・ガバナンス：アメリカにおける史的展開』日本評論社。

三和裕美子，2016，「経済の金融化とファンドによる企業支配」『経営学論集』（日本経営学会）第86集。

山本雅道，2015，『アメリカ証券取引法入門』レクシスネクシス・ジャパン。

吉川英徳，2014，「米国アクティビスト動向と日本企業への示唆」『コンサルティング重点テーマレポート』（大和総研）。

吉行幾真，2013，「米国における株主提案権に関する一考察：プロキシー・アクセスに着目して」『名城法学』第63巻第2号。

吉行幾真，2014，「株主提案権とプロキシー・アクセス」『名城法学』第64巻第1，2号。

Business Roundtable, 2016, *Guiding Principles of Corporate Governance*. (http://business roundtable.org/corporate-governance　2017年1月16日閲覧)。

Kim, K. A., and Nofsinger, J. R., 2004, *Corporate Governance*, Pearson Education. （ケネス・A・キム／ジョン・R・ノフシンガー／加藤英明監訳，2005，『コーポレート・ガバナンス：米国に見る「企業価値」向上のための企業統治』ピアソン・エデュケーション）

Takenaka, M., 2006, "The Myth of American Corporate Governance―Does Board Independence Really Improve Firm's Performance?", *Washington report* (Bank of Tokyo-Mitsubishi UFJ), 2006/No. 030.

（浦野倫平）

第4章

会社機関とコーポレート・ガバナンス

は じ め に

　本章では，アメリカの会社機関とコーポレート・ガバナンスについて論じる。この問題が初めて論じられたのはアメリカであり，その議論が世界中の国々に広がって行ったのである。このため，アメリカにおいて，コーポレート・ガバナンスの問題が歴史的に見てどのように論じられ，それが実際の会社機関にどのような影響を与えてきたのかについて正しく理解することは，重要である。

　アメリカでは，特に法律に関係する分野において，伝統的に法人 (corporation) と非法人企業 (unincorporated business) は区別して議論されてきた。[1]内国歳入法典において出資者から独立した存在とされる法人には，社団，保険会社，株式会社 (joint–stock company) が含まれる。[2]これらの中で，法人数を見れば株式会社が圧倒的に多い。したがって，アメリカにおいて，corporation は，一般的には株式会社を意味する言葉であると考えられる。わが国では，コーポレート・ガバナンスを企業統治と翻訳する場合も多い。しかし，「企業」には，様々な企業形態が含まれる。本来，コーポレート・ガバナンスが対象とするのは株式会社であること，会社機関を含めコーポレート・ガバナンスが問題となるのは，巨大株式会社が中心であることを最初に明記しておく必要がある。したがって，本章で取り上げる会社も，基本的に巨大株式会社が対象となる。

　巨大株式会社のガバナンスを見るためには，株式会社がなぜ大規模化しえたのか，また巨大株式会社の本質・目的は何かについて考える必要があると思われる。ここでは，株式会社とそれ以外の形態の企業との相違点，上場会社と非

64

上場会社の相違について考察を加えることから議論をスタートさせたい。その上で、アメリカの株式会社のトップ・マネジメントにおいて会社機関が具体的にどのようなものとなっているのかについて見ていくこととしたい。

第1節　株式会社とそれ以外の企業および上場会社と非上場会社

（1）　株式会社とそれ以外の企業

　国税庁の『税務統計からみた法人企業数』からもわかるように、わが国においては、合名会社、合資会社、そして合同会社等は法人企業と見なされている。これに対して、アメリカでは、すでに述べたように法人と非法人企業は区別して議論されており、アメリカ国勢調査で企業タイプ別の統計を見ると、農場を除く個人企業（proprietorship）、パートナーシップ（以上の2つは非法人企業）、そして株式会社（法人企業）の3つに分類して、様々な統計数値が示されている。例えば、金融危機が起こる直前の2007年の数値を見ると、個人企業約2300万社、パートナーシップ約310万社、株式会社約587万社であり、収益について見ると、それぞれ約1兆3000億ドル、約4兆5000億ドル、約27兆3000億ドルとなっており、個人企業やパートナーシップの合計と比較して、数の上では22.5%しかない株式会社が4.7倍の収益を上げていた。アメリカにおいて、株式会社が支配的な企業形態であるといわれる所以である。

　クラーク（Clark, R. C.）は、かつては個人所有で営利目的の株式会社は存在せず、ビジネスの大部分は個人企業とパートナーシップが行っていたが、今日では、農林水産業を除けば、株式会社が主な企業形態になっているとする。クラークは、株式会社が成功した原因は、「株式会社の特徴とその特徴を価値あるものにした社会環境にある」とした上で、株式会社の特徴として以下の4点を挙げ、これにより、株式会社は多数の投資家から大量の資本調達が可能となり、多数の株主と従業員をもつ巨大株式会社を効率的に経営することが可能になったとする。すなわち、①投資家が有限責任であること、②株式が自由に譲渡できること、③法人格（法人であることに起因する権力、寿命、目的）をもつ

65

第Ⅱ部　アメリカのコーポレート・ガバナンス

こと，そして④集権型のマネジメント（centralized management）である[4]。

　これに対して，近年，株式会社の本質は，5つ目の特徴である「株式会社がもつ資本を閉じ込める能力」（＝資本拘束〔capital lock-in〕）に注目する必要があるという主張が出てきている[5]。ブレア（Blair, M. M.）は，パートナーシップ法（partnership law）の下での規則とは対照的に，会社法は株主とは別個の独立した法的主体を作り出し，この法的主体は生産に使用された資産に対する所有権や少なくとも生産物が売却され，支払いが済むまでは企業の生産物に対して所有権を認められているとする。投資家，経営者，従業員，原材料の供給業者，顧客などは出入りがあるが，このような法的主体は，長期にわたり価値ある企業特殊資産を利用するためにそれらを1つにまとめ上げ，会社に資本を拘束し続けるメカニズムを提供している。彼女はこれを「資本拘束」と述べ，資本拘束は，「株主とは別個の独立した法的主体である『株式会社』に財産権を委譲し，取締役会に意思決定権を委譲することにより達成することができる[6]」とする。つまり，会社の資産は会社の所有物であり，出資者の所有物ではない。会社の資産は株主が一方的に回収することはできない，とするのである。したがって，ブレアの議論に従えば，「会社は株主のものである」と単純には言えないことになる[7]。

　以上の5点は，経営者が株式会社を実際に経営する上で，本章の中心的な論点である，会社機関の問題と密接な関係があると考えらえる。

（2）　上場会社および非上場会社と株式会社の目的

　株式会社の目的を考える場合，上場会社と非上場会社を区別して考える必要がある。これは，本章で議論する会社機関とコーポレート・ガバナンスが問題となるのは巨大株式会社であり，基本的に上場会社だからである。上場会社が，アメリカにおいてかなり知られるようになったのは，19世紀から20世紀への世紀転換期である。それ以前は，ほとんどの株式会社は非上場会社であり，その株式は会社の運営に深く関わる少数の株主（支配株主）により所有されるのが一般的であった。そこでは，会社の目的は全く問題となっていなかった。これ

66

第4章　会社機関とコーポレート・ガバナンス

は，支配株主の望んだものが会社の目的だからである。利益のみにしか関心の
ない株主もいれば，多様な利害関係者の幸福や企業それ自体の成長・健全性に
関心をもつ株主もいた。(8)このように，支配株主が直接経営を行う場合は，支配
株主がもつ多様な関心に従って経営されていたといえるのである。

　支配株主が直接経営を行わず，経営を任せている場合，非上場会社を任され
ている経営者は，所有と支配がかなりの程度一致しているため，利潤極大化か
ら離れた自由裁量や意思をもつ可能性は低い。このような経営者が利潤極大化
から離れ行動するためには，株主の賛成が必要である。また，非上場会社は，
一般的には小規模なものが多く，環境に関わる費用のような外部性は，あまり
問題にならない。(9)したがって，この意味でも，非上場会社では，会社目的はあ
まり問題とならない。しかし，20世紀の初め頃になり，新しいタイプの株式会
社である上場会社が問題となり始める。上場会社は数多くの小口の投資家に株
式をもたれていたが，彼らは会社の日常業務に関心をもたない。このような会
社では専門経営者が雇われ，経営は取締役会に任されており，いわゆる「所有
と経営・支配が分離」した状態が生じた。(10)上場会社はその始まりより，その目
的は何かという点に関して論争がなされることとなったのである。

　そして，この問題は，ジェンセン（Jensen, M. C.）が「今日の世界的なコー
ポレート・ガバナンス論争の中心は，株式会社の基本目的に関して顕著な意見
の不一致が存在しているところにある(11)」と述べるように，今日でも中心的な論
点である。つまり，株主理論と利害関係者理論のどちらの立場をとるのか，株
式会社の目的は何かを考えることがコーポレート・ガバナンス論の核心と考え
られるのである。(12)

　以上のように，「会社の目的は何か」という問題について，議論としては長
年にわたり対立的であったといえるであろう。しかし，アメリカの現実の会社
機関に目を向ければ，株主理論・利害関係者理論双方の考え方を踏まえた上で，
歴史的に形成されてきたと考えられる。つまり，株主の利益を保護するために
存在する会社機関と，株主以外の多様な利害関係者の利益も保護する会社機関
が共存する形で，会社機関が発展してきたと考えられるのである。以下では，

第Ⅱ部　アメリカのコーポレート・ガバナンス

アメリカの会社機関が具体的にどのようになっているのか，見ていきたい。

第2節　トップ・マネジメント組織と経営者支配論

　まず，アメリカの株式会社のトップ・マネジメント組織（会社機関）を見ると，**図4-1**のようである。株式会社は，たしかに名目的には株主民主主義の形をとる。法律モデルに従うと，まず株主が取締役を選び，取締役会が経営者を選任する。この場合，経営者は株主に利益をもたらす方法で会社の資産を運用し，もし経営者が腐敗したり，無能であることがわかったりすれば，株主は経営者をすぐに解任することになる。これは，株式会社は株主（所有者）＝資本家のために私的利益を追求するための手段であり，彼らのために利益を生み出す経済的な組織であるとする株式会社に関する伝統的な見方に基づいている。

　しかし，アメリカでは，すでに見たように20世紀の初め頃に上場会社が問題となり始める。バーリ（Barle, A. A.）とミーンズ（Means, G. C.）が1932年に『近代株式会社と私有財産』を出版し，以前には存在しなかったような巨大株式会社が登場することにより，伝統的な株式会社観では説明しきれないような状況が出現した，と指摘したのである。同書において，彼らは，①所有と支配の分離による経営者支配への移行（経営者革命論）と②株式会社の性格の私的な致富手段から準公的会社への変容（株式会社革命論）の2点を主張した。巨大株式会社は，多くの場合，株式を証券取引所に上場している。これは，株式会社が大規模化するためには多額の資本調達を行う必要があり，大量の株式が発行されるからである。そして，その過程の中で，株式所有は多数の株主の間に広範に分散することになる。その結果，株式所有に基づいて会社を支配することが困難になり（所有と支配の分離），会社支配者が株主（所有者）から経営者に移行することになる。では，この経営者支配の成立はどのような意味をもつのか。すでに述べたように，伝統的に株式会社は，株主のために利益を追求する手段と考えられていた。しかし，経営者支配の成立により，株式会社は「社会全体に対するサービスの提供にもっぱら志向するものと把握」され，「多く

図4-1 アメリカのトップ・マネジメント組織

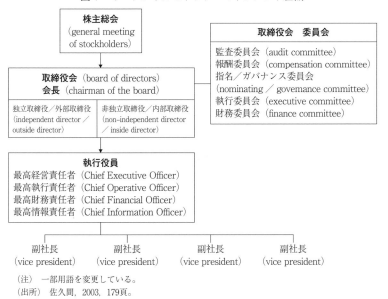

(注) 一部用語を変更している。
(出所) 佐久間，2003，179頁。

の会社利害関係者に責任をもつ経営者が支配する準公的会社 quasi-public corporationへ発展するという，いわゆる株式会社革命論 corporate revolution の主張」[13]がなされることとなったのである。

このような経営者支配論は，議会や政府機関による報告書やマルキストを中心とする所有者支配論者や金融支配論者により多くの批判にさらされてきたが，1960年代頃には一応のコンセンサスを得ていたと考えられている[14]。そして，このような流れの中で，株式会社は，単なる経済的制度ではなく，政治的・社会的制度でもあると認識されるようになる。このような株式会社の役割の変化が，株式会社の適切なガバナンスに関するアメリカ社会の反応の変化を生みだした。そして，取締役会の構成員を変更することによって株式会社権力をうまく飼い慣らそうとする議論がなされることになるのである。

図4-1に従えば，上位に位置する株主総会から先に論じるべきかもしれないが，本章では，問題が出現した時代順に議論を進めていきたい。したがって，

第Ⅱ部　アメリカのコーポレート・ガバナンス

次節では，アメリカにおいて，取締役会構成員や取締役会に設置されている取締役会委員会が具体的にどのように変化してきたのかから見ていくこととする。

第3節　取締役会

（1）　取締役会構成員の変化

　取締役会のメンバーは株主のみによって選任され，株主のみを代表すべきか，それとも従業員，顧客，原材料の供給業者，地域社会等の株主以外の会社構成員をも代表すべきか。この問題は，コーポレート・ガバナンスの問題を考えていく上で最も議論が多い問題であり，アメリカでは1950年代から活発に議論がなされていた[15]。これは，株式会社が巨大化して，公的な政府と同様の権力を行使するようになったために，この株式会社の権力や行動をどのように統治していくかが問題になったからである。そして，この問題に関連して，1970年代のアメリカにおいて特に問題になっていたのは，「コーポレート・ガバナンスとそれにいつもついてまわる概念である『企業の社会的統制』」[16]であった。これは，会社権力が濫用されているとして会社の行動が社会的に非難されていたからである。当時，これに関連して，様々な提案がなされていたが，特に企業を内部から統制しようとする提案が数多くなされていた。これには，①取締役会において外部取締役の構成比率を高めること，②取締役会に公益代表の取締役（public director）を加えること，そして③監査委員会の設立があった。特に②は，「企業は株主だけでなく，より広範な会社構成員のニーズに自発的に対応すべきである，という概念である株式会社の社会的責任の考え方と密接に関連している」[17]。そしてこの問題は，言い換えれば「その生活や財産が株式会社から多大な影響を受けている社会的・経済的グループが，株式会社の方向付けに何ら役割を果たしていない」[18]ということであり，株式会社の非民主的な現実を問題にしたコーポレート・ガバナンスに対する批判の重要な論点になっていたのである。ここでは，①②に関連する取締役会構成員の問題を見ていく。

　最初に，平均的な取締役会における内部取締役と外部取締役の構成比率につ

第**4**章　会社機関とコーポレート・ガバナンス

表4－1　取締役会の構成員（取締役会に以下の個人が1人以上いる会社，Fortune 1000）

（単位：%）

	1974年[1]	1985年	1989年	1995年	2001年	2007年
他社の退職したエグゼクティブ	55	68.2	64.1	75	93	96
投資家	38	53.6[2]	47.0[2]	73	91	93
他社のCEO/COO	N/A	N/A	79.5	82	82	78
女　性	10	45.0	59.1	69	78	85
元政府役人	11	29.6	27.7	54	56	52
少数民族	10	25.4	31.6	47	68	78
アフリカ系アメリカ人	N/A	N/A	N/A	34	42	47
ラテン系アメリカ人	N/A	N/A	N/A	9	16	19
アジア系アメリカ人	N/A	N/A	N/A	4	10	11
学　者	35	54.5	55.4	53	59	52
商業銀行	51	30.8	22.7	28	30	26
合衆国の市民ではない人	N/A	14.0	12.0	17	15	14

（注）　1）1974年は，元資料が棒グラフであったため，正確な数値ではない。1974年の調査対象となった会社
　　　　　は不明。
　　　　2）1974年，1985年，1989年のカテゴリーには，投資家は存在しなかったため，1995年，2001年，2005
　　　　　年のそれと比較して，主要な株主と投資銀行の合計を投資家とした（ただし，1974年については元
　　　　　資料の都合上，投資銀行のみ）。
　　　　3）N/Aは，元資料に数値が示されていない（not available）の略で，0という意味ではない（以下
　　　　　の表でも同じ）。
（出所）　1974年については，Weidenbaum, 1987, p. 315. を基に筆者作成。1985年と1989年の数値については
　　　　　Korn & Ferry, 1990, p. 15. を基に筆者作成。1995年，2001年，2007年については，Korn & Ferry,
　　　　　2008, p. 18. を基に筆者作成。

いて見ると，1975年時点では5人対8人（外部取締役62%），1990年時点では3
人対10人（同77%），1998年では，2人対9人（同82%），そして2007年では2
人対7人（同78%）となっている[19]。このように外部取締役の比率は高まってお
り，2016年では，S&P 500の取締役の85%が外部取締役となっている[20]。また，
表4－1および**表4－2**が示しているように，外部取締役は，多様な属性をもっ
た個人により構成されていることがわかる。

　表4－1は，取締役会の構成員（取締役会に，表に示されている個人が1人以
上いる会社。調査対象はFortune 1000）を示している。表4－2は，2000年代以
降の新任独立取締役（外部取締役）のバックグラウンド（調査対象は，S&P 500）

71

第Ⅱ部　アメリカのコーポレート・ガバナンス

表4－2　新任独立取締役のバックグラウンド（S&P 500）

（単位：2002-16，％／男・女，人）

	2002年	2006年	2011年	2016年[1)	男性 （2016年）	女性 （2016年）
他会社の CEO/chair/president /COO/vice chair	52	40	43	38	111	20
現役	41	29	24	19	56	10
退職	11	11	19	19	55	10
他会社エグゼクティブ	7	15	21	23	38	42
事業部長・子会社の社長	2	5	13	13	24	20
ライン及びファンクショナ 　ル・リーダー	5	10	8	10	14	22
金融的なバックグラウンド	21	24	18	25	66	21
財務担当エグゼクティブ， 　CFO，会計担当者	11	11	9	9	21	8
銀行及び投資銀行役員	3	4	3	2	7	2
投資マネージャー，投資家	2	6	4	12	33	8
会計事務所のエグゼクティブ	5	3	2	2	5	3
学者，非営利組織	6	8	7	4	7	7
コンサルタント	7	5	4	3	2	7
法律家	5	2	1	1	4	0
その他[2)	2	6	6	6	7	14

（注）　1 ）2016年については N＝236（男性），109（女性），合計345人。
　　　　2 ）その他には，元公務員，医療関係者，不動産ブローカー，スポーツ・芸能関係のエージェントなど
　　　　　が含まれる。
（出所）　Spencer Stuart, 2012. p. 13. & 2016. p. 13. を基に筆者作成。

を示している。これら 2 つの表からは，以下のことがわかる。まず，1970年代
では，外部取締役は基本的に白人男性であった。そして，1980年代ではいった
ん減少傾向にあった他社の退職したエグゼクティブ，投資家および商業銀行が，
1990年代以降は商業銀行を除いて急激に増加している。また近年では，新任の
外部取締役としては，他社の CEO（最高経営責任者）や COO（最高業務執行責
任者）よりも，「事業部長・子会社の社長」や「ラインおよびファンクショナ
ル・リーダー」などの「他会社エグゼクティブ」の需要が高まっている。さら
には，株主代表の取締役の増加や「金融的なバックグラウンド」をもった新任
独立取締役が増加しているが，これは1990年代になり年金基金に代表される機

関投資家が会社経営に対して積極的に発言するようになり，会社が株主価値に対する指向性を高めたこと，また株主資本主義の高まりが原因であると考えられる。特に2002年では，新任の外部取締役のわずか2％しか占めていなかった「投資マネージャー，投資家」が，2016年には12％となっている点は注目される。

　これに対して，女性，学者，そして少数民族の取締役は，株主以外の利害関係者・会社構成員への対応から取締役になっている人たちであり，会社構成員代表の取締役（constituency director），一種の公益代表の取締役であるといえる。特に女性取締役が1人以上いる会社は，1974年時点の約10％から1985年の45％，1989年の59％，2001年78％，2007年85％と著しく増大している。同様に，少数民族の取締役が1人以上いる会社も一貫して増大しており，1974年時点の約10％から1989年の32％，2001年68％，2007年78％となっている。

　なお，2016年の Spencer Stuart 調査によると，S&P 500の新任独立取締役345人中109人（32％）が女性であり，15％が少数民族であった。[21]また，Spencer Stuart は，表4-3のように「新任取締役のバックグラウンドに望まれること」についての調査も行っており，「現役・退職した CEO/COO」，「財務に関する専門知識」とともに，「女性」「少数民族」が上位にある点は注目される。

　かつて，ダラス（Dallas, L. L.）が「取締役会を多様化しようとする運動は，ますます多様化・国際化する社会において，従業員と消費者の利害関係に対する会社の感度を高めることを目的としている。この議論は，断固として株主価値を高めることとの関連で進行したものではあるが，多様性に対する利害関係は，ある程度は利害関係者資本主義の必要性を認めている[22]」と述べていたことからもわかるように，アメリカの会社取締役会は，実際には，株主の価値と株主以外の利害関係者の利害が共存する形で発展してきたと考えられるのである。

（2）　取締役会会長と取締役会委員会

　ここでは，近年取締役会に関連してよく問題とされる，「誰が取締役会会長になっているか」と「取締役会に設置されている取締役会委員会」について見

第Ⅱ部　アメリカのコーポレート・ガバナンス

表4-3　新任取締役のバックグラウンドに望まれること

(単位：%)

	2014年	2015年	2016年
女　性	71	58	64
現役の CEO/COO	60	65	63
退職した CEO/COO	40	41	58
少数民族	64	51	55
財務に関する専門知識	45	54	55
国際的な問題に関する専門知識	55	N/A	55
技術に関する専門知識	27	41	44
特定業界についての専門知識	51	27	37
デジタルメディアやソーシャルメディアに関する専門知識	28	16	21
規制機関や政府での経験	17	21	19
マーケティングに関する専門知識	20	14	19
サイバーセキュリティに関する専門知識	24	20	19
その他	N/A	13	7.7

(注)　調査対象会社は，すべて S&P 500。回答数は，2014年108，2015年85，2016年96。
(出所)　Spencer Stuart, 2014～2016. を基に筆者作成。

る。周知のとおり，アメリカでは，2000年代に入って巨額粉飾決算事件が発生
し，それに対応するため，投資家保護を目的とした「上場企業会計改革および
投資家保護法（企業改革法)」，いわゆる SOX 法が2002年に制定された。同法
は，「取締役会の構成について明示的に言及しているわけではないが，上場会
社取締役会の独立性を高めることが法律制定の第一目的であった。当時の
ニューヨーク証券取引所と NASDAQ により制定された上場要件により，独立
取締役の定義が確立され，独立取締役が上場会社の取締役会の過半数を占める
ように要求された」[23]。この結果，2016年時点で，S&P 500の平均的な取締役会
は，独立取締役（外部）9.1人に対し，非独立取締役（内部）1.7人となってお
り，取締役会で CEO が唯一の非独立取締役である会社が60％となっている。
後者の数値が2002年に31％であったことを踏まえると，この10年余りの間に急
激に上昇したといえる[24]。

74

図 4 - 2　誰が取締役会会長になっているか（S&P 500 1998-2012）

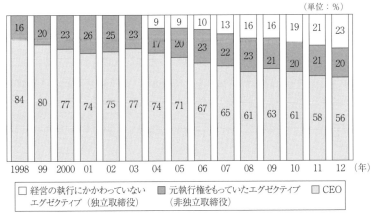

（単位：％）

（出所）　Korn Ferry Institute, 2014, p. 6.

図4-2は，S&P 500において「誰が取締役会会長になっているか」を示している。図からわかるように，2003年までは，CEOが取締役会会長を兼任している場合が多く，両者の役割が分離していたとしても，取締役会会長には，「元執行権をもっていたエグゼクティブ」（非独立取締役）が就任していた。しかし，SOX法の成立を受けて，「経営の執行にかかわっていないエグゼクティブ」（独立取締役）が取締役会会長に就任するようになり，2012年では23％を占めている。Spencer Stuartの調査によると，2016年時点でこの数字は27％であり，またCEOが取締役会会長を兼任している割合は52％まで低下している[25]。したがって，S&P 500においては，CEOと取締役会会長の役割の分離がかなりの程度進んでおり，独立取締役が取締役会会長に就任する企業も増えてきていることがわかる。このような傾向は，今後さらに進展すると予想される[26]。

次に，取締役会委員会について見る。**表4-4**は，1980年代以降，アメリカの株式会社の取締役会がどのような取締役会委員会をどの程度もっていたのかについて，また近年については，その独立性も含めて示している。まず，監査委員会，報酬委員会，指名／ガバナンス委員会が，近年では，ほぼ100％の会社で設置されているが，これは，ニューヨーク証券取引所がこの3つの委員会

第Ⅱ部　アメリカのコーポレート・ガバナンス

表4－4　取締役会に設置されている取締役会委員会とその独立性

(単位：%)

委員会名	独立取締役が占める割合		委員会が設置されている割合						
	2011年	2016年	1980年	1989年	1995年	2001年	2005年	2011年	2016年
監　査	100	100	98.3	96.6	100	100	100	100	100
報　酬	99.6	100	83.3	91.1	99	99	100	100	100
指　名[1]	99.6	99.8	52.4	57.3	73	72	97	98.8	99.6
コーポレート・ガバナンス[1]	99.6	99.8	N/A	N/A	35	48	94	98.8	99.6
執　行	3	4	77.3	73.5	65	56	46	35	33
財　務	70	78	32.3	33.5	32	35	30	33	31
リスク	74	85	N/A	N/A	N/A	N/A	N/A	8	11
科学・技術	77	88	N/A	N/A	N/A	N/A	N/A	6	9
法律・コンプライアンス	87	91	N/A	N/A	N/A	N/A	N/A	5	5
投　資	83	75	N/A	N/A	21	19	15	2	3
会社責任[2]	85	84	16.1[3]	18.3	19	21	17	20	17
ストックオプション	N/A	N/A	43.5[4]	N/A	56	86	81	N/A	N/A
取締役報酬	N/A	N/A	N/A	N/A	N/A	30	48	N/A	N/A
後継者計画	N/A	N/A	N/A	N/A	31	30	36	N/A	N/A

（注）　1）2011年と2016年について，元資料が「指名／ガバナンス委員会」と分類されていたが，比較のため同じ数値を入れている。
　　　　2）2012年と2016年に関しては，元資料の都合上，「委員会が設置されている割合」については，「Public policy/social & corporate responsibility」と「Environment, health & safety」の合計，「独立取締役が占める割合」については，同じものの平均を示している。
　　　　3）1976年の数値である。
　　　　4）比較のため公共問題委員会（9.5％）と会社倫理委員会（6.6％）の合計16.1％を会社責任委員会とした。
（出所）　1980年と1989年については，今西，2006，261頁を基に筆者作成。1995～2005年については，Korn/Ferry International, 2008, p. 18. を基に筆者作成（調査対象は，FORTUNE 1000）。2011年と2016年については，Spencer Stuart, 2016, p. 28. を基に筆者作成（調査対象は，S&P 500）。

設置を2003年以降，義務づけているからである。これら３つの委員会設置を含め，株主価値を高めるために設置されていると考えられる委員会が大部分ではあるが，社会的な問題を取り扱う会社責任を取り扱う委員会が常に20％程度の会社で設置されており，近年設置されるようになった「法律・コンプライアンス」委員会もこれに含めれば，20％以上の会社が社会問題を取り扱う委員会を設置していると考えられ，注目される。なお，S&P 500において，2016年時点で４以上の委員会を設置していた会社は71％，設置数の中央値は４であった。

最後に，取締役会に関連する問題に対して，1人の取締役は1年間にどの程度の時間を費やすのかについて見ておきたい。Korn & Ferry の調査（調査会社は，Fortune 1000）によると，平均的な取締役は，1年間に，1987年には114時間，2000年には173時間，2007年には192時間を取締役会に関連する問題に対処するために使っていた。[29]調査対象会社は多少異なるが，全米取締役協会（NACD）の調査によると，2007年には200.4時間，2011年には227.5時間，2015年には248時間となっている。[30]この時間には，取締役会や各種取締役会委員会の会議時間，自宅などで会議の準備のために費やされる時間，マネジメントや他の取締役と非公式に行うコンタクトなどが含まれる。

上記2機関の調査からわかるように，取締役会に関連する問題に対処するために平均的な取締役が1年間に費やす時間は，この30年の間に，約2.2倍になっている。このため，取締役会の席は，かつてのような名誉職的なものや「閑職」ではもはやなくなってしまっている。そして，単に素晴らしい才能に恵まれた素人により取締役会が構成されているという時代は終わってしまった[31]」と考えられる。「取締役会や取締役会委員会の独立性を高めること」や「取締役会に関連する問題に対処するために平均的な取締役が1年間に費やす時間の増大」は，2000年以降に起こった巨額粉飾決算事件や金融危機への対応，という側面が大きいと言える。このため，「才能に恵まれた素人」ではなく，より専門的な知識をもった者が，より勤勉に働くことが求められるようになったのである。

第4節　株主提案

本節では，株主提案がどのようなもので，またどのような意味をもっているのかを見る。1980年代以前の機関投資家は，いわゆるウォール・ストリート・ルール（「経営に不満のある投資家は，会社の経営に対して積極的に発言せず，その所有する株式を売却する」という暗黙のルール）に従って行動していた。しかし，1990年代に入り，年金基金などの機関投資家がその規模を急激に大規模化させたために，取引を混乱させたり，株価を低下させたりせずにその株式を売却す

第Ⅱ部　アメリカのコーポレート・ガバナンス

表 4 - 5　評決されたコーポレート・ガバナンス提案のスポンサー

（2002-2016年，件数）

年	2002	2003	2004	2005	2009	2010	2011	2012	2013	2014	2015	2016
労働組合	75	207	180	159	122	104	75	70	68	56	55	36
公的年金基金	16	8	15	16	26	30	22	57	41	39	77	25
宗教組織	5	7	10	24	11	14	6	10	4	1	1	5
他の株主グループ	14	24	15	16	28	20	16	10	16	8	28	30
個人株主	163	181	191	158	181	162	120	109	129	143	164	160
不　明	0	0	3	2	3	12	1	13	5	2	8	10
評決された提案数合計（評決されていないものを含む提案数）	273 (N/A)	427 (N/A)	414 (N/A)	375 (N/A)	371 (587)	342 (531)	240 (417)	269 (454)	263 (449)	249 (438)	333 (462)	266 (418)

（出所）　Georgeson Shareholder, 2010～2016および今西，2007，75頁を基に筆者作成。

　ることができなくなる。このため，多くの年金基金は「ウォール・ストリート・ルール」に従えなくなり，積極的に発言することを選択するようになった。[32]このような現象は，年金基金による積極的な行動主義やリレーションシップ・インベスティング（会社経営に積極的に参加する投資）等と呼ばれており，1990年代を通じて，徐々に金融市場の重要な特徴になる。積極的な行動主義をとる株主が重要視する点は，そのポートフォリオに含まれている業績の悪い会社の経営者に圧力をかけて業績を改善させることであり，株主価値を高めることである。このような行動は，SEC（米国証券取引委員会）の株主提案規則14a-8（以下，14a-8規則）に由来するものである。この規則は，委任状資料に株主が議題を掲載し，年次株主総会においてその議題を提案することを認めている。そしてこのような株主提案は，年次株主総会において可否を問われることになる。[33]

　では，株主提案が具体的に，どの程度なされているのかを見る。**表 4 - 5**は，2002～2016年に，機関投資家などの株主グループや個人株主により，コーポレート・ガバナンス提案がどの程度なされたのかについて示している（票決された件数）。そして，**表 4 - 6**は，同じ期間に票決されたコーポレート・ガバナンス提案にはどのような内容が含まれているのかを示している。これらの表からは，以下のことがわかる。まず，この期間を通じて株主提案の約半数を個人株主が行っていることである。そして，グループによる提案のみを見ると，2011

第**4**章　会社機関とコーポレート・ガバナンス

表4－6　票決が行われたコーポレート・ガバナンス提案

(2002-2016年，件数)

年	2002	2003	2004	2005	2007	2008	2009	2010	2011	2012	2013	2014	2015	2016
取締役会関連	58	52	82	109	99	85	80	80	62	88	84	109	155	125
経営者報酬	25	163	141	113	161	132	129	116	40	59	83	61	71	54
書面同意により行使される株主権	N/A	N/A	N/A	N/A	N/A	N/A	N/A	16	32	20	26	27	35	17
臨時株主総会	N/A	N/A	N/A	N/A	17	23	51	43	29	14	10	10	19	16
スーパーマジョリティ条項撤廃	N/A	N/A	N/A	N/A	19	11	14	29	13	14	15	9	11	13
任期がばらばらの取締役会廃止	39	38	36	44	26	52	43	72	33	44	23	13	9	3
累積投票	18	19	22	18	22	19	28	16	22	11	1	6	2	1
ポイズン・ピル	50	76	50	23	17	3	2	1	1	3	0	2	3	0
再法人化	N/A	N/A	N/A	N/A	3	0	15	5	2	2	2	0	2	0
その他	83	79	83	68	11	14	9	14	6	14	19	12	26	37
合　計	273	427	414	375	375	339	371	342	240	269	263	249	333	266

(出所)　Georgeson Shareholder, 2010-2016および今西，2007，73頁を基に筆者作成。

年頃までは，労働組合が中心であったが，それ以降，労働組合提案が減少し，公的年金基金による提案がそれ以前と比較してその比重を高めていることがわかる。次に，提案内容で目につく点は，2003年以降，経営者報酬に関する提案が急激に増えており，2004年以降，取締役会関連の提案が増大している点である（ただし，経営者報酬については，2011年以降，その比重が低下している）。任期がばらばらの取締役会廃止も取締役会関連の提案であるため，これを加えれば，株主提案は，その多数が経営者報酬と取締役会関連の提案であるといえる。[34]なお，2003年以降，しばらくの間，株主提案が大幅に増大しているが，これは2001年12月のエンロンの破綻や2002年7月のワールドコム破綻等の巨額粉飾決算事件が原因である。14a-8規則のタイムテーブルに基づくと，株主は年次株主総会の数カ月前には提案しなければならない。このためタイムラグが生じ，実際の株主提案は2003年以降に増加することになったのである。[35]

　次に，コーポレート・ガバナンス関連以外の提案も含めた，すべての株主提案について見る。表4－7は，2015年と2016年に提案された株主提案のカテゴリーを示している。表4－8は，これをより細分化したものである。まず，表4－7からわかるように，2年連続でコーポレート・ガバナンス関連の提案（「ガバナンスおよび株主権」＋「経営者報酬」）が半数を占めている。これに対し

79

第Ⅱ部　アメリカのコーポレート・ガバナンス

表4－7　提案された株主提案のカテゴリー　(単位：件,（ ）内は％)

	ガバナンスおよび株主権	環境および社会問題	会社の市民社会参画[1]	経営者報酬	その他	合　計
2015年	352（37）	324（34）	113（12）	131（14）	23（3）	943
2016年	404（44）	299（33）	104（11）	73（8）	36（4）	916

（注）　「会社の市民社会参画」には，政治組織，ロビー活動を行う組織および慈善団体に対して寄付を行うことや，これらの組織のメンバーとなることに関係する提案が含まれる。
（出所）　Gibson Dunn, 2016, p. 5. を基に筆者作成。

表4－8　最も一般的な株主提案　(単位：件)

	2013年	2014年	2015年	2016年
プロキシー・アクセス	13	13	108	201
政治活動・ロビー活動	85	126	110	103
気候変動	N/A	56	50	58
取締役会会長の独立性	61	68	76	57

（出所）　Gibson Dunn, 2015（p. 1）& 2016（p. 5）および NYSE, 2014（p. 254）を基に筆者作成。いずれも Institutional Shareholder Services の調査を基にしているが，数値が多少異なっているため，新しい資料を優先して表を作成した。

て，企業の社会性と関連する「環境および社会問題」と「会社の市民社会参画」も合計すると約45％となっており，注目される。しかし，表4－8からわかるように，このような状況が生じたのは，2015年以降，「ガバナンスおよび株主権」のカテゴリーに入るプロキシー・アクセス（Proxy Access, 会社が株主に送付する委任状を勧誘する資料に，株主が提案する取締役候補者を掲載する請求権）に関する提案が前例にないほど多く行われるようになったからであり，それ以前は，「環境および社会問題」が最も多くの株主提案がなされるカテゴリーだったといえる[36]。

　では，株主提案は，実際の株主総会において，どの程度の支持を得ているのであろうか。表4－9は，2015年と2016年の株主総会において，過半数の票を得た株主提案（件数）を示している。同表からわかるように，「ガバナンスおよび株主権」のカテゴリーに入るものに関しては，比較的過半数を得る場合が多い。しかし，「政治およびロビー活動」と「環境および社会問題」については，提案数・票決された件数は多いものの，実際に過半数の支持を得ることはあま

第4章　会社機関とコーポレート・ガバナンス

表4-9　過半数の票を得た株主提案（件数）

提案内容	2015年（過半数を得た件数）	2016年		
		過半数を得た件数	票決された件数	提案数
プロキシー・アクセス	38	27	68	201
取締役員と候補者数が一致する場合，議決の過半数を求める	7	8	10	24
すべての取締役の任期を1年にする（Board Declassification）	6	2	3	7
圧倒的多数票要求の廃止	6	8	30	33
臨時株主総会の開催	4	2	16	20
乗っ取り防止規定の撤廃	2	2	2	N/A
株主権プランの株主承認	2	1	N/A	16
書面による同意	2	1	13	20
取締役会会長の独立性	2	0	41	57
政治およびロビー活動	0	2	61	103
環境および社会問題	N/A	6	125	299

（出所）　Gibson Dunn, 2015 & 2016を基に筆者作成。

表4-10　株主別提案件数

	2014年	2015年	2016年
John Chevedden および彼と関係のある株主[1]	169	N/A[2]	227
New York City Pension Funds[3]	26	86	79
As You Sow Foundation[4]	N/A	32	43
New York State Common Retirement Fund[5]	54	40	41
Trillium Asset Management[6]	23	25	36
Walden Asset Management[7]	N/A	25	23
AFL-CIO[8]	26	36	22
Calvert Asset Management[4]	21	40	19
その他を含む合計	901	943	916

（注）　1）William & Kenneth Steiner と James McRitchie を含む。
　　　　2）元資料では，「群を抜いた最多数」と書かれている。
　　　　3）2015年と2016年に，Proxy Access に関する提案を多く行った。なお，これはニューヨーク市会計監査官（Comptroller）Scott Stringer と同市の年金基金により始められた Boardroom Accountability Project に基づく行動である（Copland, 2015）。
　　　　4）環境問題に関する提案を多く行った。
　　　　5）環境・政治問題に関する提案を多く行っている。
　　　　6）環境・社会問題に関する提案を多く行っている。
　　　　7）環境・社会・政治問題に関する提案を多く行っている。
　　　　8）経営者報酬に関する提案を多く行っている。
（出所）　Gibson Dunn, 2015 & 2016および Copland（2015）を基に筆者作成。

りないのが現状である（2016年に票決された125件の平均支持率は，20.7％）。[37]

　表4－10は，このような株主提案を具体的に誰が行っているのかを示している。株主提案は，CalPERSやTIAA-CREFのような有力な公的年金基金が中心を占めるという印象があるが，2016年について見てみれば，票決された提案はCalPERSが1件あるに過ぎない。[38]実際に多くの提案を行っているのは，同表が示しているように，シュヴダン（Chevedden, J.）氏に代表される「会社に対して口うるさい人たち（corporate gadflies）」と呼ばれる個人や，As You Sow Foundation, Trillium Asset Management, Walden Asset Management, Calvert Asset Management のような社会的責任投資にかかわる機関が中心となっている。Fortune 250を調査したコープランド（Copland. J. R.）によると，2015年の株主提案の33％は「会社に対して口うるさい人たち」により，31％は社会的，宗教的，もしくは政策的目的をもった機関投資家（社会的投資ファンド）により，24％は労働組合によりなされている。株主提案は，基本的にこの三者によりなされていると考えられる。[39]

　では，このように株主提案が多くなされるようになり，活動家的な株主がより多くの力をもつようになったといえるのか。14a-8規則の下では，株主提案は会社が株主に対して送付する委任状資料に会社の費用で添付され，年次株主総会で紹介されてその可否を投票で決せられることになる。しかし，過半数の得票を得ても，その提案は単純に認められたとはいえない。会社の細則によりその株主提案が経営者を法的に拘束しなければ，会社はその提案に拘束されない。取締役会がその提案を受け入れるかどうかに左右されるのである。14a-8規則に基づいて提出された提案は，強制的な提案ではなく嘆願であり，そのような行動をとるように取締役に要請しているだけである。仮に提案が強制的なものであっても，取締役会はその命令（提案）を履行することが当該会社の最大の利益に基づいていないと判断し，「経営判断の原則」に基づき拒絶できる。[40]株主提案を行い，過半数の支持を得ても，会社がそれに従わなければ全く意味がない。このため，CalPERSなどの機関投資家は，会社との非公式な対話や「目的をもった対話」と呼ばれるエンゲージメントを重視することになるので

ある。

おわりに

　本章では，アメリカの会社機関とコーポレート・ガバナンスについて見てきた。コーポレート・ガバナンス論は「会社の目的は何か」という問題と関連しており，議論としては長年にわたり株主理論・利害関係者理論という形で対立的であったといえる。しかし，現実の会社機関に目を向ければ，双方の理論を踏まえた上で，歴史的に形成されてきたと考えられる。つまり，株主の利益を保護するために存在する会社機関・取締役と，株主以外の多様な利害関係者の利益も保護する会社機関・取締役が共存する形で発展してきたと考えられた。

　取締役は株主の代理人と考える場合も多いが，多様な会社構成員が取締役メンバーになっているのが株主のためなら，例えば女性取締役数と会社の財務的なパフォーマンスが正の相関関係にある必要がある。しかし，様々な実証研究により，これらに特に正の相関関係はないことが示されており，基本的に会社の社会に対する倫理的な対応の結果であると考えられている[41]。また，経済学では，株主の目的は利潤の最大化と単純に仮定されているが，上記の通り実際には，株主提案の半数は，企業の社会性と関連する提案により占められている。今後，このような問題についてもさらに考察を加えていく必要があろう。

注

(1)　Stout, 2005, p. 253.

(2)　26 U. S. Code § 7701.

(3)　U. S. Census Bureau, 2012, Table 744.

(4)　Clark, 1986, p. 2.

(5)　Stout, 2005, p. 254.「資本拘束」とほぼ同じ内容を Hansmann & Kraakman（2000）は「積極的な資産の区分化（affirmative asset partitioning）」，Demsetz（1995）は「買戻し条項の欠如（the absence of a repurchase condition）」，そして Klein & Coffee（2004）は「株主と資産の分離（asset separation from shareholders）」という用語を

第Ⅱ部　アメリカのコーポレート・ガバナンス

用い説明している。

(6)　Blair, 2005, p. 36.

(7)　この点に関連して，Blair は Stout との共同論文において，上場会社に関して用いら
れるモデルとして支配的なプリンシパル・エージェント理論とその根底にある株主の富
最大化の問題について批判し，代替的な理論として「チーム生産理論」を提示している
（Blair & Stout, 1999）。詳しくは，今西（2010）。

(8)　Stout, 2012a, p. 2.

(9)　Millon, 2013, p. 193.

(10)　Berle & Means（1932）は，その共著において，「所有と経営の分離」と「所有と支
配の分離」について，明確に別の概念として定義・分類し，議論を展開している。詳し
くは，今西（2013）を参照されたい。

(11)　Jensen, 2002, p. 65.

(12)　この点について，詳しくは今西（2010）を参照されたい。

(13)　正木，1986，92頁。

(14)　正木，1986，96頁。

(15)　Jacoby, 1973, p. 173.（経団連事務局，1975，256-257頁。）

(16)　Jones & Goldberg, 1982, p. 603.

(17)　Jones & Goldberg, 1982, p. 603.

(18)　Blumberg, 1973, pp. 40-41.

(19)　Korn & Ferry, 1990, p. 3. Korn & Ferry, 2008, p. 17.

(20)　Spencer Stuart, 2016, p. 8.

(21)　Spencer Stuart, 2016, p. 20. なお，2015年では，少数民族は新任独立取締役の18%
を占めていた。

(22)　Dallas, 2002, pp. 1384-1385.

(23)　Spencer Stuart, 2012, p. 6.

(24)　Spencer Stuart, 2012. & Spencer Stuart, 2016, p. 14.

(25)　Spencer Stuart, 2012, p. 23.

(26)　なお，取締役会に関する問題として，近年，外部取締役の在任期間が長すぎるのでは
ないかという点が問題とされている。取締役の在任期間の平均は，2016年では8.3年で
あった。在任期間に制限を設けるガバナンス・ルールをもつ会社は，S&P 500のうちわ
ずか19社に過ぎない（Spencer Stuart, 2012., p. 3）。

(27)　この点については，New York Stock Exchange が発行する Listed Company Manual
の以下のセクションにおいて，それぞれ設置を義務づけている。監査委員会(303A. 07)，
報酬委員会（303A. 05），指名委員会（303A. 04）である。

(28)　Spencer Stuart, 2016, p. 28.

⑵⁹ Korn & Ferry, 2000, p. 22. & Korn & Ferry, 2008, p. 5. なお, Korn & Ferry の調査対象となっている会社は, Fortune 1000である。

⑶⁰ NACD の調査対象は, "1,000 publicly traded large-, mid-, and small-cap companies" である (Lee & Rhodes, 2015, p. 16)。取締役会関連問題に対処するため費やされる時間が増大したため, 取締役報酬の中央値は2006年の5万ドルから2016年の10万ドルに倍増した (Spencer Stuart, 2016, p. 35)。

⑶¹ Bailey & Koller, 2014.

⑶² Zanglein, 1998, p. 46.

⑶³ Gillian & Starks, 2000, p. 276.

⑶⁴ 経営者報酬に関する提案には, 経営者報酬の制限, 業績に基づくストック・オプションの授与, 米国国税収入局の規約セクション162mに基づく報酬の承認 (Approve 162 m Compensation) 等が含まれ, 取締役会関連の提案には, 取締役の選任に関する多数決, 独立した取締役会会長等が含まれている。

⑶⁵ Georgeson Shareholder, 2002, p. i.

⑶⁶ Gibson Dunn, 2015, p. 1.

⑶⁷ Gibson Dunn, 2016, p. 36.

⑶⁸ Georgeson Shareholder, 2016, p. 17.

⑶⁹ Copland, 2015.

⑷⁰ Loring & Taylor, 2006, p. 322. ただし, 2015年, 2016年に最も多くの過半数支持をえた Proxy Access については, 2015年時点では Fortune 1000の10％しか導入していなかったが, 2016年には48％が導入しており (Gibson Dunn, 2016, p. 19), 経営者の裁量に大きな影響を与えたと考えられる。

⑷¹ 例えば, Rhode & Packel, 2014を参照されたい。

引用参考文献

今西宏次, 2006, 『株式会社の権力とコーポレート・ガバナンス』文眞堂。

今西宏次, 2007, 「会社機関とコーポレート・ガバナンス」佐久間信夫編著『コーポレート・ガバナンスの国際比較』税務経理協会。

今西宏次, 2010, 「コーポレート・ガバナンス論と企業観再考」『同志社商学』(60周年記念論集)。

今西宏次, 2013, 「ミーンズと『近代株式会社と私有財産』」三戸浩編『バーリ＝ミーンズ』文眞堂。

今西宏次, 2016, 「株式会社の本質・目的と巨大株式会社のガバナンス」日本経営学会編『株式会社の本質を問う：21世紀の企業像』千倉書房。

佐久間信夫, 2003年, 『企業支配と企業統治』白桃書房。

第Ⅱ部　アメリカのコーポレート・ガバナンス

正木久司，1986年，『株式会社論』晃洋書房。

Bailey, J. & Koller, T., 2014, "Are you getting all you can from your board of directors?", McKinsey & Company, interview, November（http：//www.mckinsey.com/business-functions/strategy-and-corporate-finance/our-insights/are-you-getting-all-you-can-from-your-board-of-directors　2017年4月1日閲覧）.

Berle, A. A. & Means, G. C., 1932, *The Modern Corporation and Private Property*, New York, The Macmillan Company.（森杲訳，2014，『現代株式会社と私有財産』北海道大学出版会）

BDO, 2016, 2016 BDO Board Survey.

Blair, M. M., 2005, "Closing the Theory Gap", *Journal of Management and Governance*, Vol. 9.

Blair & L. A. Stout, 1999, "A Team Production Theory of Corporate Law", *Virginia Law Review*, Vol. 85.

Blumberg, P. I., 1973, "Who Belongs on Corporate Boards?", *Business and Society Review*, Vol. 5.

Clark, R. C., 1986, *Corporate Law*, Aspen Law & Business.

Copland, J. R., 2015 Proxy Season Early Report.（http：//www.proxymonitor.org/Forms/2015Finding1.aspx　2017年4月1日閲覧）.

Dallas, L. L., 2002, "The New Managerialism and Diversity on Corporate Boards of Directors", *Tulane Law Review*, Vol. 76.

Georgeson Shareholder, 2002, *Annual Corporate Governance Review : Shareholder Proposals and Proxy Contests 2002.*

Georgeson Shareholder, *Annual Corporate Governance Review : Shareholder Proposals and Proxy Contests 2010～2016.*（http：//www.georgesonshareholder.com/　2017年4月1日閲覧）.

Gibson Dunn, 2015, Shareholder Proposal Developments During the 2015 Proxy Season.（http：//www.gibsondunn.com/publications/documents/Shareholder-Proposal-Developments-During-the-2015-Proxy-Season.pdf　2017年4月1日閲覧）.

Gillian, S. L. & Starks, L. T., 2000, "Corporate Governance Proposals and Shareholder Activism : the Role of Institutional Investors," *Journal of Financial Economics*, Vol. 57.

Gibson Dunn, 2016, Shareholder Proposal Developments During the 2016 Proxy Season.（http：//www.gibsondunn.com/publications/Documents/Shareholder-Proposal-Developments-2016-Proxy-Season.pdf　2017年4月1日閲覧）.

Governance Insights Center, *PwC's 2016 Annual Corporate Directors Survey.*（http：//

第4章 会社機関とコーポレート・ガバナンス

www.pwc.com/us/en/corporate-governance/annual-corporate-directors-survey/assets/
pwc-2016-annual-corporate--directors--survey.pdf 2017年4月1日閲覧).

Jacoby, N. H., 1973, *Corporate Power and Social Responsibility*, New York, Macmillan.
（経団連事務局訳, 1975, 『自由企業と社会』産業能率短期大学出版）

Jensen, M. C., 2002, "Value Maximization, Stakeholder Theory and the Corporate Ob-
jective Function", in J. Andriof, et al., eds., *Unfolding Stakeholder Thinking*, Shef-
field, Greenleaf Publishing.

Jones, T. M. & Goldberg, L. D., 1982, "Governing the Large Corporation", *Academy of
Management Review*, Vol. 7, No. 4.

Korn, L. B. & Ferry, R. M., 1990, *17th Annual Board of Directors Study*, New York,
Korn/Ferry International.

Korn & Ferry, 2000, *27th Annual Board of Directors Study*, New York, Korn/Ferry
International.

Korn & Ferry, 2008, *34nd Annual Board of Directors Study*, New York, Korn/Ferry
International.

Korn Ferry Institute, 2014, *Annual Survey of Board Leadership 2014 Edition*.

Lee, A. & J. Rhodes, 2015, "Results of Public Company Governance Survey", *NACD
Directorship*, March/April 2015.

Loring, J. M. & Taylor, C. K., 2006, "Shareholder Activism : Directorial Responses to
Investors' Attempts to Change the Corporate Governance Landscape", *Wake Forest
Law Review*, Vol. 41.

Millon, D., 2013, "Shareholder Primacy in the Classroom After the Financial Crisis",
Journal of Business & Technology Law, Vol. 8, No. 1.

NYSE, 2014, *Corporate Governance Guide*, White Page.

Rhode, B. D. & Packel, A. K., 2014, "Diversity on Corporate Boards : How Much Dif-
ference Does Difference Make?", *Delaware Journal of Corporate Law*, Vol. 39.

Spencer Stuart, *Spencer Stuart Board Index*, 2012〜2016.(http://www.georgesonshareholder.
com/ 2017年4月1日閲覧).

Stout, L. A., 2005, "On the Nature of Corporations", *University of Illinois Law Review*,
Vol. 9, No. 2.

Stout, 2012a, "The Problem of Corporate Purpose", *Issues in Governance・Studies*, No.
48.

Stout, 2012b, *The Shareholder Value Myth*, Berrett-Koehler Publishers.

Weidenbaum, M. L., 1987, "Updating the Corporate Board", S. P. Sethi & C. M.
Falbe, eds., *Business and Society*, New York, Lexington Book.

第Ⅱ部　アメリカのコーポレート・ガバナンス

Whalen, D. T., 2016, "Focusing on What Counts", NACDonline.org, September/October 2016.

Zanglein, J. E., 1998, "From Wall Street Walk to Wall Street Talk : The Changing Face of Corporate Governance", *DePaul Business Law Journal*, Vol. 11.

（今西宏次）

第Ⅲ部

イギリスのコーポレート・ガバナンス

第5章

外部監視とコーポレート・ガバナンス

は じ め に

　イギリスのコーポレート・ガバナンスの枠組みは，会社法をはじめとする
ハードローと，コーポレートガバナンス・コードなどのソフトローの組み合わ
せに基づいている。ソフトローについては，「遵守か説明か(Comply or Explain)」
原則が適用されており，ロンドン証券取引所の上場企業はコードに示された条
項（Code Provision）から離脱する場合にはその理由を説明する必要がある。
ソフトローはハードローの規制を超える事項を補完する形で機能し，ソフト
ローはそれ自体の柔軟性を有する仕組みを採用している。

　以上のようなイギリスのコーポレート・ガバナンスの特徴については，自主
規制の尊重のもとに，法令で細目を規定するルール・ベースの方式よりも，原
則の提示のもとに企業行動についての情報開示を促進させるプリンシプル・
ベースの方式に依拠してきた点が重要である。コーポレート・ガバナンスにお
けるソフトローは，今日，世界的に多くの国において採用されるようになった
が，企業行動の柔軟性を考慮しつつ，情報開示による規律をもたらす意図を有
しており，イギリスの取組みに改めて注目する意義は大きい。

　よく知られるように，イギリスのコーポレート・ガバナンスは1990年代に改
革が進み，1992年のキャドバリー委員会によって上場企業の行動規範が定めら
れ，以降，改定作業を経て，2010年5月に「イギリス・コーポレートガバナン
ス・コード (UK Corporate Governance Code)」（以下，CGコード）の名称になっ
て現在に至る。また，投資家の責任を規定する「イギリス・スチュワードシッ

プ・コード（UK Stewardship Code）」（以下，SS コード）が2010年7月に定められ，機関投資家の行動に影響を及ぼすようになった。さらに，これら2つのコードに加えて，監査法人の信頼性を確保するものとして，「監査法人ガバナンス・コード（Audit Firm Governance Code）」（以下，AFG コード）が2010年1月に公表されており，対象の監査法人はそれに対しての報告義務を有することになった。

　その他，イギリスの動向として，会社法の改正に見るような非財務情報開示の動きなどもコーポレート・ガバナンスに及ぼしている特質として付言できる。非財務情報を活用する機関投資家の投資評価に，CSR の考え方が入り込んできた点は，近年の動きとして重要である。機関投資家による ESG 投資の今日的な普及をふまえると，機関投資家の行動が多様な目的を包含しながら複雑化してきている様相を捉えていく必要があると考えられる。

　本章では，四半世紀に及んで着実な歩みを示したイギリス・コーポレートガバナンスの取組みについて，1990年代以降の動きを踏まえ，2008年の金融危機以降の動向を注視し，外部監視の側面からアプローチを行う[1]。とりわけ，所有構造の変化を明らかにした上で，機関投資家に生じた変化に注目し，企業と投資家との間で展開されるエンゲージメントの動向を考察する。その際，イギリスのコーポレート・ガバナンスを管轄する財務報告評議会（Financial Reporting Council：以下，FRC）を中心に，筆者らが行ったインタビューを踏まえて検討を行う（訪問先については後述の［付記］を参照）。

第1節　企業統治改革の歴史

（1）　1990年代の取組みとその評価

　イギリスでは，企業不祥事を契機に，1990年代にコーポレート・ガバナンス改革が進展し，一定の評価を得るとともに，世界の多くの国でイギリスの仕組みを導入する動きが起こった。このイギリスの取組みを確認しておくと，1992年のキャドバリー（Cadbury, A.）委員会では，経営者を監督すべき取締役会の

役割のみならず，株主も重要な役割を果たすべきであるとされ，最善慣行規範（Code of Best Practice）のもとで，「遵守か説明か」原則によるアプローチが提唱された。1998年には，キャドバリー，グリーンベリー（Greenbury, R.），ハンペル（Hampel, R.）の三委員会による報告書を統合し，「統合規範（Combined Code）」が公表された。2003年には，ターンバル（Turnbull, N.），ヒッグス（Higgs, D.），スミス（Smith, R.）委員会による報告書をもとに，改訂された「統合規範（Combined Code on Corporate Governance）」が公表された。その後，2010年には名称が統合規範からCGコードに変更されるとともに，その際，SSコードが分離されて策定される形で今日に至る。

　具体的に，1990年代のイギリスの取組みが企業にもたらした影響を確認するには，1998年の統合規範に対する企業の対応状況を眺めることが有益である。そのため，統合規範に対する企業の遵守動向について，イギリスのFTSE350（ロンドン証券取引所の上場企業上位350社）に関する実態調査を紹介しよう。それによれば，統合規範の主要な8つの条項をすべて遵守した企業の割合が1999年の約1割から，2004年には5割超えとなったことが報告されており，この時期に統合規範に対する企業側の遵守率が大きく上昇した。[(2)]

　このようなイギリスの取組みは，欧州諸国のコーポレート・ガバナンスにも影響を及ぼした。[(3)] 2006年には，EU（欧州連合）の指令が発せられ，EUにおける上場会社は各国のコーポレートガバナンス・コードに対し，遵守状況を開示することが義務づけられた。また，世界的にも「遵守か説明か」原則を採用する動きが続いた。同原則の特色は，ガバナンスの多様性を許容する点にある。そういう前提のもとで，企業ごとにベスト・プラクティスのスタンスが異なることを認める柔軟性が評価された。

（2）　金融危機とその後の対応

　2008年の世界的な金融危機は，イギリスにおいて自主規制を中心としたコーポレート・ガバナンス体制の再整備を意識させるようになった。財務省（HM Treasury）は金融機関におけるガバナンスの検討をウォーカー（Walker, D.）

卿に委嘱し，2009年11月にウォーカー報告「イギリスの銀行その他の金融機関におけるコーポレート・ガバナンスに関する報告[4]」を公表した。同報告は金融機関におけるガバナンスの見直しを焦点としたが，機関投資家による投資先企業への関与のあり方についての勧告を含むものであった。

これを受け，FRCがSSコードの制定とレビューについての管轄主体となり，2009年に機関株主委員会（Institutional Shareholders' Committee：以下，ISC）が策定した「機関投資家の責任コード[5]」に準拠する形で，SSコードの策定が進められた。一方，会社側の規律については，統合規範の改定を伴う形でCGコードが策定され，2010年にそれぞれ別個のコードとして明確化したものが公表された。さらに，金融危機の際に，監査人が十分な役割を果たしていなかったとする懸念が示され，監査の品質維持やリスク管理を強化する観点から，同じ2010年にAFGコードが公表された。AFGコードは，企業の監査委員会との連携により目的が達成されるため，CGコードの公表に合わせて作業が進められたものである。

このように，CGコード，SSコードに加え，AFGコードの3つのコードがイギリスのコーポレート・ガバナンスにおけるソフトローの主要な仕組みとして位置するようになった。各コードはともに「遵守か説明か」原則により，情報開示の責任を促している。

金融危機後の問題関心としては，イギリスの株式市場に関する議論として，2012年6月に，ビジネス・イノベーション・技能省（The department for Business, Innovation and Skills：BIS）より調査の依頼を受けたケイ（Kay, J.）教授が「イギリス株式市場と長期的意思決定に関するケイ報告[6]」を公表した。具体的には，イギリスの株式市場が抱える問題に考察を加え，株式市場の構造的問題，機関投資家の行動，ガバナンス上の課題などを取り上げて提言を行った。なかでも，イギリスの株式市場がイギリス企業の競争力強化に貢献していないと結論づけ，その原因を短期主義（Short-termism）の蔓延に求めている。

そこには，後に見るような株式所有構造の変化があり，インベストメント・チェーンにおけるアセット・オーナー，アセット・マネジャー，サービス・プ

第5章　外部監視とコーポレート・ガバナンス

ロバイダーなどの機関投資家自体の関係構造の理解が欠かせず，ケイ報告では，とりわけアセット・マネジャーの影響力の増大に注目している。アセット・マネジャーの関心は，短期的なパフォーマンスにあるのに対し，資金提供者（受益者）の利益は長期的なパフォーマンスにある。このインセンティブの不一致が問題の源であるとした。そのため，インベストメント・チェーンにおけるすべての参加者はスチュワードシップの原則に従って行動すべきことを唱えた。とりわけアセット・マネジャーは，自らが投資した会社に対して関係を深めていくことで，イギリス企業のパフォーマンスに貢献できるとする原則を示し，効果的なエンゲージメントが会社の価値を上げるとする見方を提起した。その際，投資家が集団的に関与することを容易にするため，投資家フォーラムが構築されるべきであることも提言している。[7]

　このようなイギリスの議論を方向づけたものとして，株式所有構造の変化を具体的に示していくことが必要である。従来と異なるタイプの機関投資家の台頭が2000年代以降に進み，それらは金融危機以降も勢力を増す状況にあることを次節において確認したい。

第2節　所有構造の特徴と機関投資家の行動

（1）　2000年以降の所有構造と機関投資家の変質

　イギリスの株式所有構造の特質として，保険会社，年金基金，投資信託等の機関投資家による株式保有が早い段階で進行し，世界的に見てその保有比率が高いことが挙げられる。1990年代には機関投資家の持株比率は時価ベースで7割を超えるようになった。2000年以降，この機関投資家の保有についての変化が生じていることを指摘したい。**表5−1**に見るように，保険会社は1990年代に20％を超える保有があったものが2014年には5.9％へ減少し，また年金基金も1990年代の20％台の保有が2014年には3.0％に減少した。一方で，外国人は1990年代初頭の10％台から2006年には40％と急上昇し，2014年には53.8％にまで達している。また個人については1990年代の20％台から2014年には13％へ減

95

第Ⅲ部　イギリスのコーポレート・ガバナンス

表5-1　イギリスの株式所有構造の推移

(単位：%)

所有主体＼年度	1994	1998	2002	2006	2010	2012	2014
外国人	16.3	30.7	35.9	40.0	43.4	53.6	53.8
保険会社	21.9	21.6	19.9	14.7	8.8	6.2	5.9
年金基金	27.8	21.7	15.6	12.7	5.6	4.7	3.0
ユニットトラスト	6.8	2.0	1.2	1.6	8.8	9.5	9.0
投資信託	2.0	1.3	1.3	2.4	2.1	1.7	1.8
その他金融機関	1.3	2.7	7.7	9.6	12.3	6.6	7.1
個　人	20.3	16.7	14.3	12.8	10.2	10.1	11.9
公益組織(大学等)	1.3	1.4	1.1	0.9	0.8	0.6	1.2
事業会社	1.1	1.4	0.8	1.8	2.3	2.4	2.0
公共セクター	0.8	0.1	0.1	0.1	3.1	2.7	2.9
銀　行	0.4	0.6	2.1	3.4	2.5	1.9	1.4
合　計	100.0	100.0	100.0	100.0	100.0	100.0	100.0

(出所)　The Office for National Statistics, "Share Ownership" を基に筆者作成。

少している。近年も，外国人を含めた機関投資家による株式保有割合の上昇が続いている。

　このような保有動向を分析するのに必要な視点は，機関投資家の類型やそれぞれの投資目的についての検討である。機関投資家のうち，年金基金や保険会社の資産は自主運用を行う場合もあるが，一般には大規模なアセット・マネジャーに委託運用される場合が多い。保険会社や年金基金の近年の株式保有比率の減少は，運用委託先としてのアセット・マネジャーによる保有の増加に置き換わったと考えられる。例えば，アメリカの大手アセット・マネジャーによる運用によって，イギリス企業株式が保有されており，そのことが外国人の保有比率の顕著な増大として表れるようになった。統計上，外国人の投資家については，その詳細な構成が不明ではあるが，数字の中には様々なタイプの投資家による投資が含まれる。いわゆるアクティビスト株主[8]と呼ばれる投資家もイギリス企業に積極的に投資するようになり，イギリス企業をめぐる状況を変化させるようになったのである。

　イギリスでは，アメリカの公的年金基金のようなアクティビズムはあまり見られなかったものの，企業および公的年金基金の委託運用を行うハーミーズ

96

（Hermes Investment Management）は，1998年にアメリカのCalPERSと提携し，議決権行使の方針を共有し，共同歩調をとる動きも生じ，イギリス機関投資家の姿勢も徐々に変化を示していった。

　通常，機関投資家は投資先企業に対し，売却（exit）と発言（voice）のうち，どちらかあるいは両方を駆使していくことになるが，多くの機関投資家は持分を即座に売却することは難しく，その分，投資先への関与を強めていかざるをえなくなった。そのため，アクティブ運用を展開する投資家を中心に，株主アクティビズムが株主提案や株主総会時の議決権行使をめぐる展開を通じて台頭した。また一方で，企業との対話を重視するエンゲージメントが，機関投資家に求められる姿勢として促された。エンゲージメントとは，目的をもった対話を重視するもので，それまでの株主アクティビズムと異なるイメージをもつものの，議決権の行使をめぐる対話を含み，従来の株主アクティビズムをも包括する概念として捉えることができる。ただし，SSコードのもとで，企業の長期的な価値向上を目指すエンゲージメントが要請されるところに近年のエンゲージメント活動の特徴がある。

　また，他の機関投資家の類型として，近年，その膨大な資金力を背景に株式市場において存在感を増大させているのが政府系ファンドである。世界最大の政府系ファンドの1つであるノルウェー政府年金基金[9]は，投資方針を管轄する倫理委員会のもとで，ポートフォリオの「除外（exclusion）企業リスト」を毎年公表し，基金の運用サイドに対し勧告を行っている。また，独自の議決権行使ガイドラインを用いて，企業とのエンゲージメントを展開しており，世界市場での行動が注目を集めるようになった。このような政府系ファンドの存在が他の多くの機関投資家の行動に影響を与え，イギリスの保険会社や年金基金のような伝統的な機関投資家の投資姿勢を変化させていったものと考えられる。

　機関投資家による株式保有割合の上昇が進む中，機関投資家自体に生じている変化を踏まえると，規制当局の関心も機関投資家自体の内的な関係に関心が向くようになり，先に述べたようなケイ報告における議論にたどり着くことになったわけである。また，機関投資家に対する規制については，すでに議論が

第Ⅲ部　イギリスのコーポレート・ガバナンス

積み重ねられており，例えば2001年のマイナース（Myners, P.）委員会によっ
て公表された「イギリスにおける機関投資」[10]では，機関投資家を対象に，投資
原則に対する遵守状況を報告するような形式が提案され，これを受けて政府は
年金運用者への規制強化について検討を始めたことがある。このような形式は
現在のSSコードに見られるものと同等であるが，当時のこの政府規制強化の
可能性に対しては，機関投資家の団体であるISCが，2002年に独自のガイド
ラインを公表し，投資先の経営への関与の仕方について指針を示した。その結
果，このときは政府による法制化措置は見送られ，ISCによる自主規制のルー
ルが尊重されることになった。

　このように，影響力が増大する機関投資家の行動に対しては様々な形で規制
が求められていった。現在のSSコードは以上のような政府規制と民間自主規
制の間のせめぎあいの経緯が過去に存在し，結果として現在の枠組みを形成し
ていったのである。イギリスにおいては自主規制が尊重されながら，そのルー
ルが機能しないと，直ちに法制化の措置が講じられる。したがって，自主規制
は立法化の脅威のもとにさらされており，自らに甘いルールを志向しにくい状
況を作り出していることもイギリスの特徴として付言できる。

　以上，イギリスの株式所有構造の特質をふまえ，機関投資家自体の行動変化
を眺めてきたわけであるが，このような変化を促した要因として，機関投資家
を取り巻く規制環境をより詳細に検討していくことが必要であり，それを明ら
かにしていこう。

（2）　CSRの台頭と機関投資家のエンゲージメント活動

　機関投資家の行動変化を促した要因は，上述したような機関投資家それ自体
の変質とともに，機関投資家を取り巻く規制環境の影響も重要である。ここで
は，2000年以降，国際的にCSRの議論が台頭する中，イギリス政府の政策や
法律の動向に注目するとともに，ソフトローとしてのCSR国際規格創設の動
きにも注目し，それらがどのように機関投資家の行動に作用してきたかを眺め
ていこう。

第5章 外部監視とコーポレート・ガバナンス

　まず，法制度の面であるが，1999年の年金法改正では，年金基金の運用受託者に対し，投資先の選定に当たって CSR や倫理面の考慮を行っている場合には，その基準を公表することが求められた。これは年金運用に関して CSR への注意喚起を促すものであり，社会的責任投資（SRI）の市場は，2000年前後から急速な成長をとげるようになった。

　そして，この時期，政府は2000年に当時の貿易産業省（Department of Trade and Industry：DTI）内に，CSR 担当大臣を置き，CSR に関する政策を集約し，推進するようになった。(11) 2006年の会社法改正に際しては，年次報告書（Annual Report）において CSR の包括的な情報を含む営業・財務概況（Operating and Financial Review：OFR）の開示の義務化が盛り込まれたが，この時はその開示義務化までは至らなかった。しかし，その後，2006年会社法は2013年に改正され，戦略報告書（Strategic Report）を作成する報告枠組みが導入され，その中で小規模企業を除き，戦略とビジネスモデル，主要なリスク，環境，社会，従業員，人権，ガバナンス等に関する重要情報を開示することが求められるようになった。(12) 年次報告書は，戦略報告書，コーポレート・ガバナンス報告書（Corporate Governance Report），報酬報告書（Remuneration Report），財務諸表（Financial Statements），取締役報告書（Director's Report）により構成される必要がある。

　その他の法律としては，2008年には気候変動法（Climate Change Act）が成立し，後に述べるような環境報告を促す機関投資家のイニシアチブの動きとともに，GHG 排出量をめぐる企業対応が促されるようになった。また，2015年10月に施行されたイギリス現代奴隷法（Modern Slavery Act）では，サプライチェーンで生じる可能性がある人権問題に対し，企業の対応措置の公表が要請されるようになった。

　このように，イギリスでは政府が推進する CSR に関する政策に合致した形で法律の改正が行われ，企業サイドもサステナビリティ経営の推進を意識しながら CSR 情報開示を進めた。また，機関投資家サイドでは投資評価に当たり CSR 情報の活用を推進し，彼らの投資ポートフォリオに ESG 投資の考え方が

99

第Ⅲ部　イギリスのコーポレート・ガバナンス

入り込んでいくことになった。2000年代以降，欧州諸国における非財務情報開示の動きが進展する中，イギリスはCSR政策の面で先進的な対応を行った国の1つとして位置づけることができる。

　次に，2000年代以降，機関投資家の行動に大きな影響を及ぼした動きとして，国際機関などが推進したCSR国際規格創設の動きを眺める。CSRの議論は，それまでの社会貢献を重視する比較的単純な見方から次第に深化を遂げ，今日のCSR概念は，企業が社会に及ぼす影響への責任として理解されるようになった[13]。すなわち，現代企業は社会に対するポジティブな影響を最大化し，ネガティブな影響を最小化していく責務が期待され，そのための企業行動を規律づけるソフトローのイニシアチブが数多く創設されるようになった。

　ここでは，機関投資家に関係するCSR国際規格として，2006年の国連責任投資原則（UN Principle for Responsible Investment：以下，PRI）の創設を取り上げよう[14]。PRIの対象は機関投資家であり，PRIへの署名による参加のもと，PRI原則に対する活動報告が要請されている。仮に報告義務を怠ると，PRIより除名され，機関名が公表される仕組みを採用している。このような報告を主体とする形式により，法的拘束力を有しないイニシアチブでありながら，参加する機関投資家の数は増加し，2017年には世界で1700を超える規模となった[15]。ESG投資という用語の定着は，このPRIによって主導されたところが大きく，機関投資家はガバナンスとともに，環境や社会についての投資評価の推進を意識するようになり，PRIは世界の機関投資家が準拠すべき中心的な行動規範となった[16]。

　PRIの近年の行動を紹介しておくと，CDP（旧称：Carbon Disclosure Project）との連携による機関投資家の集団的（collective）エンゲージメントの展開事例がある（2010～2013年）。CDPは2000年にイギリスの機関投資家を中心とするNGOとして創設され，2003年より世界のグローバル企業に対し，気候変動等に関するアンケートの送付を始め，次第にその回答状況が注目されるようになったイニシアチブである[17]。CDPは，PRIの「エンゲージメントプラットフォーム（Engagement Platform）」[18]と呼ばれるスキームを活用し，数多くの機関投資

100

家の賛同を得る形で集団的エンゲージメントを展開させた。具体的には，PRI事務局がCDPスコアの低い（開示が消極的）企業に対するエンゲージメントを展開し，それら企業のCDP質問表回答における改善を促したのである。[19] このような事例からは，今日の機関投資家が集団的エンゲージメントを重視する姿勢が理解できよう。[20]

　以上のCDPの事例は，企業の環境情報開示を促すものであるが，今日，労働関係の企業対応を促すスキームとして国連が2011年に創設した「ビジネスと人権に関する指導原則」もまた法的拘束力のないソフトローでありながら，とりわけグローバル企業が対応を迫られる重要なイニシアチブとなった。この指導原則をめぐっては，2017年3月に機関投資家が「企業人権ベンチマーク（Corporate Human Rights Benchmark：CHRB）」[21] のパイロット版を公表しており，今後，サプライチェーンまで含めた企業の人権課題への取組みを促進させる必要性が強まっていくことが予想される。このように，機関投資家の投資評価の中に「人権」という要素が入り込んできていることをここでは強調しておきたい。

第3節　イギリス企業統治の制度的枠組み

（1）　企業統治の規制主体

　イギリスの会社法を管轄するのは，ビジネス・エネルギー・産業戦略省（Department for Business, Energy and Industrial Strategy：BEIS）[22] である。会社法で規定される年次報告書は法定開示書類であり，財務諸表を補完するものとして，非財務情報を記載することも定められている。2013年より，戦略報告書の作成が義務づけられるようになったのは上述のとおりである。イギリスでは，伝統的に会社法は会社の機関設計について詳細な規定を設けず，会社定款に自治を委ねている。そして，上場会社はCGコードを尊重する。そのため，会社法とCGコードの役割分担が比較的明瞭であるといえる。

　次に，上場規則は，金融行動監視機構（Financial Conduct Authority：以下，FCA）により管轄されている。すでに2000年にロンドン証券取引所の自主規制

規則から，金融サービス機構（Financial Services Authority：以下，FSA）の規則に移管していたが，FSA は2013年に組織改編され，その一部が FCA となった。FCA はイギリス金融市場の規則の策定・監視・執行に関する権限のもと，機関投資家を含めた金融機関を監督している。なお，FCA は独立した規制主体であり，金融機関から資金を授与されて運営されている。

　一方，CG コード，SS コード，AFG コードの3つのコードを管轄するのがFRC である。FRC は，コードの改訂作業を進めるとともに，各種ガイダンス文書の作成を通じてコードの理解を促進させる役割を担っている。また FRCは，コーポレート・ガバナンス，財務報告，会計・監査等に関する基準を策定するとともに，それらの遵守状況をモニターすることを任務とする。資金的には，会費徴収（levy）によって担われる自主規制組織である。

（2）　近年におけるガバナンス・コードの動向

　ここでは，CG コード，SS コード，AFG コードの3つのコードについて，具体的な適用の範囲を明らかにし，企業，機関投資家，監査法人のコードに対する適用状況を眺める。

　①イギリス・コーポレートガバナンス・コード

　CG コードについては，FCA の上場規則により，ロンドン証券取引所の上場会社は年次報告書において適用および遵守状況を記載する必要がある。2014年版の CG コードにおいては，リーダーシップ（A），（取締役会の）有効性（B），説明責任（C），報酬（D），株主との関係（E）の章から構成され，それぞれ主要原則（Main Principle），補助原則（Supporting Principle），および規範条項（Code Provision）が示されている（**図5－1**）。そのうち，主要原則および補助原則については，それをいかに適用したかについて記述を行う必要がある。また，規範条項については，非遵守の場合，その理由を説明する必要がある。

　CG コードの実施に関する開示状況については，FRC をはじめ，Grant Thornton や主要な会計監査法人による調査レポートが毎年出されている。2016年における FTSE350のコード遵守状況を見ると，54の条項からの離脱が2項

第**5**章　外部監視とコーポレート・ガバナンス

図5－1　イギリス・コーポレートガバナンス・コードの主要原則(2016年)

```
第Ａ章：リーダーシップ          第Ｃ章：説明責任
 A.1：取締役会の役割            C.1：財務・業務報告
 A.2：責務の分担               C.2：リスク管理と内部統制
 A.3：取締役会議長             C.3：監査委員会および外部会計監査人
 A.4：非業務執行取締役
                            第Ｄ章：報酬
第Ｂ章：取締役会の有効性         D.1：報酬の水準および構成
 B.1：取締役会の構成            D.2：手続
 B.2：取締役の任命
 B.3：取締役のコミットメント      第Ｅ章：株主との関係
 B.4：取締役の研鑽             E.1：株主との対話
 B.5：情報およびサポート         E.2：株主総会の建設的な活用
 B.6：評価
 B.7：再任
```

（出所）　金融庁資料の訳を基に筆者作成。

目以内の企業は全体の90％，コードすべてを遵守している企業は全体の62％（前年は57％）であった。規模の大きい会社になるほど遵守比率が高まる傾向があ[25]るが，全体的に遵守率は非常に高い状態にある。この点について，FRCへのインタビューでは，CGコードはベーシック・スタンダードでなく，かなり高いスタンダードであるとする認識を示した上で，どのくらいの遵守割合がよいのかは一概にいえないとする見方を示した。その上で，離脱する際の説明の質がよくないものがあり，改善の余地があること，また説明を行うよりも遵守したほうがたやすいと考える企業もあることを指摘している。すなわち，コードを実施しているかが重視され，非遵守の場合の説明は簡素であったり，非遵守の記述だけで理由について十分な説明がない場合があり，やや問題視されている。この点について，FRCは2012年にコードから離脱する際に行うべき「意味のある説明（meaningful explanation）」についてのガイダンスを公表してい[26]る。その後，2012年のCGコードには，コードを離脱する場合の説明についての考え方が挿入された。その考え方とは，離脱する背景が紹介されていること，離脱することに関する合理的な根拠が示されていること，離脱することによって発生する追加的リスクへの対応策が示されていること，離脱が一時的なもの

103

第Ⅲ部　イギリスのコーポレート・ガバナンス

である場合にはいつ遵守するかが示されていること，である。このように，「遵守か説明か」原則をめぐる運用面での課題は引き続き存在している[27]。

　ここでは，2016年のCGコードにおける外部監視の側面を眺めると，株主との関係の章（E）において，取締役会と投資家との間のエンゲージメントにおける非業務執行取締役（Non-Executive Director）の役割に言及している。取締役会のメンバーのうち，特に非業務執行取締役が主要な株主との面談などの機会をどのように確保したかを年次報告書の中で述べるべき（E. 1.2条項）とされる。なかでも筆頭独立取締役（Senior Independent Director）が主要株主の関心や懸念についてのバランスのとれた理解に資するべく，主要株主との会合に参加し，その意見に耳を傾けるべき（E. 1.1条項）としている。

　CGコードは2010年の策定以降，2年毎に改定された。FRCは改定の際に意見照会を行いながら，改定作業を進める。近年，コードの理解を促すための対応を講じたテーマは，先に述べた離脱の際の「意味のある説明」についてのガイダンス，および企業文化の構築についてのガイダンス等である[28]。後者については，2014年のCGコードの序文で，取締役会の主要な役割として企業文化の構築についてふれており，それが組織のあらゆる階層に浸透することが長期的な成功を支えるとしている。

②イギリス・スチュワードシップ・コード

　SSコードは，2010年に公表されたものであるが，それまでも株主責任についての議論は上述のとおり長く続いていた。このSSコードが想定しているスチュワードシップの目的であるが，最終的な資本提供者も繁栄できるような方法で，会社の長期的成功を促進することにあり，実効的なスチュワードシップにより，会社，投資家，経済全体が恩恵を享受できるものとしている。

　同コードの適用対象については，イギリスの上場会社の株式を保有する機関投資家が署名により参加するもので，署名した機関はステートメントの開示義務を負う。すなわち，コードの7原則（**図5-2**）の適用についての記述，指針（Guidance）において要請される情報の開示，適用しない原則がある場合や指針で求められる情報が開示されない場合には，非遵守の理由の説明を行う，

第**5**章　外部監視とコーポレート・ガバナンス

図5－2　イギリス・スチュワードシップ・コードの7原則
（2012年）

> 最終受益者が有する価値を保全・増大させるために，機関投資家は，
> ・**原則1**　スチュワードシップ責任をどのように果たすかについ
> 　　　　　ての方針を公に開示すべきである。
> ・**原則2**　スチュワードシップに関連する利益相反を管理するた
> 　　　　　めに，堅固な方針を策定して公表すべきである。
> ・**原則3**　投資先企業をモニタリングすべきである。
> ・**原則4**　スチュワードシップ活動を強化するタイミングと方法
> 　　　　　について，明確なガイドラインを持つべきである。
> ・**原則5**　適切な場合には，他の投資家と協調して行動すべきで
> 　　　　　ある。
> ・**原則6**　議決権行使および議決権行使結果の開示について，明
> 　　　　　確な方針を持つべきである。
> ・**原則7**　スチュワードシップ活動および議決権行使活動につい
> 　　　　　て，委託者に対して定期的に報告すべきである。

（出所）　金融庁資料の訳を基に筆者作成。

というものである。

　特徴的なのは，この開示されたステートメントの内容に対し，最近になって FRC はランキングシステムを採用し，3段階で署名機関を評価することを始めたことである。2016年11月には，機関投資家が公表しているスチュワードシップ活動に関する報告書のランクづけの結果が公表された[29]。機関投資家のうちアセット・マネジャーは，"Tier 1"，"Tier 2"，"Tier 3" の3つのクラスに分けられている。また，年金基金などのアセット・オーナーや，議決権行使助言業者などのサービス・プロバイダーについては，"Tier 1"，"Tier 2" の2クラスにランクづけされる。このうち，アセット・マネジャーについては Tier 3 の場合，6カ月以内に改善がなければ，署名者リストから除名されるサンクションが発動される。

　FRC は，CG コードに対してはこのようなランクづけやサンクションの仕組みを採用しておらず，基本的に開示結果は市場の監視に任せるスタンスをとっている。このあたりの事情について，FRC へのインタビューでは，ランクづけの導入経緯を次のように説明した。CG コードには会社法や上場規則などの準拠すべきフレームワークがあるのに対し，SS コードの場合，様々な投資家，

すなわち年金基金，保険会社，ミューチュアルファンドなどがあり，規制者としてのFRCがインボルブすべき余地が大きいことを指摘した。そして，FRCはSSコードの信頼性（credibility）を維持する使命があるとし，コードの番人（The guardians of the Code）となることが必要であるとしている。

　SSコードは2010年の公表後，2012年に改定され，変更点としては次のような点がある。まず，SSコードの適用範囲を拡大し，海外の機関投資家の署名を認めた。また，「遵守か説明か」原則において，CGコードと同様に，原則から離脱する際に「意味のある説明」をするようにという表現に改められた。その他，アセット・オーナーの役割の明確化，集団的エンゲージメントに関する情報提供の強化についてもふれている。

　③監査法人ガバナンス・コード

　AFGコードは，FRCによる依頼のもとに，イングランド・ウェールズ勅許会計士協会（Institute of Chartered Accounting in England and Wales：ICAEW）が作業グループを設置し，2010年1月に公表したものである。同コードは，20の原則（Principle）と31の条項（Provision）からなり，「遵守か説明か」原則を採用し，遵守状況に関する透明性報告書（Transparency Report）の公表を義務づけている。適用対象となる監査法人は，20以上の上場企業を担当する監査法人であり，イギリスでは7つの監査法人がその対象であり，ほかに1つの監査法人が任意の適用を行っている。同コードの目的は，監査法人における望ましいガバナンスのベンチマークを提供することであるが，上場会社の株主に対する報告が主たる目的である。

　2014年にはAFGコードへの適用状況のレビューが行われ，2016年7月にFRCによって新しいコードが公表された（**図5－3**）。20の原則と31の条項という構成に変更はなく，リーダーシップ（A），価値観（B），独立非業務執行役員（INEs）（C），事業運営（D），報告（E），対話（F）という章から構成される。変更点としては，独立非業務執行役員（INEs）の人数規定が設けられ，3名以上が望ましいとされた。また，主要業績指標（KPI）の導入などが求められ，CGコードと同様な事項が取り入れられた。さらに，企業およびその株

第**5**章　外部監視とコーポレート・ガバナンス

図5－3　イギリスの監査法人ガバナンス・コード（2016年）

第A章：リーダーシップ	**第D章：事業運営**
A.1：監査法人の所有者に対する 　　経営陣による説明責任の原則	D.1：遵守の原則
	D.2：リスク管理の原則
A.2：経営管理の原則	D.3：人事管理の原則
第B章：価値観	D.4：内部通報の原則
B.1：プロフェッショナリズムの 　　原則	**第E章：報告**
	E.1：内部報告の原則
B.2：ガバナンスの原則	E.2：ガバナンス報告の原則
B.3：開放性の原則	E.3：透明性の原則
第C章：独立非業務執行役員	E.4：報告の質に関する原則
（INEs）	E.5：財務諸表の原則
C.1：独立非業務執行役員の関与 　　の原則	**第F章：対話**
	F.1：監査法人による対話の原則
C.2：独立非業務執行役員の特性 　　に関する原則	F.2：株主による対話の原則
	F.3：株主による，十分な情報提
C.3：独立非業務執行役員の権利 　　に関する原則	供を受けた上での議決権行使の 　　原則

（出所）　金融庁資料を基に筆者作成。

主との対話についての報告が透明性報告での開示対象に追加された。このように，監査法人にも上場企業と同様なガバナンスの仕組みを導入させることを企図している。

おわりに

　本章では，イギリスのコーポレート・ガバナンスにおける外部監視の側面として，主に機関投資家の動きに注目し，近年の動静を眺めてきた。その際，機関投資家自体に生じている変化や機関投資家に及ぼした規制環境の影響に留意した。機関投資家自体に生じた変化については，インベストメント・チェーンにおけるアセット・マネジャーや政府系ファンドの影響が増大し，イギリス企業の株式所有構造を変化させるとともに，機関投資家全体の行動に変化を生じさせている実態を明らかにした。また，世界的なCSRの動向も機関投資家の行動に影響を及ぼし，法律の改正とともに，様々なCSR国際規格に示された

107

第Ⅲ部　イギリスのコーポレート・ガバナンス

規範が，機関投資家による投資評価にも作用するようになった事情も明らかにした。

　イギリスのコーポレート・ガバナンスは，この四半世紀に着実な前進を示したが，本章の検討から理解できるように今なお万全のものではない。近年におけるイギリスの課題についてふれておくと，重要課題の1つは，「遵守か説明か」原則の意義とその問題点についての見方であると考えられる。イギリスの特色を示す同原則の意義自体は積極的に支持されてきたものの，なお課題も存在することを眺めてきたが，この点について若干の検討を示そう。

　すなわち，「遵守か説明か」原則がうまく機能するための主要な条件は2つあり，それらが十分な状態であることが求められることである。1つ目の条件は，企業側の姿勢であり，コードを形式的に遵守するのでなく，経営に実際的に生かそうとする態度が求められ，またコードから離脱する際には独自の説明を行うことが必要であるという点である。またもう1つの条件は，開示された結果を活用する受け手側の姿勢であり，主として投資家のキャパシティが監視効力を決めることになる点である。[30]企業側の姿勢を喚起するためにとられたFRC の対応については，「意味のある説明」の考え方を紹介した。一方，投資家側の姿勢については，エンゲージメントの実態を具体的に解明していくことを要すると思われる。すなわち，企業とのエンゲージメントの有効性をどのような形で把握することができるのか，この問題についてのさらなる検討が必要であろう。このあたり，近年，「遵守か説明か」原則を導入した日本への示唆を考察する上で重要な観点になると考える。

　一方，イギリスにおける最近の動きを紹介すると，2016年11月にコーポレート・ガバナンス改革にかかわるグリーンペーパーが公表された。[31]グリーンペーパーとは，企業や機関投資家等の関係者に意見を問うための政策文書である。FRC は，2017年2月に同グリーンペーパーに対する回答文書を公表しており，その中で，「主要なステークホルダーの利益」「経営者報酬」「大規模非公開会社」「効果的な法の執行」の4領域における改革が提案されている。[32]このような領域に対する問題関心が今後の FRC の施策の方向性を示すものと予想され

108

⁽³³⁾
る。

　最後に，イギリスのEU離脱とコーポレート・ガバナンスの関係については
ここで多くを語ることはできないが，これまでの経緯から判断するに，EU側
がイギリスのコーポレート・ガバナンスを注視し，イギリスの仕組みを積極的
に取り入れてきたのが実情である。そういう意味では，今後もイギリス自体は
さほど変わらず，現在の仕組みを漸進的に改善させていく姿勢を示していくこ
とが予想される。ただし，金融機関の集積地としてのシティの役割が縮小して
いくとすると，投資家をはじめとする金融コミュニティの果たす役割に変化が
生じていくかもしれない。

　[付記]　本章を執筆するにあたり，立命館大学 Damon Drummond 氏，立正大学宮川満
　　　　　氏ともに下記を訪問し，多くの知見をえた（2016年9月5〜9日）。ここに記し
　　　　　て感謝したい（主要な訪問先順）。
　　　　　　CDP, Corporate Partnerships Executive, Alex Cameron-Smith 氏，Global Op-
　　　　　erations Manager, Ji Yeon Kim 氏
　　　　　　FRC, Corporate Governance & Reporting Division, Director, David Styles 氏，
　　　　　Project Director, Deepa Raval 氏，Corporate Division, International Policy Assis-
　　　　　tant, Katy Robinson 氏
　　　　　　PRI, Investor Engagements, Manager, Olivia Mooney 氏
　　　　　　日本取引所グループ ロンドン駐在事務所 所長 荒井啓祐氏，副所長 梅本一峰氏，
　　　　　高橋弘幸氏，Assistant Researcher, Anna Hill 氏
　　　　　　スウェーデン政府年金基金 Ethical Council, Secretary General, John Howchin 氏

＊本研究は科研費の助成を受けたものである（2015〜2017年度，基盤研究C，研究代表者）。

注
(1)　金融危機以前の動向については，田中，2010も参照されたい。
(2)　Arcot & Bruno, 2006を参照。
(3)　EUの取組みについては European Commission, 2003を参照。詳しくは田中，2015を
　　参照されたい。
(4)　Walker, 2009を参照。
(5)　ISC, 2009を参照。

第Ⅲ部　イギリスのコーポレート・ガバナンス

⑹　Kay, 2012を参照。

⑺　2014年にその進捗状況が報告されている。Kay, 2014を参照。

⑻　アクティビスト株主とは，株主権や書簡送付等を通して投資先企業に対し積極的な働きかけを行う投資家であり，友好的な働きかけを行う投資も含まれるが，ヘッジファンドのような投資も含まれる。

⑼　ノルウェー政府年金基金の検討については次が詳しい。水口，2013，第5章。

⑽　Myners, 2001を参照。

⑾　DTI は2007年にビジネス・企業・規制改革省（BEER）に改組され，さらに2009年に他の省庁と統合されてビジネス・イノベーション・スキル省（BIS）になった。CSR大臣のポストは2010年まで続いた。

⑿　このうち，戦略とビジネスモデルに関する説明は CGコードの条項の内容を法制化したものである。

⒀　この CSR の概念は EU の2011年の CSR 戦略に基づく。European Commission, 2011を参照。また ISO26000の定義も同様である。CSR の考え方については，佐久間・田中編，2011，田中，2016a を参照。

⒁　国連は，2000年に国連グローバル・コンパクト（UN Global Compact）を創設し，人権，労働，環境，腐敗防止の領域における原則を示し，署名による参加を促した。PRIはこの形式を継承するものである。

⒂　2017年4月12日時点で，世界で1701機関の署名であり，イギリスは246機関でアメリカ314機関に次いで2位である。PRI のホームページを参照。

⒃　PRI に示された6つの原則の内容は，イギリスの SS コードにおける7原則と類似しており，SS コードの基となった ISC コードの策定に当たって，この PRI 原則を参考にした可能性は高い。山崎，2013を参照。

⒄　企業の回答状況は，WEB 等において開示される。CDP については，田中，2017を参照されたい。

⒅　以前は，Clearinghouse という名称を用いていた。筆者らの PRI へのインタビューによれば，機能としてはとくに大きな変更はなく，名称をわかりやすいものに変更したとのことであった。

⒆　PRI, 2013を参照。

⒇　PRI へのインタビューによれば，機関投資家の報告書の記載内容についてランクづけを検討しているとのことであった（2016年9月時点）。この点は，後に述べるように SSコードの展開と同様である。

㉑　QUICK ESG 研究所ニュース，2017年3月14日（https://sustainablejapan.jp/quickesg/2017/03/14/benchmark-of-hr/26091　2017年4月14日閲覧）を参照。

㉒　ビジネス・エネルギー・産業戦略省（BEIS）は，2016年7月に，ビジネス・イノベー

ション・技能省（BIS）とエネルギー・気候変動省（DECC）が統合されて創設された。

⑵3 上場企業におけるプレミアム・リスティング（Premium listing）が対象である。

⑵4 CG コードの中には FTSE350以下の会社には適用されない条項もある。

⑵5 FRC, 2017を参照。この調査結果は Grant Thornton に基づく。

⑵6 FRC, 2012c を参照。

⑵7 FRC, 2012a を参照。

⑵8 FRC, 2016b を参照。

⑵9 大和総研の調べによれば，公表当初，Tier 1 が85社，Tier 2 が49社，Tier 3 が35社であった（https://www.dir.co.jp/research/report/capital-mkt/20161116_011413.html2017年 4 月14日閲覧）。

⑶0 このあたりの見方については，田中，2017で検討を行った。

⑶1 BEIS, 2016を参照。

⑶2 FRC（https://www.frc.org.uk/News-and-Events/FRC-Press/Press/2017/February/FRC-responds-to-Green-Paper-on-Corporate-Governmen.aspx 2017年 4 月22日閲覧）

⑶3 大規模非公開会社へのコーポレートガバナンス・コードの適用については今後の展開を注視したい。ロンドン証券取引所における上場企業の数は，2000年から2015年にかけてほぼ半減しており，上場企業以外の大規模な株式会社，および株式会社以外の多様な組織のガバナンスをめぐる議論が今後の重要テーマとなる可能性がある。

引用参考文献

上田亮子，2014，「英国スチュワードシップ・コードと日本への示唆」『証券アナリストジャーナル』8 月号。

神作裕之，2016，「日本版スチュワードシップ・コード：英国コードとの比較を中心として」『日本取引所金融商品取引法研究』第 6 号。

佐久間信夫・田中信弘編，2011，『現代 CSR 経営要論』創成社。

田中信弘，2010，「イギリスのコーポレート・ガバナンス」佐久間信夫・水尾順一編『コーポレート・ガバナンスと企業倫理の国際比較』ミネルヴァ書房。

田中信弘，2015，「EU におけるコーポレート・ガバナンス：『遵守か説明か』原則に注目して」馬田啓一他編『国際関係の論点―グローバル・ガバナンスの視点から』文眞堂。

田中信弘，2016，「CSR をめぐる理解」佐久間信夫編『よくわかる企業論（第 2 版）』ミネルヴァ書房。

田中信弘，2017，「ソフトローとしての CSR 国際規格の有効性に関する分析フレームワーク試論：CDP によるエンフォースメントとエンゲージメントの検討 」『日本経営倫理学会誌』第24号。

日興リサーチセンター・明治大学 ESG 投資研究所，2016，「国内外機関投資家によるエン

ゲージメント活動についての共同研究」報告書。

林順一，2015,「英国コーポレートガバナンスの特徴とわが国への示唆」『証券経済学会年報』第50号別冊。

町田祥弘，2016,「監査法人のガバナンス・コードのあり方」『青山アカウンティグ・レビュー』第6巻。

松井秀征，2017,「株主アクティビズムの健全化，短期主義への対抗：ヨーロッパ，特にイギリスを中心に」『日本取引所金融商品取引法研究』第7号。

水口剛，2013,『責任ある投資：資金の流れで未来を変える』岩波書店。

山崎明美，2013,「英国スチュワードシップ・コードと最近の動向」『商事法務』No.2018。

Arcot, S. R. & Bruno, V. G., 2006, *In Letter but not in Spirit : An Analysis of Corporate Governance in the UK*, Available at SSRN.

BEIS, 2016, *Corporate Governance Reform : Green Paper.*

European Commission, 2011, *A renewed EU strategy 2011-14 for Corporate Social Responsibility.*

European Commission, 2003, *Modernising company law and enhancing corporate governance in the European Union-A plan to move forward.*

FRC, 2010a, *The UK Corporate Governance Code.*

FRC, 2010b, *The UK Stewardship Code.*

FRC, 2010c, *Audit Firm Governance Code.*

FRC, 2012a, *The UK Corporate Governance Code.*

FRC, 2012b, *The UK Stewardship Code.*

FRC, 2012c, *What Constitutes an Explanation under 'Comply or Explain'? Report of Discussions between Companies and Investors.*

FRC, 2014, *The UK Corporate Governance Code.*

FRC, 2016a, *Audit Firm Governance Code.*

FRC, 2016b, *Corporate Culture and the Role of Boards-Report of Observations.*

FRC, 2017, *Developments in Corporate Governance and Stewardship 2016.*

ISC, 2009, *Code on the Responsibilities of Institutional Investors.*

ISO, 2010, *Guidance on social responsibility.*

Kay, J., 2012, *The Kay Review of UK Equity Markets and Long-Term Decision Making-Final Report*, BIS.

Kay, J., 2014, *Building a Culture of Long-Term Equity Investment-Implementation of the Kay Review : Progress Report*, BIS.

Myners, P., 2001, *Institutional Investment in the United Kingdom―A Review*, HM Treasury, London.

第**5**章　外部監視とコーポレート・ガバナンス

PRI, 2013, *Introductory Guide to Collaborative Engagement-How Institutional Investors can Effectively Collaborate in Dialogue with Companies.*

Walker, D., 2009, *A review of corporate governance in UK banks and other financial industry entities-Final recommendations,* IIM Treasury.

（田中信弘）

第6章

会社機関とコーポレート・ガバナンス

は じ め に

　イギリスでは，会社機関，特に，取締役会に焦点を当て，コーポレート・ガバナンス改革が行われている。例えば，1982年には，イングランド銀行，CBI（Confederation of British Industry），シティ関係機関が支援して，社外取締役の任命を企業に促すため PRONED（Promotion of Non Executive Directors）を設立する。PRONED は，『社外取締役の行動規範』を公表し，従業員1000人以上の企業において，非業務執行担当取締役（non executive directors）と呼ばれる社外取締役を3名以上置き，取締役会の3分の1を社外取締役にすることを求めている。本章においては，1990年代以降のコーポレート・ガバナンス改革がイギリス企業の会社機関に与えた影響について確認する。

第1節　改革の進展

（1）　改革の契機

　後にキャドバリー委員会を率いることになる，当時，キャドバリー社の会長であった，キャドバリー（Cadbury, A.）は，1990年に出版した *Company Chairman* の中で，取締役会がそれ自身で候補者を指名するような状態において，自分たちの仲間を超えて社外取締役を求めることはできないことを指摘し，取締役会の構成を多様にすることによって取締役会はより実効的なものとなり，会社は自社の目的がより明確になるように支援を受けられることを指摘している。[1]

114

キャドバリーは，イギリスにおける取締役会に対する主要な批判は，取締役会が会社を統制していないからであるとし，それにより世界市場におけるイギリス企業の占有率は低下し，また，会社の不正や大企業の倒産において，取締役会が事態の深刻さを軽視したり，業績の低迷を止められなかったりしたとしている。[2]

1991年に，BCCI（Bank of Credit and Commerce International）が犯罪組織の資金洗浄にかかわっていたことが発覚し，新聞社のマックスウェルの社主が従業員の年金基金を不正に流用したことが明らかになったことを受け，ロンドン証券取引所，財務報告に関係する団体などにより，キャドバリー委員会が設置され，コーポレート・ガバナンスについて，取締役会による会社の指揮・統制とし，翌年，最高業務執行担当取締役（Chief Executive Director）と取締役会議長との分離，社外取締役の増加，社外取締役により構成される監査委員会・指名委員会・報酬委員会の設置などを内容とする最善慣行規範（code of best practice）を公表する。これは，「遵守せよ，さもなくば説明せよ」（"Comply or explain"）を原則とし，その後，日本を含め，各国のコーポレート・ガバナンス改革に影響を与えている。この原則は，チェックリストのような形で企業に遵守を求めると，経営者をはじめコーポレート・ガバナンスに関わる者が思考停止に陥ることが懸念されたため，遵守できなかった場合には，その説明を行い，説明を受けた者がそれを評価する形にしたものである。

（2） 改革の展開

1995年には，経営者の高額報酬に対する社会的批判から，グリーンバリ委員会が設置され，報酬委員会の設置，報酬や業績に関する情報開示の充実などを定めた最善慣行規範を公表する。1998年には，ハンペル委員会が設置され，コーポレート・ガバナンス原則を公表し，株主の価値と利害関係者への責任，柔軟な適用などを明記し，翌年，キャドバリー委員会以降のコーポレート・ガバナンスに関する規範や原則がロンドン証券取引所により，統合規範（Combined Code）として上場基準に加えられる。2003年には，ヒッグス委員会が業務執行

担当取締役の監視と戦略策定への貢献を社外取締役の主たる役割であるとする報告書を公表する。さらに，統合規範が改定され，取締役会の過半数を社外取締役で構成することを求めている。

2009年，金融機関における取締役会議長と社外取締役の役割と責任の明確化，リスク委員会の設置などを求めたウォーカー報告書が公表される。2010年，これまでの改革を受ける形で統合規範を改訂して，コーポレート・ガバナンス規範（Corporate Governance Code，コーポレート・ガバナンス・コードと表記されることもある）が公表され，2012年に改訂されている。それは，すべての会社は，会社の長期的な成功に共同して責任を負う，実効性の高い取締役会によって統率されるべきであるとするリーダーシップの項目に始まり，取締役会の実効性，説明責任，取締役の報酬，株主との関係の項目を含んでいる。

このように，イギリスにおけるコーポレート・ガバナンス改革においては，会社機関の1つである取締役会の独立性を向上させることに焦点が当てられている[3]。イングランド銀行で諮問委員を務め，キャドバリー委員会の委員でもあったチャーカム（Charkham, J.）は，1994年に *Keeping Good Company* を著し，2005年に *Keeping Better Company* を著して，イギリスを含む，コーポレート・ガバナンスについて，株主総会，取締役会などの会社機関を含め，国際比較を行っている。こうしたアプローチは，フレクナー（Fleckner, A. M.）等に引き継がれ，2013年に *Comparative Corporate Governance* が出版されている。次節以降において，こうした文献に基づいて，イギリスの会社機関のこれまでの変化と現状について取り上げる。

（3）『よきガバナンス報告書』

1903年に設立された英国経営者協会（Institute of Directors：IOD）は，『取締役の指針』（*Guidelines for Directors*）を公表するなど，これまでもコーポレート・ガバナンス改革に積極的に関わっているが，2016年に，『よきガバナンス報告書』（*Good Governance Report*）において，個別企業のコーポレート・ガバナンスに関する開示情報を評価してランキングを公表している[4]。評価は，ロン

ドン証券取引所に上場している100社に対して行われたもので，取締役会の実効性，監査とリスク・外部への説明責任，報酬，株主との関係，利害関係者との関係により順位づけが行われている。その結果，タバコメーカーの British American Tobacco（以下，BAT）が第1位となっている。同社は，フォーブス誌が毎年，公表している世界企業ランキングの2016年版にておいて，売上高200億ドルで438位，利益は65億ドルで69位となっている。[5]

『よきガバナンス報告書』のランキングで100位となったのは，大手流通企業の TESCO である。同社は，フォーブス誌が毎年，公表している世界企業ランキングの2016年版において，売上高が823億ドルで73位，利益は4億6290万ドルで1221位となっている。[6]なお，フォーブス誌の世界企業ランキングの2016年版で，イギリス企業で売上高のランキングが最も高かったのは，石油企業の BP で，2187億ドルで9位となっているが，64億ドルあまりの損失を出している。[7] BP は，『よきガバナンス報告書』のランキングで74位となっている。

次節以降において，BAT，TESCO，BP における，株主総会，取締役会などの会社機関それぞれについて，各社が公表しているコーポレート・ガバナンス報告書等に基づいて確認する。

第2節　株主総会

チャーカムは，*Keeping Good Company* の中で，株主総会について，多くの観察者にとって，期待外れのものであり，株主は，一般的な状況において，ほとんど出席しないとしている。[8]さらに，年次株主総会には，定足数が決められておらず，株主もその権利をほとんど行使せず，株主総会に出席しないことから，投票総数は，多くの場合，15％以下になっていることを紹介している。[9] 1990年代後半以降，イギリスにおけるコーポレート・ガバナンス改革が進展した後に，チャーカムは，*Keeping Better Company* の中で，統合規範により，取締役に対して年次株主総会への出席が求められるようになり，取締役会には投資家とのコミュニケーションを図るために株主総会を活用し，投資家の参加

第Ⅲ部　イギリスのコーポレート・ガバナンス

を促すことが求められるようになっていることを紹介しながら，株主総会には定足数がなく，株主は一般的にほとんど出席していない，と *Keeping Good Company* での評価と同じ評価をしている。[10]

　イギリスにおいて，機関投資家の視点からコーポレート・ガバナンス改革に取り組んでいる機関株主委員会 (Institutional Shareholder's Committee) は，2009年に機関投資家の責任規範を制定し，2010年には，財務報告評議会が会社の長期的成功を促進するように，機関投資家に投資原則の公表などを求めたスチュワードシップ・コードを公表している。こうした改革後の状況について，ムーア (Moore, M.) は，FTSE350を対象にした機関株主委員会の調査で，投票率が68％になっていることを紹介している。[11]また，株主総会に関する研究の面では，実証研究も行われるようになり，株主の議決権が経営者の交代に影響することを結論づけた実証研究なども行われるようになっている。[12]さらに，株主の議決権が経営者報酬に影響するとの実証研究も行われている。[13]

　BAT，TESCO，BP は，株主総会における取締役の選任議案などの投票結果を web 上に公表している。2016年４月に開催された BAT の株主総会において，その時点の発行株式総数は18億株あまりで，賛成票が最も高かったのは配当の決定で76.2％，賛成票が最も低かったのは経営者への株式の配分で，62.1％であった。[14]2016年６月に開催された TESCO の株主総会においては，賛成の投票が最も多かったのは会計報告の承認に関する約59億票で，投票した99.9％が賛成したが，賛成票が最も低かったのは優先買取権を承認しないことで，89.4％であった。なお，発行株式総数は，投票結果に関するウェブサイトには示されていない。[15]2016年４月に開催された BP の株主総会においては，その時点の発行株式総数は186億株あまりで，賛成票が最も高かったのは，取締役の再任で99.6％の賛成で，発行株式総数の64.5％が投票したものであり，賛成票が最も低かったのは，経営者報酬の報告に関するもので，40.7％の賛成で，発行株式総数の62.1％が投票したものであった。[16]

　コーポレート・ガバナンス改革以前においては，株主総会の形骸化が指摘されていたが，株主総会を株主とのコミュニケーションの場として活用するよう

第6章　会社機関とコーポレート・ガバナンス

に取締役会に求められていることもあり，株主総会の議決の結果が公表され，透明性が高められている。BAT，TESCO，BP についても，それぞれ株主総会での議決結果を公表し，改革以前の数字と比べると，投票率は改善している。しかしながら，3社における，『よきガバナンス報告書』のランキングの評価の差は，発行株式総数の提示の有無でも確認できる。

第3節　取締役会

（1）　改革以降の状況

チャーカムは，*Keeping Good Company* の中で，イギリスの会社法において，すべての会社に2名以上の取締役を選任することが求められているものの，「執行担当」と「非執行担当」との区別については，特に行われてないことを紹介している。[17] また，チャーカムは，コーポレート・ガバナンス改革以前のイギリス企業の取締役会の規模に関するイングランド銀行の調査を紹介し，調査対象の543社のうち，39％の企業が6名から8名の取締役，29％の企業が9名から11名であったとしている。[18]

キャドバリー委員会以降，イギリスの株式公開会社の取締役会においては，監査委員会，指名委員会，報酬委員会などが設置されるようになっている。これについて，イギリスの一層制の取締役会においては，業務執行担当取締役の影響力が大きくなる可能性があるため，社外取締役の独立性を高め，委員会制度が導入されたことが指摘されている。[19] チャーカムは，*Keeping Good Company* の中で，委員会制度の目的として，取締役会の仕事の効率を高めることと社外取締役に会社のガバナンスの詳細を理解させてその参画を促すことを挙げている。[20] 取締役会における委員会として，監査委員会，報酬委員会，指名委員会が取り上げられているが，監査委員会については次節で取り上げる。

チャーカムは，報酬委員会について，会社の利益が減少しているにもかかわらず，一部の会社の経営者が報酬を増やしていることや1980年以降，経営者の報酬が324％も増加しているのに対して肉体労働者の報酬は239％の増加に過ぎ

119

第Ⅲ部　イギリスのコーポレート・ガバナンス

ないことを紹介し，こうしたことを背景に経営者の報酬をより客観的に決定するために報酬委員会が設けられるようになったことを紹介している[21]。また，指名委員会は，経営者の任免権の行使に当って，良識と選択肢を与え，取締役の選考過程を改善するものであるとしている[22]。

　チャーカムは，*Keeping Better Company* において，2003年の統合規範により，業務執行担当取締役と社外取締役である非業務執行担当取締役との均衡が求められたことを受けて行われた PIRC（Pensions Investment Research Consultants）の調査から，FTSE100の会社において，社外取締役を選任していない企業は１社のみであることを紹介し，調査対象企業の76％において，社外取締役が多数派を占め，平均6.7名が選任されていることを紹介している[23]。また，取締役会の規模については，FTSE100の会社において，取締役会の平均的な規模は8.6名で，最大は21名，最小は４名であったとしている[24]。

　チャーカムは，*Keeping Better Company* において，コーポレート・ガバナンス改革以降の取締役会に設置された委員会の状況についても言及している[25]。そこでは，報酬委員会の目的として，優秀な経営者を惹きつけるのに十分な報酬額の決定について，独立した社外取締役が行うことにより，客観的で適切なものにすることが挙げられている。しかしながら，そうした報酬の決定は容易ではないため，コンサルティング会社の PricewaterhouseCoopers が作成したチェックリストを利用し，取締役の報酬パッケージを決め，報酬委員会報告書を公表することで，その透明性を担保している企業があることを紹介している。指名委員会については，取締役候補の指名に加え，経営者の継承計画の策定など，その責務が拡大傾向にあるとしている。

　ムーアは，取締役会の監督機能の面から，イギリスにおける取締役会構造の特徴として，独立した取締役が多数を占めることがコーポレート・ガバナンス規範の要件となっていることと，リーダーシップ責任の分割の原則を挙げている[26]。後者については，具体的には，最高業務執行担当取締役と取締役会議長との分離である[27]。さらに，取締役の独立性自体に関する研究も，その企業の失敗との関わりから行われ，独立性が明確で「灰色」の取締役の割合が高い取締役

会の方が失敗することが少ないとされている。イギリス企業における取締役の果たすべき職能についても様々な議論がなされ，経営者に対する監視などの監督機能の他に，最高業務執行担当取締役の選任・解任，外部資源に関する決定，戦略に関する評価・承認・助言，経営者報酬の決定，利害関係者との交渉などが指摘されている。

（2） 現在の状況

　BAT, TESCO, BP は，取締役会の構成などについて，web 上に公表している。BAT の取締役会は，11名で構成され，最高業務執行担当取締役と財務担当取締役以外は，業務を担当しない社外取締役である。その出身も示され，イギリス，カナダ，ドイツ，香港，ブラジル，アイルランド，オランダと多様であるが，女性は 3 名である。また，監査委員会，報酬委員会，指名委員会が設置されている。取締役会議長は，アイルランド銀行総裁，ウィスキー醸造企業のアイリッシュ・ディスティラーの最高業務執行担当取締役を歴任し，指名委員会委員長を兼務している。さらに，元勅許会計士が主席社外取締役として選任され，監査委員会委員長を兼務している。BAT は，また，各委員会の権限，社外取締役の報酬基準，社外取締役の選任期間などについても公表している。

　TESCO の取締役会は，11名で構成され，最高業務執行担当取締役と主要財務担当取締役以外は，業務を担当しない社外取締役である。取締役の出身は示されていないが，女性は 3 名である。また，監査委員会，報酬委員会，指名委員会，企業責任委員会が設置されている。取締役会議長は，複数の会社の議長を歴任しており，最高業務執行担当取締役も総合食品企業のユニリーバ出身であり，主要財務担当取締役も，大手百貨店の Marks & Spencer や小売業者の WH Smith において，財務担当取締役を歴任している。主席社外取締役は，金融会社の Barclays, Global Retail Banking などの上級役員を歴任し，他の社外取締役は，勅許会計士，ユニリーバの上級役員，BP の主要財務担当取締役，ユニリーバの社外取締役，家具量販店の IKEA の CEO, 金融会社の Silver Lake

第Ⅲ部　イギリスのコーポレート・ガバナンス

Partners の経営者，不動産業の Countrywide の最高業務執行担当取締役，食品メーカーの Samworth Brothers の最高業務執行担当取締役である。TESCO は，各委員会の権限や報酬基準について公表していない。

　BP の取締役会は，14名で構成され，グループの最高業務執行担当取締役，主要財務担当取締役以外は，社外取締役である。取締役の出身は，取締役会議長がスウェーデンである他，アメリカ，イギリス，デンマークであるが，女性は 2 名である。また，指名委員会，安全・倫理・環境保全委員会，報酬委員会，監査委員会が設置されている。BP では，取締役会のガバナンス原則を公表し，その中で，取締役会の構成と報酬，取締役会議長の役割，各委員会の役割を明記し，承認された取締役に対する報酬の方針を公表している。

　イギリスにおいては，取締役会がコーポレート・ガバナンス改革の焦点であったために，最高業務執行担当取締役と取締役会議長との分離，社外取締役の増加，各種委員会の設置などが進展していることが確認できる。取締役会の規模については，BAT，TESCO，BP とも *Keeping Better Company* で紹介されていた取締役の平均の 8 名よりは多くなっているが，取締役会の規模は，会社の規模や事業領域などとも関係していることが考えられる。3 社が公開している情報の面では，『よきガバナンス報告書』の 1 位と100位との違いから，社外取締役の出身，委員会の役割，報酬の方針などの点で，改革を進めている企業とそうでない企業とでは大きな差があることが確認できる。

第4節　監査委員会と内部統制

（1）　監査委員会の役割

　イギリスと同様に，一層制の取締役会を採用しているアメリカでは，1970年代より取締役会に監査委員会を設置するようになっている。イギリスでは，1992年のキャドバリー委員会の報告書においても，監査委員会の設置について指摘されている。チャーカムも，*Keeping Good Company* において，監査委員会を取り上げている。そこで，監査委員会は，外部監査，外部監査人の指名，内

部監査制度，内部監査人とのリエゾン，財務書類の検証，それらに関して外部監査人と議論することなどに対応し，必要であれば，不正直な経営者の問題を調査するとしている。また，コンサルティング会社のKorn Ferryによる，イギリスにおける監査委員会の設置状況に関する調査を紹介し，1980年に13％であったものが，1990年に45％になったとしている。

監査委員会については，2003年にスミス委員会が独立した取締役により監査委員会が構成されることを求めた指針を公表している。そのため，チャーカムは，*Keeping Better Company*において，スミス委員会の示した指針を紹介しながら，監査委員会が独立した社外取締役で構成され，その内の１名は，財務の経験があることが求められているとしている。また，監査委員会の委員長についても言及がなされ，取締役会に関する事柄に関する制限から委員会を保護しなければならないとしている。

BATの監査委員会は，社外出身で財務経験のある取締役会議長を委員長として，他の３名の独立した社外取締役により構成され，会社の財務書類の誠実性を監視・評価し，それが適切であった場合，取締役会に事業上のリスク，内部統制，コンプライアンスについて勧告を行うとされている。そのため，リスクマネジメントや内部統制制度を評価するために，監査委員会は，経営者，外部監査人，内部監査人と会合を有している。

TESCOの監査委員会は，財務経験を有する，３名の独立した社外取締役から構成されていることが公表されているが，それ以外については公表されていない。BPの監査委員会は，財務経験のある４名の独立した社外取締役から成り，グループの最高業務執行担当取締役から定期的に報告を受け，情報開示される財務書類を評価し，内部監査機能の実効性や内部の財務統制，内部統制とリスクマネジメント制度，外部監査人の独立性，内部統制制度を評価し，変革が必要であれば取締役会に勧告している。

BAT，TESCO，BPの３社とも財務経験のある独立した社外取締役で監査委員会が構成されているが，３社が公開している監査委員会に関する情報についても大きな差がある。

第Ⅲ部　イギリスのコーポレート・ガバナンス

（2）　内部統制の実際

　イギリスでは，1992年のキャドバリー委員会の報告書においても，内部統制について言及されていたが，1999年には，ターンブル委員会が内部統制に関する取締役の指針を公表している。そのため，チャーカムも，*Keeping Good Company* においては内部統制について取り上げていなかったが，*Keeping Better Company* においては，イギリス企業において内部統制の方針と実践が発展しているとしている。そこにおいて，内部統制の目的は，経営者にリスクを理解させ，リスクを評価して対応するなどの必要な措置を講じさせることと，取締役会が会社の資産を保護するために健全な内部統制制度を維持していることを報告して株主を安心させることであるとしている。

　BAT は，リスクマネジメントについて，アメリカを中心としたタバコ訴訟に関する事柄を取り上げ，集団訴訟や個人による訴訟を含め，損失を与える可能性があるとして訴訟対策を採っているとしている。TESCO は，リスクマネジメントや内部統制に関する情報は公表していない。BP では，安全・倫理・環境保全委員会が商業上のリスクや事業活動上のリスクについて監視を行っている。また，安全・倫理・環境保全委員会は，グループの最高業務執行担当取締役の下にある内部統制が機能しているかを点検し，環境，安全，倫理に関わる業績や行動基準の遵守について評価し，取締役会に勧告を行っている。

　BAT，TESCO，BP の 3 社のうち，タバコという自社の製品が健康被害などを理由として高額な賠償金を支払う可能性のある訴訟の対象となりうる BAT や原油流出事故を起こし多額の賠償金を実際に支払った BP については，リスクの大きさを認識し，リスクマネジメントや内部統制に関する情報を公開している。一方，他の 2 社と比べると，TESCO は，比較的リスクが大きくない小売業者であり，リスクマネジメントや内部統制について，その情報を公開していないとも考えられる。

124

第5節　実効性の向上に向けて

　チャーカムは，*Keeping Good Company* や *Keeping Better Company* におい
て，コーポレート・ガバナンス制度の実効性の向上については，言及していな
い。一方，IODによる『よきガバナンス報告書』の公表は，個別企業におけ
るコーポレート・ガバナンス情報の開示内容を評価している点で，コーポレー
ト・ガバナンスの実効性を向上させる可能性がある。コーポレート・ガバナン
スは，制度であり，それをどのように運用するかにより，実効性が変わってく
る。その実効性を向上させる方策として，企業倫理への取組みを取り上げる。

　イギリスの企業倫理研究所が2016年に公表した調査報告書，*Corporate Ethics
Policies and Programmes* によれば，2013年には，取締役会が企業倫理に関す
る報告を定期的に受けているとする企業が65％から96％に増大し，反汚職行為，
サプライチェーンの問題，内部通報制度に関する関心が高くなっている。[43]クレー
ン（Crane, A.）とマタン（Matten, D.）は，*Business Ethics* の中で，典型的な
企業倫理の実践は，社会的使命（mission）や価値理念（values）の声明（statement），
倫理綱領，通報・相談制度，倫理担当者および倫理委員会，倫理コンサルタン
ト，倫理教育および訓練，監査・説明・報告であるとしている。[44]企業倫理研究
所の *Corporate Ethics Policies and Programmes* を見ても，調査対象の企業に
限定されるが，倫理綱領と内部通報は100％，倫理教育は96％となっている。
ただし，倫理監査については，86％である。[45]

　BATは，内部通報，利益相反，賄賂と腐敗行為，接待と贈答，職場での尊
重，人権と事業活動，政治献金，寄附，厳格な会計と記録，会社財産の保全，
守秘義務と情報セキュリティー，内部者取引と市場の濫用，競争と独占禁止法，
資金洗浄と反テロリズム，グループの製品の違法な取引，制裁から成る企業行
動規範を公表し，また，反汚職行為の方針や内部通報の手続きを定め，公表し
ている。[46]TESCOは，社会との関係の中で，倫理や環境に配慮した活動を行い，
食品廃棄物の削減や衣料品のリサイクル，地域社会への寄附などを行っている

ことを『戦略報告書』の中で公表し，反腐敗行為に関する方針の中で通報制度について言及しているが，企業行動基準などは公表していない。[47]

　BPでは，安全・倫理・環境保全委員会がグループの行動基準の状況や従業員の内部通報制度の評価・報告を行うようになっている。行動基準は，正しい決定を行うための指針とされ，安全，尊敬，卓越性，勇気，チームワークという重視する価値理念を示し，従業員，取引先，地域社会，政府との関係についてまとめられ，従業員の部分で，内部通報の手続きについても紹介されている。[48]しかしながら，BPは，2010年4月20日にメキシコ湾で掘削作業中に海底油田から逆流してきた天然ガスの引火爆発により，11人が死亡し，掘削パイプが折れて大量の原油をメキシコ湾へ流出させている。BPは，2012年10月に重大な過失を認め，12億5600万ドルの罰金を含め総額約45億ドルを支払うことでアメリカ司法省と合意している。このとき，すでに安全・倫理・環境保全委員会が取締役会に設置され，世界の指導的なエネルギー会社として，倫理的企業であるために，法令を遵守し，高い基準を設定していたにもかかわらず，事故を起こし，事故後の対応を誤ってしまったのである。

　2011年，BPは行動規範を改訂し，安全に，責任ある，信頼を得られるように事業を行うこと，尊敬されるように従業員に対応すること，利益相反のないように取引先との間での贈物の授受に指針を設けること，贈賄や不正のないように政府と地域社会とに関わること，財務的，物的，知的財産を保護するように指針を設けることと明示している。BPの『持続可能性報告書（2015年版）』によると，2011年に法令遵守違反や非倫理的行動で529人が解雇されたが，2015年には132人となり，内部通報は，2011年の796件から2015年には1158件に増加している。[49]徐々にではあるが，問題が深刻化する前に通報するような組織風土が醸成されつつあるといえる。

　企業倫理研究所の報告書や3社の取組みを見ると，企業倫理についても，コーポレート・ガバナンス改革と同様に，一定の進展が確認できる。このことは，法律のようなハードローにより，改革を促すのではなく，ソフトローと呼ばれる，自主規制により，より自発的に改革を企業に促したこととも関係している。

企業倫理への取組みについても，例えば，内部通報の仕組みは，1998年に公益開示法（Public Interest Disclosure Act）が制定され，内部告発者が保護されるようになったことと関係している。内部告発者は，外部に告発する前に，組織の内部に通報することが求められたからである。

おわりに

　イギリスにおいては，1990年代以降のコーポレート・ガバナンス改革により，個別企業における会社機関の運営に変化が見られる。個別の企業の取締役会は，取締役の指名や報酬の決定に当たって，コンサルティング会社などを利用するようになっている。これにより，訴訟になったときに，外部の専門機関から助言を受けたにもかかわらず問題が起きたと評価されれば，経営者の責任は軽減されるかもしれない。しかしながら，思考停止を回避するという「遵守せよ，さもなくば説明せよ」の原則の目的からは，外れている。前節で取り上げた BP の事例からも明らかなように，コーポレート・ガバナンス制度を整備しても，企業倫理を含め，それを運用する人の問題にも目を向けなければ，コーポレート・ガバナンスの実効性が高まることはない。

注

(1) Cadbury, 1990, pp. 57–58.

(2) Cadbury, 1990, pp. 60–61.

(3) 例えば，以下においては，スウェーデンと比較して，イギリスが取締役会の独立性の向上が重視されていることを検証している。Johanson and Østergren, 2010, pp. 527–539.

(4) Good Governance Report IOD（https://www.iod.com/　2017年3月10日閲覧）

(5) 「世界企業ランキング」フォーブス（https://www.forbes.com/companies/british-american-tobacco/　2017年3月10日閲覧）。

(6) 「世界企業ランキング」フォーブス（https://www.forbes.com/companies/tesco/　2017年3月10日閲覧）。

(7) 「世界企業ランキング」フォーブス（https://www.forbes.com/companies/bp/　2017

第Ⅲ部　イギリスのコーポレート・ガバナンス

　　年3月10日閲覧)。

(8)　Charkham, 1994, p. 294.

(9)　Charkham, 1994, pp. 294-295.

(10)　Charkham, 2005, pp. 347-348.

(11)　Moore, 2013, p. 926.

(12)　例えば，以下を参照のこと。Crespi and Renneboog, 2010, pp. 274-295.

(13)　例えば，以下を参照のこと。Conyon and Sadler, 2010, pp. 296-312.

(14)　BAT AGM（http://www.bat.com/group/sites/UK　2017年3月10日閲覧）

(15)　TESCO AGM（https://www.tescoplc.com　2017年3月10日閲覧）

(16)　BP AGM（http://www.bp.com/　2017年3月10日閲覧）

(17)　Charkham, 1994, p. 262.

(18)　Charkham, 1994, p. 263.

(19)　Johanson, et al., 2010, pp. 527-539.

(20)　Charkham, 1994, p. 274.

(21)　Charkham, 1994, pp. 275-276.

(22)　Charkham, 1994, p. 277.

(23)　Charkham, 2005, p. 315.

(24)　Charkham, 2005, p. 317.

(25)　Charkham, 2005, pp. 324-327.

(26)　Moore, 2013, p. 921.

(27)　この点については，アングロサクソンモデルとして，アメリカ型コーポレート・ガバ
　　ナンスとの共通点が指摘される中で，イギリス型コーポレート・ガバナンスの特徴とし
　　て，以下で指摘されている。Aguilera, et al., 2006, pp. 147-158.

(28)　Hsu, et al., 2014, pp. 215-227.

(29)　Machold and Farquhar, 2013, pp. 147-164.

(30)　BAT の取締役会については，以下を参照。BAT Board（http://www.bat.com/group
　　/sites/UK　2017年3月10日閲覧）

(31)　TESCO の取締役会については，以下を参照。TESCO Board（https://www.tescoplc.
　　com　2017年3月10日閲覧）

(32)　BP の取締役会については，以下を参照。BP Board（http://www.bp.com/　2017年
　　3月10日閲覧）

(33)　Charkham, 1994, pp. 274-275.

(34)　Charkham, 2005, p. 322.

(35)　Charkham, 2005, p. 323.

(36)　BAT の監査委員会については，以下を参照。BAT Audit Committee（http://www.

第**6**章　会社機関とコーポレート・ガバナンス

bat.com/group/sites/UK　2017年3月10日閲覧）

⑶7　TESCO の監査委員会については，以下を参照。TESCO Audit Committee（https：//www.tescoplc.com　2017年3月10日閲覧）

⑶8　BP の監査委員会については，以下を参照。BP Audit committee（http．//www.bp.com/　2017年3月10日閲覧）

⑶9　Charkham の内部統制の議論については，以下を参照。Charkham, 2005, pp. 357-358.

⑷0　BAT のリスクマネジメントについては，以下を参照。BAT Risk management（http：//www.bat.com/group/sites/UK　2017年3月10日閲覧）

⑷1　BP のリスクマネジメントについては，以下を参照。BP Risk management（http：//www.bp.com/　2017年3月10日閲覧）

⑷2　BP の内部統制については，以下を参照。BP Internal control（http：//www.bp.com/　2017年3月10日閲覧）

⑷3　企業倫理研究所の報告書については，以下を参照。IBE Corporate Ethics Policies and Programmes（http：//www.ibe.org.uk　2017年3月10日閲覧）また，チャーカムは，*Keeping Better Company* においては，投資家以外に経営者がどのような利害関係者を意識しているかに関する調査を紹介し，サプライヤーに対する意識が高まっているとしている。Charkham, 2005, p. 350.

⑷4　Crane and Matten, 2016, p. 184.

⑷5　IBE Corporate Ethics Policies and Programmes（http：//www.ibe.org.uk　2017年3月10日閲覧）。

⑷6　BAT の企業行動基準については，以下を参照。BAT Standards of Business Conduct（http：//www.bat.com/group/sites/UK　2017年3月10日閲覧）

⑷7　TESCO と社会については，以下を参照。TESCO Tesco and Society（https：//www.tescoplc.com　2017年3月10日閲覧）

⑷8　BP の行動基準については，以下を参照。BP Code of conduct（http：//www.bp.com/　2017年3月10日閲覧）

⑷9　BP の持続可能性報告書については，以下を参照。BP Sustainability report（http：//www.bp.com/　2017年3月10日閲覧）

引用参考文献

Aguilera, R. V., Williams, C. A., Conley, J. M. and Rupp, D. E., 2006, "Corporate Governance and Social Responsibility : a Comparative Analysis of the UK and the US," *Corporate Governance : An International Review*, Vol. 14, No. 3.

Cadbury, A., 1990, *Company Chairman*, Directors Books.

Charkham, J., 1994, *Keeping Good Company*, Oxford University Press.

第Ⅲ部　イギリスのコーポレート・ガバナンス

Charkham, J., 2005, *Keeping Better Company*, Oxford University Press.

Crane, A. and Matten, D., 2016, *Business Ethics* 4th ed., Oxford University Press.

Crespi, R. and Renneboog, L., 2010, "Is (Institutional) Shareholder Activism New? Evidence from UK Shareholder Coalitions in the Pre-Cadbury Era", *Corporate Governance : An International Review*, Vol. 18, No. 4.

Conyon, M. and Sadler, G., 2010, "Shareholder Voting and Directors' Remuneration Report Legislation : Say on Pay in the UK", *Corporate Governance : An International Review*, Vol. 18, No. 4.

Hsu, H. H., Wu, C. Y. H., 2014, "Board Composition, Grey Directors and Corporate Failure in the UK", *The British Accounting Review*, Vol. 46.

Johanson, D. and Østergren, K., 2010, "The Movement Toward Independent Directors on Boards : A Comparative Analysis of Sweden and the UK", *Corporate Governance : An International Review*, Vol. 18, No. 4.

Machold, S. and Farquhar, S., 2013, "Board Task Evolution : A Longitudinal Field Study in the UK", *Corporate Governance : An International Review*, Vol. 21, No. 2.

Moore, M. 2013, "United Kingdom : The Scope and Dynamics of Corporate Governance Regulation", Fleckner, A. M. and Hopt, K., *Comparative Corporate Governance : a Functional and International Analysis*, Cambridge University Press.

（出見世信之）

第Ⅳ部

ドイツのコーポレート・ガバナンス

第7章

外部監視とコーポレート・ガバナンス

は じ め に

　コーポレート・ガバナンス（Corporate Governance：以下，企業統治）の主要テーマとして，特に社会に大きな影響を及ぼす存在である巨大公開株式会社の経営者に対する監視・監督（モニタリング）を誰が，どのように行うかが挙げられる。吉森によれば，この監視方式には「内部監視」と「外部監視」とがあり，前者の主たる監視主体は株式会社の会社機関である一方，後者の最も重要な監視主体は資本市場，会社法等の法律やコード（指針）による自主規制にある。[1]

　ドイツの伝統的企業統治システムは，ドイツ銀行など大銀行による産業企業への強い影響力[2]（「銀行権力」）と「労資共同決定（Mitbestimmung）」に基づく労働側代表の「経営参加」（労働組合・従業員代表の監査役会〔Aufsichtsrat〕への参加）によって特徴づけられてきた。こうしたドイツ固有の企業統治構造は，資本市場による監視を基本とする「アングロサクソン・モデル」と対比されて，監査役会を中心とする内部の経営監督機構を中心とする監視を基本とする「ドイツ・モデル」とも呼ばれてきた。所有者―経営者―従業員の同盟関係において，何よりも長期的かつ安定した企業価値向上と確実な雇用保証こそが重視され，経営者は所有者と従業員との持続的同盟の仲介者として行動し，資本市場による外部コントロールから免れることができた。ところが，1990年代に入ると，（海外を含む）機関投資家の台頭に伴う資本市場の構造的変化による経営者への圧力はますます高まっており，とりわけ敵対的企業買収の脅威は「株主価

値（Shareholder Value, Aktionärswert）重視経営」のスローガンの下で企業経営に大きな変革圧力を及ぼしており，ドイツ・モデルの「アングロサクソン化」も指摘されるに至っている。

　しかし，2008年の「リーマン・ショック」，さらに翌年の2010年以降の「欧州金融危機」を契機として，ドイツ国内でもこれまでの株主重視の資本市場における規律づけは大きな批判に晒され，ドイツの伝統的なガバナンスの再評価が行われている。同時に，機関投資家によるドイツ企業の株式保有はますます増えている一方，E（環境），S（社会的課題），G（企業統治）という非財務的情報に着目した機関投資家のESG投資，つまり中・長期の視点から成長企業を選ぼうとする動きが現れている。さらに新自由主義的な規制緩和による不安定な雇用と低賃金労働の拡大による「経済格差」の拡大や排他主義を掲げる民族主義政党「ドイツのための選択肢（Alternativ für Deutschland：AfD)」の抬頭をも招く結果となっている。

　本章は，最初に1990年代以降現在までのドイツの企業統治改革の動向を明らかにしつつ，ドイツの企業形態と株式所有構造のドイツ的特質を明らかにするとともに，ドイツの上場会社と機関投資家の台頭を取り上げて考察を加える。さらに2002年に策定された「ドイツ企業統治規範（Deutscher Corporate Governannce Kodex)」（以下，DCGK）を取り上げて検討することで，こうしたガバナンス改革は決してアングロサクソン型の市場原理主義による外部監視（市場による規律づけないし「株主価値重視経営」）に全面的に転換させようとするものではなく，上場大企業に対する経営の透明性を高め，部分的に市場による監視を組み込んだドイツ的企業統治システムの進化と捉えるべきであることを明らかにするものである。

第1節　企業統治改革の歴史と動向

（1）　ドイツの企業統治改革の歩み

　企業統治問題がドイツにおいて多くの関心と議論を集めるようになったのは，

第7章　外部監視とコーポレート・ガバナンス

1990年代に入ってドイツ最大の鉱山金属会社であったメタルゲゼルシャフト社（石油先物取引の巨額の損失）やドイツ最大の不動産会社であったフィリップ・ホルツマン社の破綻など企業不祥事・企業破綻が相次ぐ中で，従来の「二層型」会社機関構造において，業務執行機能を果たす「執行役会（Vorstand）」を監督する「監査役会」を中心とした経営内部監督機構の機能不全が露呈したことを直接的契機とするものであった。しかし，同時にIT革命の進展やEU統合の深化と拡大に伴うグローバル競争の激化や世界的規模で進展した「金融ビッグバン」を背景として自国の金融・産業の国際競争力を強化する上でドイツ固有の伝統的企業統治システムの大きな限界が明らかになったこととも結びついていた。

　そこで，企業の不祥事を防止するための経営監督機能を強化し，経営の透明性を高める企業統治改革が株式法・商法等の改正を伴いつつ推進される一方，経営のグローバル化の進展に伴う一連の国内基準の国際的調和化を目指す資本市場の規制緩和や国際会計基準（IFRS）の導入等の一連の制度改革が精力的に推進されるところとなった。

　特に1990年代後半以降大きな進展を見せた企業統治改革には以下のものが知られている。

　①「企業領域における監督と透明性のための法律（Gesetz zur Kontrolle und
　　Transparenz im Unternehmensbereich）」（以下，KonTraG）

　1998年に成立したKonTraGは株式法，商法等を改正することによって監視・監督権限を強化し，経営の透明性を高めることを目指すものであった。これに基づく株式法の改正は，（1）一株一票の促進（複数議決権の禁止），（2）上場企業との間で25％以上の株式相互持合い関係にある場合には議決権行使の禁止，（3）監査役の機能強化，（4）株主総会に対する監査役の報告義務，（5）決算監査人と監査役会の関係緊密化，そして（6）リスク管理が主要な改正点であった。特に監査役会の責任や権限の強化について，監査役の兼任会社数は従来通り10社までであるが，監査役会会長については1社であっても2社兼務換算とすること，監査役会の開催頻度は上場企業に対しては6カ月に2回招集

135

されねばならないことが定められた。また従来は株主総会で選任され、執行役会と監査契約を結んでいた決算監査人はここでは監査役会のみによって選任され、監査契約が締結されること、また決算報告書と監査報告書は監査役会に直接提出されることなどの法改正が行われるところとなった[6]。また執行役会は会社の存続を脅かすようなリスクを早期に認識する適切な内部監視システムを構築するとともに、監査役会にリスク情報を適時開示すること、決算監査人は監査のうちにこうした内部監視システムの評価を行うべきことが定められた。

②「資本市場振興法（Finanzmarktförderungsgesetz）」

「資本市場振興法」は、1990年、94年、98年そして2002年の第4次にわたって制定され、間接金融から直接金融への企業金融の変化や資本市場のグローバル化を受けて資本市場のインフラ整備を図ろうとするものであり、これにより「金融立地」としてのドイツの地歩を固め、その競争力を強化することが目指されるところとなった[7]。ここでは、株式の新規公開を促進するための一連の規制緩和、新規株主保護の強化、インサイダー取引規制、5％以上の大株主についての情報開示、一定の条件の下での買収防衛策の発動、相場・市場価格の操縦禁止などの改革が行われた。

③キャピタルゲイン非課税措置

シュレーダー政権は、欧州統合の進化の下でドイツ資本市場を活性化させるために、ドイツにおける金融機関と事業会社との緊密な株式持合い関係を解消させることでドイツの金融機関や企業の国際競争力を強化させることを目指した。そこで2002年に株式譲渡に際し、キャピタルゲイン（譲渡利益）に対する非課税措置が導入され、これまで法人税と営業税合計で約50％の税率が課されてきた課税措置が撤廃されるところとなった。この措置は、その後、2008年の法人税税制改革により法人実効税率が40％から30％に引き下げられた措置と合わせて撤廃された。この間の非課税措置により、特に銀行が保有していた株式は大量に売却されることとなった。

④「有価証券の取得および買付けに関する法律（Wertpapierwerbs- und Über-nahmegesetz：WpÜG，通称「ドイツ企業買収法」）」

すでに1990年代末にはマンネスマンの携帯電話事業を巡ってイギリスの通信会社であるボーダフォン・エアタッチによる敵対的企業買収が起きた。2001年には「有価証券の取得および買付けに関する法律」が制定され，買収対象企業の少数株主や従業員の保護，株式の公開買付け手続きの公正化・透明性が高められることとなった。これにより公開買付けに対する意見表明義務，企業の最善の利益のために行動する義務，公開買付けの妨害禁止義務等を含む，公開買付け対象企業の執行役会に課せられる義務が定められた。

⑤「資金調達容易化法（KapAEG）」

ドイツ企業の海外での資金調達を円滑化する目的で1999年に制定されたものであり，ドイツ企業に対し国際会計基準（IFRS）や米国会計原則（US-GAPP）といった国際的に認められた会計原則に基づく連結財務諸表を作成・開示する場合に，商法典（HGB）準拠の会計基準に基づく連結財務諸表の作成義務を免除することで，事務手続きの負担軽減が図られることになった。その後，2005年以降は，規制市場上場企業の連結財務諸表はIFRSが強制適用され，2007年までは米国基準も許容されることになった。

⑥「透明化法・開示法（Das Transparenz- und Publizitätsgesetz：TransPuG）」

2002年に企業統治規範の発効により，経営に対する監視および経営の透明性の向上と投資家・株主保護の強化のために同法は制定され，これによりドイツ企業統治規範の実施状況の説明義務と公表が義務づけられることになった。

⑦「ドイツ企業統治規範（DCGK）」

ドイツの企業統治改革は以上のような法規制の改正や新法律の制定等によって進められることになったが，1990年代以降，国際的には自主的に各企業に対して「企業統治原則」を定めようとする動きも広がっていた。

ドイツでは2000年に投資家・学者・企業の代表者や弁護士等も参加したグループが相次いで「企業統治原則」（「最良の行動基準」）を公表するところとなった。それを受けて当時のシュレーダー（Schröder, G.）首相は，バウムス（Baums,

T.）フランクフルト大学教授を委員長とする政府諮問委員会を設置し，2001年
7月に同委員会は企業統治に関する150項目に及ぶ勧告を含む報告書を提出し
た。これを受けて，同年9月にはドイツの上場企業が従うべき企業統治原則を
策定するためにティッセン・クルップ社監査役会会長クロンメ（Cromme, G.）
を委員長とする政府委員会を設置し，同委員会は2002年2月には「ドイツ企業
統治規範」を公表した。

（2） リーマン・ショックと企業統治改革

　その後，2008年のリーマン・ショックに端を発する欧州金融危機の中で，09
年にはドイツ三大商業銀行の1つであったドレスナー銀行は破綻し，コメルツ
銀行と経営統合するとともに，コメルツ銀行に政府の公的資金（約100億€）が
投ぜられ，政府がコメルツ銀行の議決権付き株式の25％＋1株を保有し，重要
事項に対する拒否権行使を握るまでになった。また，この時期，金融部門が「大
きすぎてつぶせない」という事態の下で高額な経営者報酬問題が「金融資本主
義」の「強欲さ」の象徴として大きな社会的批判を集めるようになっていった。
そこで2009年には「執行役報酬の相当性に関する法律（Gesetz zur Angemessen-
heit der Vorstandsvergütung：VorstAG）」が制定され，そこで執行役会役員報
酬について「執行役の職務と会社の状況」に加えて，「相当性」規準に「通常
の報酬」（die übliche Vergütung）を超えないものとされ，その比較対象として
水平的比較（当該企業の事業分野，規模，地域）において相当であるばかりか，
垂直的比較（従業員給与等）においても相当であることが求められることになっ
た。

　また2003年にノルウェーで上場企業を対象に導入され，「（女性の役員）4割
義務化」の法整備が行われ，急速に注目を集めることになった女性の役員割当
制（クオータ制）が，その後，EU委員会でも取り上げられ，2012年には2020
年までに4割の役員比率という目標を掲げるEU指令案が発表された。これを
受けてドイツでも「民間経済セクターと公的セクターにおける指導的職位への
女性と男性の同権的参加のための法律（Gesetz für die gleichberechtigte Teil-

第**7**章　外部監視とコーポレート・ガバナンス

habe von Frauen und Männern an Führungspositionen in der Privatwirtschaft und im öffentlichen Dienst：2014)」が制定され，大手企業108社は2016年1月から監査役会の女性比率を30％以上とすることが義務づけられた。[12]さらに上場企業もしくは従業員500人超の共同決定義務のある約3500社には，役員や管理職の女性比率を高めるための自主目標の設定，具体的措置，達成状況に関する報告義務が課せられることになった。

　さらに「貸借対照表法現代化法」（BilMoG, 2009年）により上場会社における監査役会の最低1名は独立役員として決算監査または決算報告書作成における専門知識を有する役員であることが義務化され，また監査委員会の法的規定が法律上明記されることになった。[13]

第2節　企業形態と株式所有構造

　表7－1は，2000年と2015年の法律形態別企業数を示している。2000年に大きな量的比重を占めていた合名会社（OHG），合資会社（KG）は2015年には激減しており，代わって有限合資会社（GmbH & Co. KG）が急増し，約14万社にも達している。この変化は，この間の企業形態の進化を示し，法形態の多様化とともに，自然人の無限責任の「有限責任化」の動き[14]が加速していることを確認することができる。表7－1から2000年に合名会社と合資会社であった企業の多くが有限合資会社や有限会社（GmbH）に組織変更したものと考えられる。しかし，2015年段階でも人的会社数自体は約43万社に上り，依然としてその量的比重は高い。人的会社は法人格をもたないため，法人所得税が課せられず（いわゆる「パススルー課税」），労資共同決定の適用対象から除外されること，さらには年次報告書の開示および監査人による監査の法的義務がないこと，さらには「定款自治」による経済活動の自由度が高く，また相続税が安いことなどから，同族企業，創業者企業に選好されているためと考えられる。[15]

　一方，わが国ではすでに消滅した有限会社（GmbH）は，現在でも，ドイツでは法律形態別企業数では圧倒的に多く，2015年には約53万社（人的会社と資

139

第Ⅳ部　ドイツのコーポレート・ガバナンス

表7-1　法律形態別の企業数

法律形態[1]	2000年納税義務のある企業数	2015年		
		納税義務のある企業数	納税前の売上高（百万ユーロ）	1企業当たりの売上高（百万ユーロ）
個人企業（EinzelUnternehmen）	2,040,713	2,181,285	574,640	0.26
人的会社（Personengesellschaften）	—	432,820	1,539,683	3.56
合名会社（OHG）	262,030	14,879	44,800	3.01
合資会社（KG）	102,937	16,516	115,036	6.97
有限合資会社（GmbH & Co. KG）	—	141,070	1,143,187	8.10
民法上の会社（GbR）	—	208,016	84,050	0.40
資本会社（Kapitalgesellschaften）	—	563,855	3,361,346	5.96
株式会社（AG）	5,526	7,732	867,306	112.2
株式合資会社（KGaA）	—	126	71,029	563.7
有限会社（GmbH）	446,797	528,038	2,294,062	4.34
欧州株式会社（SE）	—	152	123,658	813.5
企業総数	2,909,150	3,255,537	5,989,743	1.84

（注）　ドイツの企業の法律形態については，吉森賢「ドイツ同族企業の法律形態」『政経研究』（日本大学），
　　　　第50巻第2号，2013年9月に詳しい。上記に記載されている法律形態以外にも有限合名会社(GmbH & Co.
　　　　OHG)など各種混合形態が知られている。
（出所）　Statistisches Bundesamt, Unsatzsteuerstatistik（Voranmeldungen），2015.（https://www.destatis.de
　　　　/DE/ZahlenFakten/GesellschaftStaat/OeffentlicheFinanzenSteuern/Steuern/Umsatzsteuer/Tabellen/
　　　　Voranmeldungen_Rechtsformen.html　2017年3月10日閲覧）.
　　　　　2000年のデータは以下のStatistisches Bundesamt, Jahrbuch, 2002, S. 537を参照した。これは，Das
　　　　Detutsche Digitale Zeitschriftenarchiv（DigiZeitschriften）からダウンロードできる（http://www.
　　　　digizeitschriften.de/dms/toc/?PPN=PPN635628112　2016年8月25日閲覧）.

　本会社合計に占める割合：53％）に達している。しかし，ドイツ特有の株式合資
会社（KGaA）と併せても株式会社（AG）の数は圧倒的に少なく，約8000社に
止まっている。なお，2004年以降ドイツでも可能となった「欧州会社法」に基
づいて設立された欧州会社（SE）に移行している会社は2015年に152社となっ
ている。表7-1において明らかなように，法律形態別の1社当たりの売上高
規模において，欧州会社＞株式合資会社＞株式会社＞有限合資会社＞合資会社
＞有限会社＞合名会社＞民法上の組合＞個人企業という関係を確認できる。こ
の点で法律の趣旨と企業の実態が総じて整合的であるといってよい。表からも
欧州会社，株式合資会社そして株式会社がドイツでは大企業の選択する法律形
態であることがわかる。この点で，この3つの法律形態の会社（8010社）だけ

140

第**7**章 外部監視とコーポレート・ガバナンス

表7－2 ドイツ100大企業の法律形態と企業数

法律形態	企業数				
	2002年	2004年	2008年	2012年	2014年
株式会社（AG）	74	75	71	64	59
欧州会社（SE）	0	0	4	5	7
有限会社（GmbH）	7	6	6	7	8
公法上の法人	3	4	3	3	4
登記済協同組合	1	2	2	2	2
商法典264条a項の意味での合資会社もしくは合名会社[1]	5	3[2]	5[2]	7	8
合資会社（KG）	3	5	5	6	6
株式合資会社（KGaA）	2	2	2	3	2
相互保険会社	2	3	1	3	4
その他（財団・分類不能）	2	0	0	0	0
総計	100	100	100	100	100

(注) 1)「商法典第264条aの意味での合名会社（OHG）・合資会社（KG）」とは，少なくとも一人の無限責任
社員が，自然人ではないなどの会社を指す（a. a. O., S. 191.）。すなわち，人的会社の有限責任化を
体現する会社であると考えられる。この場合，資本会社に適用される，第64条第1項から第5項（年
度決算書及び状況報告書の作成義務）までの規定はこの種のOHGとKGにも適用される（商法典第
264条a）。
2) 2008年の分類では合名会社（OHG）は独立した項目として分類されているが2012年に合わせて集計し
た。

(出所) Monopolkommission, *Hauptgutachten*, 2006, S. 190, ebenda, 2014, S. 191. ebenda, 2016, S142.

で，すべての資本会社の売上高合計の40.6％，全企業売上高の17.7％を占めて
いる。

　表7－2はドイツ付加価値額上位100社の巨大企業の法律形態と企業数を表
している。こうした企業であってもその企業形態は多様であり，その規模を拡
大しても引き続き合名会社，合資会社などの人的会社形態に留まるケースが確
認できる。この巨大企業100社の株式保有構造によれば，50％未満の分散所有
にある企業は2014年でも23社にすぎず，過半数の持分所有主体が存在する企業
が圧倒的に多く，「所有と経営の一致」もしくは「所有と経営の分離」してい
る企業でも「所有と支配の一致」している同族企業・多国籍企業・公企業の割
合が高いことが大きな特徴となっている。[16]この点でも，ドイツ固有の伝統的企
業体制は基本的に今日まで維持されていると見ることができる。

第Ⅳ部　ドイツのコーポレート・ガバナンス

表 7 - 3　フランクフルト証券取引所（2011年）

分　類	規制市場		非規制市場	
市場の名称	Prime Standard	General Standard	Entry Standard	First Standard
会社数 （うち，内国会社数）	365社（336社）	274社（251社）	129社（116社）	548社（164社）
時価総額 （1社単純平均）	62.13兆円 （1,702億円）	24.19兆円 （883億円）	0.11兆円 （8.9億円）	N. A.
企業規模	大企業	中堅企業	中小・新興企業	中小・新興企業
適用される会計基準 （連結）	IFRS	IFRS	IFRS または自国 の GAP	―

（出所）　金融庁・企業会計審議会資料，2012，「IFRS に関する欧州調査出張（フランス・ドイツ・EFRAG）
　　　　調査報告書」5頁参照。

第 3 節　上場会社と機関投資家の台頭

　ドイツでは上場可能な（börsenfähig）法律形態は，株式会社・株式合資会社・
欧州会社（SE）の 3 つである。1990年代から2000年代にかけて，新興企業向け
の上場の場とされるノイア・マルクト（Neuer Markt）の開設（1997年），IT ブー
ム，旧東ドイツ地域での起業ブームを背景に急増し，一時は1043社を超えるま
でになったが，その後，IT バブルの崩壊やノイア・マルクトの閉鎖（03年）
に伴い，上場廃止が相次ぎ，2014年現在，595社となっている。[17]

　ドイツを代表する株式市場はフランクフルト証券取引所であり，ここには**表
7 - 3**のように分類されている。欧州では，市場統合との関連で統一ルールが
適用される「規制市場」と各国がその判断により設計可能な「非規制市場」の
枠組みが存在している。うち規制市場には，①大企業を中心に，国際的な投資
家にとっても魅力的でありたいと考える企業のニーズを満たせるよう，国際的
に認められた透明性の高い基準に準拠すること等を求める「プライム基準
（Prime Standard）」，②国内投資家から資金調達して上場を目指す企業を対象
とした「ゼネラル基準（General Standard）」に分けられる。[18]

　表 7 - 4はドイツの上場企業の株式所有構造の推移を示している。これを

第**7**章　外部監視とコーポレート・ガバナンス

表7－4　ドイツの上場企業の株式保有構造の推移（1997-2007年）

	1997	1998	1999	2000	2001	2002	2003	2004	2005	2006	2007
家　計	17.3	16.8	16.9	16.8	15.0	14.0	14.9	14.9	14.1	13.8	13.3
非金融	37.6	38.0	35.3	37.8	39.5	36.6	36.5	37.3	36.4	36.4	39.3
政　府	5.2	3.9	3.6	2.3	1.8	3.1	3.2	3.0	2.3	2.1	1.9
銀　行	13.0	12.0	13.0	11.5	11.5	11.2	9.2	9.8	10.6	10.8	9.7
保　険	7.7	7.2	4.5	4.7	4.9	6.0	5.4	5.1	4.5	4.2	3.4
他の金融	9.0	10.2	12.7	14.4	13.2	14.2	13.4	13.3	13.6	12.9	11.1
外国人	10.1	11.8	14.0	12.5	14.1	14.8	17.4	16.6	18.4	19.7	21.3

（出所）　Faust, M., Thamm, L., 2015, S. 110.

表7－5　ドイツ上場企業の株式保有状況（2012年）

	産業企業	銀　行	保険会社・年金	政　府	家　計	投資信託	外国人機関投資家
ド イ ツ	38	5	10	—	9	8	28
日　本	22	14	8	—	20	7	28
アメリカ	0	0	21	—	37	15	15

（出所）　みずほ銀行産業調査部, 2015, 「Ⅲ-5．ドイツにおけるコーポレート・ガバナンスの変革」『特集：欧州の競争力の源泉を探る：今，課題と向き合う欧州から学ぶべきことは何か』Vol. 50, No. 2, 352頁。

2012年の株式所有構造を示す**表7－5**と比較すると，何より銀行部門がその株式保有を一貫して減らしていることを確認できる。これは1つには，①国際決済銀行のBIS規制により自己資本の充実を求められてきたこと，②商業銀行のビジネス・モデルが伝統的な預貸業務からM&Aの仲介・助言業務といった投資銀行業務に戦略的重点を置くようになったこと，③キャピタルゲイン非課税措置の導入があった。こうした銀行の株式の大量売却の受け皿となったのは外国人機関投資家であった。1997年に10.1％であった外国人機関投資家の割合は2012年には28％にまで高まっている。

図7－1はドイツ企業に対する機関投資家の投資総額の推移を示している。これによれば2000年の2兆ドル弱から14年の5兆ドル弱へと2.5倍に達している。

　こうした銀行の大株主からの後退は，監査役派遣の減少と結びついている。従来，ドイツでは銀行は大量の株式保有と寄託議決権制度の利用ならびに監査役会への銀行派遣監査役の存在により，産業企業に対して極めて大きな影響力

143

第Ⅳ部　ドイツのコーポレート・ガバナンス

図7-1　ドイツ国内企業に対する機関投資家投資総額

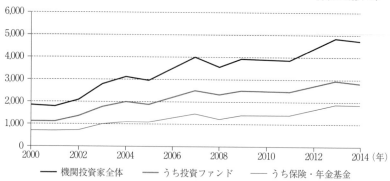

(単位：10億ドル)

(出所）Monoolkommission, 2016, S. 224.

を行使し，これは「銀行権力」として特に大きな批判に晒されてきた。しかし，今日ではこうした銀行に代わって，内外の機関投資家の影響力が注目されるようになっている。こうした機関投資家は，事業会社に対して積極的な情報開示やガバナンスの向上を求めており，こうした要求に企業も応えることが求められるようになっている。

　しかし，ドイツの場合には，日本とは異なり，表7-5から確認できるように，産業企業の株式保有は減少していない。この点ではドイツの伝統的な企業体制は維持されているものと捉えることができる。1990年代から今日に至るまではほとんど変化が見られないことが注目される。ここでの株式保有は，日本の「相互持合い」という水平的関係というよりも，垂直的関係が大部分を占める。例えば，ポルシェ・ピエヒ一族が支配しているポルシェ持株欧州会社（SE）も，これが過半数を握り，ニーダーザクセン州が20％を保有するVWもその子会社であるAUDI（VWが99.55％を保有）もすべて株式上場を維持している。

第4節　企業統治規範（DCGK）と「企業の利益」

（1）　ドイツの企業統治規範（DCGK）と「原則主義」

　前節で明らかにしたような内外の機関投資家の高まるプレゼンスを背景とし
て，2002年にシュレーダー政権の下で策定されたのが「ドイツ企業統治規範」
（以下，DCGK）であった。DCGK は，その制定以来，一貫してドイツの伝統的
な企業体制（監査役会と執行役会という「二層型」トップ・マネジメント，監査役
会レベルの労資共同決定）を維持している。

　DCGK は2002年2月の制定以来，毎年検討がなされ，改訂版は毎年第2四
半期に決議され公表されているが，DCGK のホームページのアーカイブによ
れば，2002年2月の制定以降，同年11月には第1回目の改訂が行われて以降，
2004年，2011年，2016年を除いて毎年コードの改訂が行われている（DCGK ホー
ムページ参照）。こうした一連の改訂は，株式法や資本市場法等の法改正を適時・
的確に DCGK に反映させるとともに，経済界，政界そして一般大衆との「対
話（Dialog）」を通じて，最新の動向を反映させながら行われている。2015年版
によれば，序文と6章から構成され，主として株式法に基づいて規制される上
場会社の指揮（Leitung）と監督（Überwachung）に関する法的規定の他に，102
個の "soll" 規定：「勧告（Empfehlung）」と6個の "sollte" 規定：「推奨（Anregung）」
を含んでいる（2013年版は105個の「勧告」と6個の「推奨」）。こうして，DCGK
は，強行法である株式法などの法的諸規定と，こうした法規定を超えてより良
い企業経営とコントロールを実現するための「勧告」と，さらに進んだ「最良
の実践」のための補充的な「推奨」をともに含んでいる。この「勧告」につい
ては，会社が置かれた状況によって柔軟に対応できる「プリンシプル・ベース・
アプローチ」（原則主義）がとられており，会社はこの勧告から乖離しうる。
しかし，その場合には年に一度これを開示し，乖離を根拠づける義務がある
（comply or explain）。「勧告」に従うかどうかは強制ではなく，企業の「自主
性」に委ねられているものの，株式法161条1項により，上場会社の執行役会

第Ⅳ部　ドイツのコーポレート・ガバナンス

と監査役会は年1度，DCGKの「勧告」のうちどれが「過去において遵守さ
れ，また現在遵守されているか，そしてどの勧告を過去に適用しなかったか，
もしくは現在適用していないか，そしてなぜ遵守または適用しないのか，その
理由を」「状態報告書（Lagebericht）」における「遵守に関する対応説明（Entspre-
chungserklärung）」において説明しなければならない。なお，「推奨」には遵守[20]
しなくとも説明義務はない。しかし，フォン・ヴェルダー（Axel von Werder）
らの調査（2015年）によればDAX企業を中心としてその遵守率は総じて高い。[21]

　DCGK（2015）は序文を除き，6つの章から構成されている。すなわち，「2.
株主と株主総会」「3．執行役会と監査役会の協力」「4．執行役会」「5．監
査役会」「6．透明性」そして「7．決算と監査」がこれである。こうしたDCGK
の諸規定によって，「ドイツの企業統治システムを透明性の高い，理解できる
ものにするという目標をもっている。コードは内外の投資家，顧客，協働者そ
して公衆の，ドイツ上場会社の指揮と監視への信頼を高める」（DCGK, S. 1.）
ことが意図されている。

（2）「企業の利益」と「社会受託者責任」

　ドイツでは，第一次世界大戦後の1919年に成立したワイマール憲法において
「所有権の社会的責任条項」が組み入れられていた。すなわち，「第153条　所[22]
有権は憲法により保証される。その内容と制限は法が規定する。公用収用は公
共の福祉の目的のみにより，法的根拠に基づき実施される。その行使は同時に
公共の最善（das Gemeine Beste）に奉仕せねばならない」。また戦後の西ドイ
ツでも基本法では「第14条（1）所有権および相続権は保障される。その内容
および制限は法に規定される。（2）所有権は義務を伴う。その行使は同時に
公共の福祉（Wohle der Allgemeinheit）に貢献せねばならない。（3）公用収用
は公共の福祉の目的のみにより許容される」とされてきた。この点でドイツで
は「自由」は「義務と表裏一体の関係にある公共福祉を目指す自由」であり，
「所有権」は「社会的責任」を有することが基本法でも確立されてきたことが
確認されるべきである。[23]

こうしてドイツの伝統的な企業観は，企業は「私的存在」ではなく，国民経済全体の「共同経済的（gemeinwirtschaftlich）」要素，したがって「社会的存在」として捉える見方であり，「社会的市場経済（Soziale Marktwirtschaft）」として出発した，戦後（当時）西ドイツの企業社会に浸透してきた。こうしたドイツの伝統的企業観は，DCGK においても反映されており，会社機関構成員の義務として「企業の利益（Unternehmensinteresse）」が強調されている。すなわち，「本コードは，社会的市場経済の諸原理と調和した，企業の存続とその持続可能な価値創造（企業の利益）に対する執行役会と監査役会の義務を明らかにするものである」（DCGK, 2015, S. 1.）。それ以外にも DCGK では様々な箇所で「企業の利益」・「企業の繁栄」という用語が機関構成員の義務として規定されている。ここでの「企業の利益」・「企業の繁栄（Wohle des Unternehmens）」は機関構成員の義務として株主だけではなく，従業員，債権者，地域社会等の広範な利害を企業家的意思決定において考慮するととともに，これを労働者代表と所有者代表とが監査役会を通して監視・監督する仕組みを表すものである。東京証券取引所の「企業統治規範」において機関構成員の「株主受託者責任（Fiduciary Duties of Shareholders）」が強調されているのに対して，DCGK では会社機関構成員の「社会受託者責任（corporate social stewardship）」としての性格をもっているものと考えられる。

おわりに

以上，1990年代以降のドイツの企業統治の外部監視に関して考察を加えてきた。このことから1990年代以降，ドイツでは，「銀行権力」の後退と機関投資家の台頭を確認することができたが，同時にドイツの伝統的な企業体制の基本は維持されており，またそこで展開されている外部監視の基盤もドイツに伝統的な「企業の社会的存在」を前提にしたものであることが注意されなければならない。しかし，2009年以降，会計専門職等の「独立社外監査役」の選任が義務づけられるところとなった。この「独立社外監査役」に期待されているのは

第Ⅳ部　ドイツのコーポレート・ガバナンス

労働者代表利害でもなく，株主代表利害でもなく，まさに「公益」代表として
の性格が強いものといえると思われる。すでにこうした「労働」と「資本」と
「社会（中立）」代表から構成される共同決定は従業員1000名以上の石炭・鉄鋼
産業企業に適用される，1951年の「モンタン共同決定法」で構想されていたも
のであり，この構想こそ「多元的利害代表」に基づく多元的企業統治モデルで
あった。この「モンタン共同決定法」で構想されている多元的コーポレート・[24]
ガバナンス構想がDCGKにおいても引き継がれているものと捉えることがで
きる。

注

(1)　吉森，2001，26-29頁。

(2)　しばしば，メインバンク（Hausbank）と呼ばれる大銀行は，自ら大株主として大量
の株式を保有するだけではなく，「寄託議決権（Depotstimmrecht）制度」の下での議
決権行使，産業企業への集中的融資そして監査役会への役員派遣という重層的結合を通
して産業企業に大きな影響力を行使してきたことで知られている。こうしたドイツ固有
の企業社会のあり方はしばしば「ドイツ株式会社」とも呼ばれている（池田，2002，16
-17頁）。

(3)　わが国では，法学者を中心として"Vorstand"（英語では"the managing board"）
に「取締役会」という訳語を充てることが多いが，本章では「執行役会」と訳出する。

(4)　2005年からはEUに上場している域内企業の親会社は国際財務報告基準（Interna-
tional Financial Reporting Standards, IFRS）に従い連結決算書を作成することが義務
づけられた。

(5)　吉森，2001，223-4頁参照。

(6)　海道，2005，25頁を参照。

(7)　野村総研報告書，2014，9-11頁に詳しい。

(8)　この勧告を受けて，「透明化と開示に関して株式法と会計法の一層の改革のための法
律（TransPuG）」が2002年7月に成立している。詳しくは，正井，2003，「第11章　透
明化法・開示法」（354-371頁）を参照。

(9)　正井，2003，第9章および第10章に詳しい。

(10)　野田，2011，70-71頁。

(11)　独立行政法人労働政策研究・研修機構，2012，2015，海外労働事情・国別労働トピッ
ク（EU）を参照。

⑿　上場大手108社の場合，2016年以降，新たに監査役の委員を選出する場合，女性比率（男性比率も）を最低でも30％以上にする義務が課される。なお，最終的に成立した法律では，株主代表と労働者代表の総数に対して30％以上の比率であれば良いとされた。また女性が十分に選出されなかった場合には，空席を維持（空席制裁・Sanktion leerer Stuhl）しなければならない（独立行政法人労働政策研究・研修機構，2015年6月，海外労働事情・国別労働トピック〔ドイツ〕）。ドイツ経済研究所（DIW）の調査によれば，大企業の管理職の女性割合は22％（2001年）から30％（2010年）に増加したものの，その多くは中間管理職に留まっている。これを「ダックス上場企業200社の取締役会における女性割合」に絞ると，わずか3％にまで下落する（2010年）といわれる（独立行政法人労働政策研究・研修機構，2012年12月，海外労働事情・国別労働トピック〔ドイツ〕）。

⒀　2005年のEU委員会の勧告を受けて，株式法第100条第5項において「商法246条の意味で資本市場志向的な資本会社において，最低1名は会計決算報告ないし会計監査について専門的知識を保有するメンバーでなければならないと規定され，これはDCGKに4.2.5項にも反映されるところとなった（Vgl., Fuhrmann, L., Linnerz, M., Pohlmann, A. (Hrsg.), 2016, S. 485ff. およびドイツ監査委員会研究所ホームページ内の「立法の動向(Gesetz zur Modernisierung des Bilanzrechts：BilMoG)」を参照。　https://audit-committee-institute.de/23684.htm　2017年3月12日閲覧）。

⒁　吉森，2015，32-39頁。

⒂　吉森，2015，24頁および海道，2005，73頁以下を参照。

⒃　Monopolkommission, 2016, S. 167.

⒄　Faust, M., Thamm, L., 2015, S. 20.

⒅　金融庁・企業会計審議会資料，2012，6頁参照。

⒆　この点について，すでに風間，2017，で詳しく論じている。

⒇　Regierungskommission, 2015, および風間，2012，39-51頁。

㉑　Werder, Axel v. und Turkall, J., 2015, S. 1359. 詳しくは，風間，2017を参照せよ。

㉒　吉森，2010，50-51頁。また吉森によれば，「ワイマール基本権の父」ともされるバイアレ（Beyerle, Konrad）は，啓蒙時代の個人を中心とした自由概念とは距離を置いており，「義務と表裏一体の関係にある公共福祉を目指す自由」であり，公共への義務と奉仕が個人の自由より優越するものと捉えられていた（同，60頁）。ワイマール憲法については以下のURLで読むことができる(http://www.jura.uni-wuerzburg.de/fileadmin/02160100/Elektronische_Texte/Verfassungstexte/Die_Weimarer_Reichsverfassung.pdf 2017年3月12日閲覧）。

㉓　吉森，2010，60頁および吉森，2015，76-78頁。

㉔　風間，2012，39-51頁。

第Ⅳ部　ドイツのコーポレート・ガバナンス

引用参考文献

池田良一「ドイツにおけるコーポレート・ガバナンスの現状と問題点」『監査役』
　　No. 453. 2002年，1月25日，16-17頁。

海道ノブチカ，2005，『ドイツの企業体制：ドイツのコーポレート・ガバナンス』森山書
　　店。

風間信隆，2012，「グローバル化の進展とドイツ的企業統治システムの進化」『リーマン・
　　ショック後の企業経営と経営学』経営学論集82集，39-51頁。

風間信隆，2017，「ドイツにおけるコーポレート・ガバナンス・コードと多元的企業統治
　　モデル」『商学論究』（関西学院大学），第64巻第3号，47-73頁。

金融庁「IFRS に関する欧州調査出張（フランス・ドイツ・EFRAG）調査報告書」2012。

独立行政法人労働政策研究・研修機構，2012年12月，2015年6月，「海外労働事情・国別
　　労働トピック（ドイツ）」（http://www.jil.go.jp/foreign/index.html　2017年3月12日閲
　　覧）。

野田輝久，2011，「ドイツにおける取締役報酬の実質的相当性について」『法科大学院論集』
　　（近畿大学大学院）。

野村総研報告書，2014，「ドイツにおける資本市場改革及び金融機関の対応等に係る調査
　　報告書」野村総合研究所。

正井章筰，2003，『ドイツのコーポレート・ガバナンス』成分堂。

吉森賢，2001，『日米欧の企業経営：企業統治と経営者』放送大学教育振興会。

吉森賢，2010，「ドイツ共同決定制度と所有権の社会的責任：その制度化過程」『横浜経営
　　研究』第31巻第1号。

吉森賢，2015，『ドイツ同族大企業』NTT 出版。

Die Regierungskommission Deutscher Corporate Governance Kodex；「ドイツ企業地
　　規範」の最新版（2015）は以下の URL からダウンロードできる（http://www.dcgk.de
　　/de/　2017年3月12日閲覧）。

Fuhrmann, L., Linnerz, M., Pohlmann, A. (Hrsg.), 2016, *Frankfurter Kommentar Deut-*
　　scher Corporate Governance Kodex, dfv Mediengruppe, Frankfurt am Main.

Faust, M., Thamm, L., 2015, *Wie viel „ organisierten Kapitalismus " zum „ Fi-*
　　nanzmarktkapitalismus" gibt es in Deutschland? Indiktoren der Kontroll-Finanzierung
　　von 1990 bis heute, Soeb-Working-Paper, 2015-5., S. 1-112.

Monopolkommission, 2014, *Hauptgutachten, Hauptgutachten XX : Eine Wettbewerbsord-*
　　nung für die Finanzmärkte.

Monopolkommission, 2016, *Hauptgutachten XVII : Wettbewerb 2016*.

Regierungskommission, 2015, *Deutscher Corporate Governance Kodex*.

Werder, A. v. und Turkali, J., 2015, Corporate Governance Report 2015: Kodexakzeptanz und Kodexanwendung, *Der Betrieb*, Nr. 24., S.1357-1367.

（風間信隆）

第8章

会社機関とコーポレート・ガバナンス

は じ め に

　近年，グローバル資本市場に対応するための企業統治改革が世界各国で進展している。なかでもソフト・ローとして企業統治原則を制定し，「遵守または説明（comply or explain）」のルールに基づきその原則を各企業に適用しようとするイギリスに始まる動きが拡がりを見せている。

　ドイツでも1990年代半ば以降，株式市場にアメリカの機関投資家が台頭してきたことや，巨大企業をめぐる事件（不祥事）が多発したことを受け，企業統治をめぐる様々な改革が提起され，法改正が行われてきた。そして2002年2月，上場企業を主たる対象とするソフト・ローである「ドイツ企業統治規範（Deutscher Corporate Governance Kodex）」（以下，DCGK）が制定された。

　同原則は国内外の環境変化に応じて毎年見直され，必要に応じて更新されている。最新版は2015年5月5日に更新されたものであり，その目次は**表8－1**のようになっている。[1]

　同原則には「守るべきである（soll）」という「勧告（Empfehlungen）」項目と，「守った方がよい（sollte）」という「推奨（Anregungen）」項目の両方が含まれている。株式法161条の規定により，「勧告」項目については「遵守または説明」のルールに基づき，実施していることを，または実施しない場合には逸脱の程度とその理由を，準拠声明書に記載して毎年開示しなければならない。2015年版は102項目の「勧告」と6項目の「推奨」から構成される。

　本章は，この最新のDCGK（2015年版）の遵守状況を手掛かりに，ドイツ上

第**8**章 会社機関とコーポレート・ガバナンス

表 8 - 1 DCGK（2015年版）の目次

第1章　序文	**第5章　監査役会**
第2章　株主および株主総会	5.1　任務と管轄事項
2.1　株主	5.1.1　監査役会の任務
2.1.1　議決権の行使	5.1.2　執行役の任免
2.1.2　1株1議決権	5.1.3　業務規定の作成
2.2　株主総会	5.2　監査役会会長の任務と管轄事項
2.2.1　議決事項	5.3　各種委員会の設置
2.2.2　新株発行	5.3.1　委員会の設置
2.2.3　株主の発言権	5.3.2　監査委員会の設置
2.2.4　開催時間	5.3.3　指名委員会の設置
2.3　株主総会招集・書面投票・委任状	5.4　構成と報酬
2.3.1　招集	5.4.1　監査役会の構成
2.3.2　議決権の代理行使	5.4.2　独立監査役の選任
2.3.3　インターネット等の利用	5.4.3　監査役の選任
	5.4.4　執行役の監査役兼任制限
第3章　執行役会と監査役会の協力	5.4.5　監査役の兼任制限
3.1　執行役会と監査役会の緊密な協力	5.4.6　報酬
3.2　企業戦略に関する協議	5.4.7　出席比率
3.3　監査役会の同意事項	5.5　利益相反
3.4　監査役会への十分な情報提供	5.5.1　「企業の利益」への責任
3.5　執行役会と監査役会の開かれた議論	5.5.2　利益相反の監査役会への開示
3.6　個別の監査役会会議	5.5.3　利益相反の株主総会への開示
3.7　買収の申し出	5.5.4　助言契約等の承認
3.8　役員賠償責任	5.6　効率性審査
3.9　役員やその親族への信用供与	
3.10　企業統治報告書	
	第6章　透明性
第4章　執行役会	6.1　情報提供の株主平等性
4.1　任務と管轄事項	6.2　役員の1％以上の株式保有開示
4.1.1　執行役会の任務	6.3　情報開示
4.1.2　監査役会との協議	
4.1.3　コンプライアンス	
4.1.4　リスク管理	**第7章　決算および監査**
4.1.5　多様性への配慮	7.1　決算
4.2　構成と報酬	7.1.1　コンツェルン決算報告書の作成
4.2.1　会長の設置・業務分担	7.1.2　コンツェルン決算報告書の監査
4.2.2　報酬総額	7.1.3　企業統治報告書
4.2.3　報酬内訳	7.1.4　株主関係の開示
4.2.4　固定報酬と変動報酬	7.2　決算監査
4.2.5　報酬報告	7.2.1　会計監査人の独立性
4.3　利益相反	7.2.2　会計監査人の選任
4.3.1　「企業の利益」に対する責任	7.2.3　監査役会への報告
4.3.2　利益供与の禁止	7.2.4　監査報告
4.3.3　利益相反の開示	
4.3.4　副業	

出所：DCGK（2015年版）の各項目を訳出。

153

場企業の会社機関の実態を明らかにしようとするものである。

　ドイツの株式会社のトップ・マネジメント組織は，株主総会（Hauptver-sammlung），監督機関である監査役会（Aufsichtrat），業務執行機関である執行役会（Vorstand）から構成される。第1節では株主総会について，第2節では監査役会について，第3節では執行役会について，それぞれ基本的特徴を確認した上で，DCGK の個別項目の遵守状況を中心に近年の状況を明らかにする。

　なお，DCGK の遵守状況はベルリン工科大学教授であるヴェルダー（Werder, A. v.）らが2015年6月に発表した「企業統治報告書（Corporate Governance Report 2015）[2]」に依拠する。同報告書は，ドイツ上場企業524社を対象とするアンケート調査（2014年10月16日から2015年3月25日まで実施）の結果をまとめたものである。回答企業は，フランクフルト証券取引所上場企業109社とその他のドイツ国内取引所上場企業6社の計115社である。本章は，遵守している企業が上場企業全体の70％未満と低く，今後課題となることが予測される項目を中心に見ていく。[3]

第1節　株主総会をめぐる状況

（1）　株主総会の特徴

①企業支配権の集中

　ドイツの株式会社では，株主総会で単独ないし少数の主体が支配権を掌握していることが多い。これはドイツでは巨大株式会社の中にも同族企業が数多く見られることや，コンツェルン型の企業集団が形成されていることから，単独の出資者が高い比率で株式を所有していることが多いためである。

　ドイツの上場企業の80％では，25％の株式を保有する株主が1人以上存在しているといわれる。[4]ドイツの株主総会での決議は，原則として行使された議決権の過半数をもって行われるのであるが，重要事項（定款の変更，増資や減資，会社の解散など）の決議では出席議決権の75％以上の同意が必要である。そのため，25％以上の議決権所有は重要事項の議決に対する拒否権の保持という重

要な意味をもつことになる。

　また，ドイツ独占委員会（Monopolkommission）の報告によれば，2014年時点における国内企業の付加価値生産額上位100社の中で，資本の50％以上が分散所有されている大企業は100社中わずか23社しか存在していない。それに対し，資本の過半数を単独の出資者が所有している大企業は100社中70社とかなり多く存在している。[5]

　とりわけドイツの同族企業では，企業支配力の維持が極めて重視される傾向にある。それゆえ，Robert Bosch GmbH のように大企業でありながら株式会社以外の企業形態を選択したり，Carl Zeiss AG のように株式会社であっても非公開にすることが多いのであるが，上場企業であってもかつては複数議決権株式や無議決権株式などの種類株式を発行することで企業支配力の維持に努めることが多かった。

　だが，これに関しては1998年の「企業領域における監督と透明性のための法律」（通称，KonTraG）の施行により１株１議決権の原則が規定され，複数議決権株式および最高議決権株式の発行は禁じられた。ただし，無議決権株式に関しては資本の50％未満の発行であれば依然として認められている。１株１議決権の原則の浸透に伴い，議決権の付かない優先株式を普通株式に統合する企業が増えてきている一方，支配株主・安定株主の議決権比率を維持するために優先株式を活用している大企業も依然として存在している。[6]

　例えば，BMW AG では従業員向けのインセンティブ・プランとして優先株式が用いられており，2016年末時点で発行株式総数の8.4％が優先株式となっている。Volkswagen AG では41.1％と高い比率で優先株式が発行されている。Henkel AG & Co. KgaA では，普通株式について，同族の持分が過半数を下回ってはならないとする同族内での合意があり，優先株式の流動性が高い。2015年末時点で発行株式総数の40.7％が優先株式となっている。

　②寄託議決権制度と銀行の協力的行動

　ドイツでは，増資に伴い同族が保有する株式が小口の個人株主に分散した場合であっても，同族の企業支配力は必ずしも損なわれることにはならない。な

第Ⅳ部　ドイツのコーポレート・ガバナンス

ぜなら，ドイツではユニバーサル・バンク制度のもと，伝統的に寄託議決権(Depositumrecht）のしくみが採用されており，それが今なお存続しているためである。日本やアメリカにおける専門銀行制度と異なり，ドイツのユニバーサル・バンク制度のもとでは商業銀行業務と投資銀行業務（証券発行業務および証券ブローカー業務）の両方を同一の銀行が取り扱うことになるため，個人株主による株式の売買は銀行を通じて行われることになる。ドイツでは多くの会社の株式が無記名式であり，個人によって購入された株式は銀行に寄託されることが一般的である。銀行は株式法の規定に基づき，寄託された株式の議決権を代理行使することができる。その際，株主総会における議決事項が100％に近い賛成を得ていることから，銀行が同族に協力的に議決権を行使していることがわかる。

　銀行の協力的行動は同族支配の企業にのみ見られることではない。株式が小口の個人株主に分散している企業の場合，経営者が監査役の人事を含める最高意思決定権を掌握するという，いわゆる経営者支配の状況が見られる。これらの企業では極めて高い比率の議決権が銀行に寄託されており，銀行が重要事項に関する特別決議の決定権をもつことさえある。このような経営者支配が成立した企業であっても株主総会の議決結果ではほぼ満場一致の賛成が見られるのであり，圧倒的多数の議決権を保有する銀行が経営者に協力的な行動をとっていることがわかる。

　DAX企業の2016年度の株主総会における議決結果について30社の平均値を見れば，利益処分に関しては98.11％，執行役会の業務承認については99.01％，監査役会の業務承認についは97.47％，会計監査役の選任については97.40％，監査役の選任については95.05％と，かなり高い比率で賛成を得ている。[7]このような企業と銀行の協力関係があるからこそ，企業は株式の分散を恐れず安心して増資をすることができるし，銀行に株式販売業務を委託することができるのである。

156

第8章　会社機関とコーポレート・ガバナンス

（2）　DCGK の遵守状況：株主および株主総会

　DCGK において株主総会に関する原則は「株主および株主総会」と題される第２章に定められている。同章は３項目の「勧告」と３項目の「推奨」から構成されている。「勧告」の３項目は議決権行使の代理人について記された2.3.2に集中しており，ほぼ100％の高比率で遵守されていた。それに対し，遵守率が低いものは以下に示した「推奨」の項目である。カッコ内に上場企業全体の遵守率と DAX 企業の遵守率を示した。

　2.3.3「会社はインターネット等のコミュニケーション・メディアを用いることで，株主総会の内容を株主が把握できるようにした方が良い」（全体：30.8％・DAX：77.3％）個人株主が会社の情報を入手しようとする際，機関投資家に比べて不利である点が問題とされることから，DCGK にはそうした不平等を是正するための項目が盛り込まれている。しかし，全体の遵守率の低さからすれば，同項目は現段階では受け入れられていないことが明白である。

第２節　監査役会をめぐる状況

（1）　監査役会の特徴

①監査役会をめぐる法規定

　ドイツの株式会社のトップ・マネジメント組織の最大の特徴は，監督機関である監査役会と業務執行機関である執行役会とが組織的に分離している点にある。同一企業において両機関の構成員を兼任することは法的に禁止されている。

　監査役会をめぐっては，共同決定に関するいくつかの法律によって労働者の経営参加が規定されている。従業員1000名以上の鉄鋼・石炭企業には1951年に制定されたモンタン共同決定法（Montan-Mitbestimmungsgesetz）が適用され，監査役会は同数の資本代表と労働者代表と，さらに１名の中立代表から構成される。鉄鋼・石炭企業を除く従業員2000名以上の資本会社には1976年共同決定法（Mitbestimmungsgesetz）が適用され，監査役会は同数の資本代表と労働者代表から構成される。従業員500名以上・2000名未満の資本会社には1952年制

157

定・1972年改正の経営組織法（Betriebsverfassungsgesetz）が適用され，監査役会の３分の１の議席が労働者代表となる。

監査役会の権限は株式法に定められている。その主たる内容は執行役の選任・解任，およびその業務執行の監督と助言にある。とりわけ同意権（Zustimmungsgerecht）は，監査役会が執行役会を監督する際の強力な手段となる。監査役会は執行役会の特定の重要業務について事前同意を義務づけることができるのであるが，この同意権を留保することで直接的に経営政策に影響力をもつことができるのである。

②監査役会の機能不全の問題

このように，法的に見れば監査役会は執行役会に対する人事権を含む強力な権限を有しているのであるが，現実には監査役会が十分に機能しているとはいえない。株式会社の最高意思決定では，本来監督される側の執行役会が監査役会に対して主導権をもつという逆転現象が生じているのである。

労働側監査役についていえば，意思決定の判断材料となるような高度な経営情報を与えられていないこと，意思決定を行うための能力的な不十分さ，従業員代表監査役が経営者の意向を支持しがちであることなどから，労働政策に関わる決定以外には積極的に発言しないといわれている。資本側監査役についていえば，その多くが銀行や他企業の執行役，あるいは専門職に就く人物であるため本務が多忙である上，公開会社の監査役会の法定開催回数は年４回と少ないことから，当該企業の経営状況に精通することは困難である。しかも，意思決定に必要な経営情報の大部分を執行役を介して入手していることから，実質的には監査役会での意思決定は執行役会が主導していることになる。[8]

執行役会が最高意思決定を主導しているという状況は，トップ・マネジメントの人事においても見られる。株式法に基づけば，監査役は株主総会によって選出され，執行役は監査役会によって選出されるのであるが，現実には監査役も執行役もともに，執行役会の意向で決められることが多い。多くの大企業では，執行役会が提案した監査役候補者が株主総会において圧倒的多数の賛成で選任され，執行役会が提案した次期執行役候補者が監査役会において満場一致

第**8**章　会社機関とコーポレート・ガバナンス

で選任されるという状況が見られる。

このような監査役会の機能不全の問題は，とりわけ1990年代に起きた一連の企業危機，すなわち Metalgesellschaft AG の巨額損失隠蔽と経営破綻，Balsam AG の仮装債権による巨額詐欺，Schneider AG の不正投機での巨額損失による経営破綻，Philipp Holzmann AG の巨額損失隠蔽と経営破綻といった巨大企業が起こした事件を契機に指摘されるようになった。同時期のドイツにおける"corporate governance"という用語の浸透とも相俟って，企業経営の規律づけをいかに強化するかということが議論されるようになり，その中で企業統治改革の必要性が認識されていくところとなった。

（2）　DCGK の遵守状況：監査役会

監査役会の監督機能の強化は，DCGK の中でも特に主眼が置かれている点である。DCGK において監査役会に関する原則は「監査役会」と題される第５章に定められている。同章は46項目の「勧告」と１項目の「推奨」から構成される。とりわけ「勧告」が集中している項目には，執行役の任免および執行役会の構成に関する項目（5.1.2），監査委員会の設置に関する項目（5.3.2），監査役会の構成に関する項目（5.4.1），監査役の報酬に関する項目（5.4.6）が挙げられる。以下，第５章で全体の遵守率が70％未満であった７項目（①～⑦）を順に見ていく。すべての項目が「勧告」である。

【委員会の設置】

①5.3.3「監査役会は株主代表だけで構成される指名委員会を設置し，この指名委員会が株主総会に提案するに相応しい監査役候補者を指名すべきである。」（全体：68.9％・DAX：100％）

監査役会が十分な監督機能を果たせてこなかったことから，DCGK は監査役会内部に専門委員会を設置し，そこで意思決定を行うことを要求している。この委員会は，アメリカ企業の取締役会内部に設置される常任委員会に相当するものである。中でも監査委員会と指名委員会の設置に関しては「勧告」の規定が設けられている。監査委員会は，過去２年以内に当該企業の執行役を務め

159

第Ⅳ部　ドイツのコーポレート・ガバナンス

た者が就任するべきではなく，会計プロセス，内部統制の効率性，リスク管理，年次財務諸表の監査，決算監査人の独立性，決算監査の外部委託，監査項目の設定，監査報酬の決定，コンプライアンスなどの監督を行う (5.3.2)。

　指名委員会の設置企業比率は全体では70%を下回っているものの，DAX企業を見れば5.3.2と5.3.3の両項目はともに遵守率100%であり，すべての企業が両委員会を設置している。DAX企業30社における2016年度の監査役会の平均開催回数は6.8回，監査委員会の平均開催回数は5.9回，指名委員会の平均開催回数は1.7回であった。

【監査役会の構成】

　次に，監査役会の構成と開示に関して記された5.4.1-2節を見ていこう。ここでは1つの文章の中に複数の「勧告」が含まれるため，部分的には遵守率が70%を上回るが，以下にその全体を示す。

　5.4.1-2節「監査役会は，企業の特殊性を踏まえた上で，国際的な事業活動，利益相反の可能性，5.4.2の意味での独立監査役の人数，年齢制限，任期について，多様性を考慮しながらその構成に関する具体的目標を定めるべきである。共同決定法およびモンタン共同決定法が適用される上場企業では，監査役会は最低30%の女性と最低30%の男性から構成されるべきである。その他の企業では，監査役会は女性比率の目標値を定めるべきである。」

　なお，独立監査役について定めた5.4.2は次のとおりである。「監査役会には十分な人数の独立監査役を含めるべきである。監査役が，その会社，執行役，支配株主，支配株主と関連する企業のいずれかと関連している人物で，一時的にではなく本質的に利益相反がある場合，独立しているとは見なされない。監査役会に2名以上の元執行役は就任すべきではない。監査役は競合他社の役員やそれに類する役職に就くべきではない。」

　5.4.1-2節のうち70%未満の部分は，②監査役の年齢制限の決定に関する項目である5.4.1-2節1文4項（全体：63.9%・DAX：82.6%），③監査役の任期の決定に関する項目である5.4.1-2節1文5項（全体：69.7%・DAX：95.7%），④上場企業の監査役会の女性比率30%以上を定めた項目である5.4.1-2節2

160

第**8**章　会社機関とコーポレート・ガバナンス

文（全体：66.1％・DAX：95.7％）である。

　なお，DCGK の注記によれば，監査役会における男女それぞれ30％以上の比率は，2015年 4 月24日施行の「私企業・公企業における管理職への男女平等参加のための法律」第25条 2 項に依るものであり，2016年 1 月 1 日以降，監査役を選出する際には考慮されなければならないものである。同時に，監査役会における女性比率の目標値は，遅くとも2015年 9 月30日までに設定されなければならず，2017年 6 月30日を超えてはならないことが記されている。

　女性登用をはじめとする監査役会における多様性の確保は，近年のドイツの企業統治の議論の中で特に注目されていることの 1 つである。ドイツ独占委員会の報告によれば，ドイツ100大企業の監督機関における女性登用は，資本代表では2010年に849名中71名（8.4％）であったものが，2012年には840名中104名（12.4％）へ，労働者代表では2010年に673名中125名（18.6％）であったものが，2012年には680名中158名（23.2％）へと拡大している。⁽¹²⁾

【その他の低遵守率項目】

　⑤5.4.1-3節 1 文「監査役会が選挙委員会に候補者を提案する場合には，これらの目標を踏まえるべきである。」（全体：69.8％・DAX：95.7％）

　⑥5.4.1-3節 2 文「監査役会の具体的目標と達成状況は，企業統治報告書において開示すべきである。」（全体：63.9％・DAX：91.3％）

　⑦5.4.6-2節 2 文「もし監査役に業績連動型の報酬が認められているなら，その報酬は企業の持続的成長を志向するものでなければならない。」（全体：59.8％・DAX：75.0％）

　以上の 7 点がとりわけ遵守率の低かった項目となる。

【執行役の年齢制限に対する否定的見解】

　なお，執行役に年齢制限を設けるべきとした5.1.2-2節 3 文の「勧告」項目（全体：74.1％・DAX：82.6％）については遵守率が70％を超えているものの，Volkswagen AG, SAP SE, Fresenius SE & Co. KgaA, Lanxess AG などの主要企業が否定的な見解を示している。例えば以下のような説明がなされている。⁽¹³⁾

第Ⅳ部　ドイツのコーポレート・ガバナンス

「執行役の年齢制限は適切ではない。なぜなら，特定の年齢に達しているからといって，会社をうまく経営する能力がなくなるとは限らないからである。退職年齢の厳格な設定は差別とも受け取られかねない。65歳以上の人物を指名することが会社の利益に適うこともあり得る。それゆえ，退職年齢の厳格な設定は不適切である。」(Volkswagen AG)

「同社は執行役にいかなる年齢制限も課していない。なぜなら，それは監査役会が執行役の適任者を選抜する際に制限となる上，われわれは規定の年齢を超えた人物が執行役として不適格であるとは考えないからである。しかも，有限会社の執行役に対する年齢差別の禁止を含む『ドイツ一般平等待遇法』の適用に関するドイツ連邦最高裁判所の2012年4月の判決に鑑みれば，執行役に年齢制限を設けることは法律上の不安定性を生み出すことになる。」(SAP SE)

【監査役の兼職制限】

また，特筆すべき点として DCGK は，監査役がその職務を遂行するためには十分な時間を確保する必要があることから，上場企業の執行役がグループ外企業の監督機関に就任する場合，3社を超えて兼務すべきではないとしている(5.4.5)。これについて DAX 企業の遵守率は100％である。なお，2008年版までは5社以上の兼務が禁止されていたのであるが，2009年版以降では3社以上の兼務が禁止されている。1998年改正株式法では10社を超えた監査役の兼務が禁止されているのであり，DCGK の規定は株式法よりもかなり厳しいものとなっている。

第3節　執行役会をめぐる状況

（1）執行役会の特徴

ドイツの株式会社における執行役会の機能は，自己の責任において経営業務を執行することである。株式法の規定によれば，資本金300万ユーロ以上の株式会社では2名以上の執行役が必要とされ，さらに1976年共同決定法およびモンタン共同決定法が適用される企業の場合にはその他に1名の人事労務担当執

第**8**章　会社機関とコーポレート・ガバナンス

行役（Arbeitsdirektor）が必要とされる。したがって，大企業では最低3名の執行役が必要となる。各執行役は，最長5年の任期として監査役会により選任される。

執行役会のうち1名は執行役会会長として監査役会により選任される。その権限と責任について株式法に特別な規定はない。執行役会の意思決定には合議制が採用されており，複数の執行役が共同で業務執行および会社代表にあたることが規定されていることから，法的には執行役会会長は他の執行役と同格の位置づけということになる。だが，実際には執行役会会長は執行役会の代表者としての役割を果たしており，経営計画の策定，業績評価，執行役会の招集，議長としての議事運営，執行役の業務分担に関する提案，監査役会会長との接触などの任務を担当していることが多く，その実質的な権限からすれば日本の代表取締役やアメリカの最高経営責任者に相当するものといえる。[15]

執行役会の意思決定は法的には監査役会の監督のもとに置かれるのであるが，すでに述べたとおり，現実には両機関の力関係には逆転現象が生じている。それゆえ DCGK は，執行役会と監査役会の間での情報の非対称性を解消し，監査役会の監督機能を強化するため，企業戦略に関する両機関の協議ならびに執行役会の監査役会に対する情報提供・報告を要請している。

また，近年ドイツの企業統治をめぐっては役員報酬の高額化が問題視されていることから，DCGK の執行役会に対する要請の中では，とりわけ役員報酬に関する項目に力点が置かれている。

DCGK において執行役会に関する原則は第3章「執行役会と監査役会の協力」と第4章「執行役会」に定められている。これを順に見ていこう。

（2）　DCGK の遵守状況1：執行役会と監査役会の協力

まず第3章では，監査役会と執行役会が「企業の利益(Unternehmensinteresse)」[16] のために適切に協働を図り，開かれた議論を行うことが求められている。同章は5項目の「勧告」と2項目の「推奨」から構成されている。全体の遵守率が70％未満であったのは以下の3項目（（1）～（3））であり，そのうち1項目

163

第Ⅳ部　ドイツのコーポレート・ガバナンス

が「勧告」(3.8-3節)，２項目が「推奨」(3.7-3節，3.10-2文) となる。

　(１) 3.7-3節「買収の申し出があった場合，株主がそれについて議論し，会社の対応を決めるため，執行役会は臨時株主総会を開いた方がよい。」(全体：62.9％・DAX：78.9％)

　(２) 3.8-3節「監査役会に対する役員賠償保険 (D&O-Versicherung) について，対応する自己負担額が取り決められるべきである。」(全体：67.6％・DAX：95.7％)

　(３) 3.10-2文「[執行役会と監査役会が年１回公表する企業統治報告書において…筆者注])　本コードの推奨についての意見を表明した方がよい。」(全体：49.5％・DAX：73.9％)

　以上の３点がとりわけ遵守率の低かった項目となる。なお，第３章には以下の「勧告」項目がある。3.6-2節「監査役会は必要に応じて，執行役を入れずに会議を行うべきである。」(全体：98.1％・DAX：100.0％)

　全体も DAX 企業もともに高水準で遵守されているが，ヴェルダーらの調査では以下のような結果が表れている。すなわち，20.2％の企業 (DAX 企業の5.3％) の監督機関では，執行役を入れずに会議を開いたことがなかった。全体会議と個別会議の両方において，常に執行役を入れずに会議を行っているのは24.7％の企業 (同31.6％) であった。7.9％の企業 (同5.3％) では，執行役を入れずに全体会議を行う場合がある。47.2％の企業 (同57.9％) では，執行役を入れずに個別会議を行う場合がある。このように同項目の具体的実践にはばらつきがあることから，ヴェルダーはこの規制の実効力が限定的であることを指摘している。

(３)　DCGK の遵守状況２：執行役会

　次に，執行役会に関する原則が記された第４章を見てみよう。同章は34項目の「勧告」から構成されている。とりわけ「勧告」が集中している項目には，執行役の報酬の内訳に関する項目 (4.2.3) と報酬報告に関する項目 (4.2.5) が挙げられる。以下，全体の遵守率が70％未満であった５項目 (①〜⑤) を順

164

第**8**章　会社機関とコーポレート・ガバナンス

に見ていく。

【執行役の報酬】

①4.2.3-3節1項「執行役の年金について，監査役会は，各人が執行役に従事した期間などを考慮し，また会社に対して費やしてきた年間および長期の費用を考慮しながら，それぞれのケースに応じた給付水準を定めるべきである。」（全体：67.8％・DAX：86.4％）

執行役の報酬の開示・報告に関して記された4.2.5-3節1文については，1つの文章の中に複数の「勧告」が含まれるため，部分的には遵守率が70％を上回るが，以下にその全体を示す。

4.2.5-3節1文「2013年12月31日以降の事業年度では，それぞれの執行役について，報酬報告書に以下の事項を記載すべきである。（ⅰ）当該年度に与えられる手当。これはフリンジ・ベネフィットを含むものであり，変動報酬については上限と下限も併せて記載すること。（ⅱ）当該年度および参照年度の固定報酬・短期変動報酬・長期変動報酬の額。（ⅲ）当該年度の年金およびその他の手当。」

このうち70％未満の部分は，②変動報酬の上限・下限の記載に関する項目である4.2.5-3節1文1条2項（全体：58.8％・DAX：82.6％），③短期変動報酬の記載に関する項目である4.2.5-3節1文2条2項（全体：68.9％・DAX：87.0％），④長期変動報酬の記載に関する項目である4.2.5-3節1文2条3項（全体：63.1％・DAX：82.6％）である。

⑤4.2.5-3節2文「これらの情報を示すために，同コードに付属されている表が用いられるべきである。」（全体：51.9％・DAX：72.7％）この項目はDCGK全体の中でDAX企業の遵守率が最も低いものとなる。

以上の5点がとりわけ遵守率の低かった項目となる。

【2013年版以降の追加項目】

なお，執行役の報酬に関しては，2013年5月のDCGK改正時に「勧告」の15項目が追加されている。このうち，役員報酬の枠組みに関する7項目の平均遵守率は，導入直後の2014年報告書時点（2013年10月半ばから2014年3月半ばに

165

調査）では全体が67.1％，DAX 企業が82.8％であったものが，2015年報告書時点（2014年10月半ばから2015年3月半ばに調査）では全体が75.4％，DAX 企業が93.6％であった。役員報酬の透明性確保に関する8項目の平均遵守率は，導入直後の2014年報告書時点では全体が34.1％，DAX 企業が43.8％であったものが，2015年報告書時点では全体が66.2％，DAX 企業が86.2％であった。役員報酬に関する項目の遵守率は，1年を経過して高まっていることがわかる。ただし，次の項目については，DAX 企業の遵守率が2014年の87.5％から2015年の86.4％へとやや低下している。

4.2.3-2節6文1項「報酬の総額と各要素には上限を設けるべきである。」

この項目については，Fresenius SE & Co. KgaA, Lanxess AG, Deutsche Lufthansa AG, Linde AG, SAP AG などの主要企業が遵守せずに説明を行っている。例えば以下のような説明がなされている[19]。

「執行役会の契約では，報酬の特定要素の額にも報酬全体の額にも上限を設けていない。（中略）このような株式報酬要素に関連する特定部分に上限を設けることは，執行役が会社の経済的リスク・機会に適切な参加を行うという基本的思考と矛盾するものである。（後略）」(Fresenius SE & Co. KgaA)

「現在の執行役の雇用契約では，固定報酬に加え，上限のある変動報酬とフリンジ・ベネフィットが用いられている。裁量賞与を含む報酬については，個別に上限を設けているわけではない。だが，裁量賞与についてはこれまでと同様に，監査役会が的確な裁量を行使する予定である。」(Lanxess AG)

おわりに

本章は，DCGK（2015年版）の遵守状況を中心に，ドイツ上場企業の会社機関の実態を見てきた。DCGK の全項目の平均遵守率は，上場企業全体では82.6％（「勧告」項目だけだと83.6％），DAX 企業では95.2％（同96.2％）と高い値を示していた[20]。導入から13年が経過し，とりわけ DAX 企業を中心に，同原則が高い水準で受け入れられてきていることがわかる。

とはいえ，まだ十分な水準が満たされていない点や，議論の余地が残されている点もある。例えば，ヴェルダーが指摘している点には次のようなことがある。[21] 同原則は5.4.2において独立監査役に言及しているのであるが，監査役が独立していない場合について記されているだけで，「独立性」の基準について明白にされているわけではない。また，トップ・マネジメントの多様性，とりわけ女性登用は社会的に注目されている点であるが，これについては依然として十分な水準を満たしているとはいえない。これらの点は今後の課題となるだろう。

注

(1) DCGKの全文は以下のURLよりダウンロードできる（http://www.dcgk.de/de/kodex.html　2017年3月28日閲覧）。

(2) ベルリン企業統治センター（Berlin Center of Corporate Governance）内に各年版の報告書が掲載されている（http://bccg.projects.tu-berlin.de/?page%20id=289　2017年3月28日閲覧）。

(3) ヴェルダーの分類によれば，遵守率90％以上が「一般に受け入れられた原則」，75％以上90％未満が「議論の少ない原則」，50％以上75％未満が「議論の多い原則」，50％未満が「拒否されている原則」となる。Werder, Turkall, 2015, S. 1359.

(4) CFA協会，2009，40頁。

(5) Monopolkommission, 2016, S. 167

(6) 以下，各社の2016年度年次報告書を参考に記述した。ドイツにおける無議決権優先株式の状況は岩谷・神山，2007，145-149頁を参照。

(7) 各社の2016年度株主総会決議結果より算出した。なお，会計監査役の選任については議題に上がった26社，監査役の選任については21社の平均値となる。

(8) 佐久間，2003，71頁。

(9) Blies, 2000, S. 3.

(10) DAX企業の中でMerk KGaAだけは監査役会内部に監査委員会を設置していないが，パートナー企業の経営陣が財務委員会（finance comittee）となりこれと同じ役割を果たしているため，DCGKの原則には反していない。

(11) 各社の2016年度監査役会報告書より算出した。通常の監査役会だけではなく，臨時監査役会や電話会議も含む。

(12) Monopolkommission, 2014, S. 226. なお，業務執行機関における女性の登用比率は，

第Ⅳ部　ドイツのコーポレート・ガバナンス

2010年に役員総数526名中13名（2.5％），2012年に541名中29名（5.4％）となっている。

⒀　各社の2016年度準拠声明書（Entsprechenserklärung）より訳出した。

⒁　監査役会会長に就任した場合には2社に換算される。また，グループ内企業の監査役に就任する場合には，10社の他に5社まで認められる。

⒂　吉森，2001，210–211頁。

⒃　「企業の利益」とは，会社を単なる株主の私的所有物と捉えるのではなく，多様な利害関係者から構成される社会の公共物と捉えるときに実現が目指される利益を意味する。会社の公共物としての側面を強調する際に用いられるドイツ会社法上に独特の会社観が反映された概念である。詳しくは，正井，1989を参照。

⒄　Werder, Turkall, 2015, S. 1365.

⒅　Werder, Bartz, 2014およびv. Werder, Turkall, 2015の調査結果より算出した。

⒆　各社の2016年度準拠声明書より訳出した。

⒇　Werder, Turkall, 2015, S. 1359.

㉑　Werder, Turkall, 2015, S. 1366f.

引用参考文献

岩谷賢伸・神山哲也，2007，「欧州無議決権優先株の現状とわが国への示唆」野村資本市場研究所『資本市場クォータリー』2007年春号，142–158頁。

海道ノブチカ，2005，『ドイツの企業体制：ドイツのコーポレート・ガバナンス』森山書店。

海道ノブチカ，2013，『ドイツのコーポレート・ガバナンス』中央経済社。

菊澤研宗，2007，「ドイツのコーポレート・ガバナンス」佐久間信夫編著『コーポレート・ガバナンスの国際比較』税務経理協会，109–125頁。

佐久間信夫，2003，「ドイツの企業統治」中村瑞穂編著『企業倫理と企業統治：国際比較』文眞堂，65–83頁。

CFA協会，2009，『世界における株主権の現状：投資家のための手引き』。

正井章筰，1989，『西ドイツ企業法の基本問題』成文堂。

吉森賢，2001，『日米欧の企業経営：企業統治と経営者』放送大学教育振興会。

Werder, A. v., Bartz, J., 2014, "Corporate Governance Report 2014: Erklärte Akzeptanz des Kodex und tatsächliche Anwendung bei Vorstandsvergütung und Unabhängigkeit des Aufsichtsrats," *DER BETRIEB*, Nr. 17, S. 905–914.

Werder, A. v., Turkall, J., 2015, "Corporate Governance Report 2015: Kodexakzeptanz und Kodexanwendung," *DER BETRIEB*, Nr. 24, S. 1357–1367.

Monopolkommission, 2014, *HauptgutachtenXX: Eine Wettbewerbsordnung für die Finanzmärkte 2013/2013*.

第**8**章　会社機関とコーポレート・ガバナンス

Monopolkommission, 2016, *HauptgutachtenXXI : Wettbewerb 2016*.

Blies, P., 2000, *Corporate Governance im deutsche-japanischen Vergleich*, Wiesbaden.

（山口尚美）

第Ⅴ部

韓国のコーポレート・ガバナンス

第9章

外部監視とコーポレート・ガバナンス

は じ め に

　経営者の執行活動を監視・監督する機能を有するコーポレート・ガバナンス構造は大きく，企業内部構造と企業外部構造に分けることができる。前者は企業の意思決定や業務執行に直接関与する会社機関である取締役会，監査役会などの内部監視主体によって行われる内部規律（internal discipline）をいい，後者は企業の意思決定や業務執行に間接的に関与する利害関係者である資本市場，機関投資家，企業経営権市場，監督官庁，監査法人，自主規制機関などの外部監視主体によって行われる外部規律（market discipline）をいう。

　韓国において多くの大企業が相次いで破綻した1997年の経済危機の根本的な原因は，企業の内部規律および外部規律によるコーポレート・ガバナンス機能の欠如であるといわれている。このことをきっかけに，コーポレート・ガバナンス問題が本格的に議論され始め，商法，証券取引法，独占禁止法など各種関連法律が数回にわたって改正されるなど本格的な改革が行われている。本章では，韓国の外部ガバナンス構造，すなわち，外部監視主体による外部規律に焦点を合わせ，近年の動向を通して，その現状および問題を検討する。

第1節　コーポレート・ガバナンス改革の歴史

　韓国のコーポレート・ガバナンス改革は，IMF（国際通貨基金）やOECD（経済協力開発機構）等外部からの強い要求を受けて政府主導下で推進されるとと

もに韓国国内の民間委員会である「企業支配構造改善委員会」が設立され，1999年9月に企業統治のガイドラインとなる「企業支配構造模範規準」（コーポレート・ガバナンス・コード）が発表されるなど，1990年代後半から本格的な改革が進められた。

その主要内容は，以下の通りである。

第1に，株主権利を保護するために，少数株主の権限行使要件の緩和による少数株主権の強化や事実上の取締役（de facto directors）の制度の導入による支配株主の責任強化などが行われた（1998年の改正商法）。

第2に，取締役会を活性化するために，全上場企業の社外取締役の導入義務化（1人以上）と監査役に代替できる「監査委員会制度」を導入した（1999年，改正商法415条）。一方，資産規模2兆ウォン以上の上場法人および証券会社においては，社外取締役を取締役数の2分の1以上の選任および社外取締役が3分の2以上で構成される監査委員会の設置を義務化した（2000年1月，改正証券取引法）。その後，上場企業は1名以上の常勤監査役を設置し（ただし，監査委員会を設置する場合は例外），大規模の上場会社は監査委員会を義務的に設置するように新設した（2009年，改正商法542条）。これらは，経営者の執行活動に対する監視機能を強化し，経営の透明性を向上させることを目的にアメリカ型の統治システムを取り入れたものである。

第3に，企業会計の透明性を高めるために，国際基準（IAS，GAAP）に合わせた企業会計基準の改正（1998年12月），上場企業に対しては少数株主代表，債権者代表などで構成される監査人選任委員会の設置を義務化し，外部監査機能を強化した。また，1999年会計年度より30大企業集団の「企業集団結合財務諸表」の作成の義務化などの企業会計制度および「公正公示（fair disclosure）」制度を強化した（1998年1月）。公正公示制度は，営業実績，財務状態，合併など企業の重要情報を一般投資家に定期・随時的に公開することを義務づけ，公示違反に対する制裁や処罰も強化し，情報の非対称性を防止しようとする制度である。

第4に，外部規律（市場規律）を強化し，M&Aを活性化させるために，義

務公開買収制度の廃止（1998年 2 月），公開買収手続きの緩和（ 7 日から 3 日に待機期間の短縮），私募M＆A投資ファンド（private equity fund：PEF）の設立および議決権制限廃止によるM＆Aの許容（証券投資会社法改正，2001年 3 月），外国人の株式保有上限の完全自由化（1998年 5 月），証券関連集団訴訟制の導入（2003年12月），多様なM＆Aの手段追加，簡易なM＆A手続きの活用（営業譲渡および株式の包括的交換時に株主総会の承認を取締役会の承認で代替可能）などM＆A関連商法の改定（2016年 3 月）が行われた。また，機関投資家の議決権行使の自由化（1998年，証券投資信託業法改正），機関投資家の議決権行使の具体的な事由（賛成および反対した理由）の公示が規定された（2013年 5 月，改正資本市場法87条）。

第 2 節　所有構造の変化と機関投資家等の行動

（ 1 ）　所有構造の変化

　コーポレート・ガバナンス改革以後の韓国上場企業の株式所有比率の変化を見てみよう。韓国上場企業の投資部門別の株式所有比率の推移を見ると，外国人投資家の所有比率が最も高く，次に，個人，一般法人，機関投資家，政府および政府管理企業順であり，所有比率に著しい増減の変化があったのは，政府および政府管理企業の株式所有比率の低下と外国人の株式所有比率の増加である（**図 9 - 1**）。政府および政府管理企業の株式所有比率が低下したのは，1997年の経済危機直後に政府や預金保険公社などの公共機関が株式を取得した上場金融機関などが，その数年後に民営化されたためである。[3]外国人の株式保有比率は，1998年に施行された外国人の株式保有上限の完全自由化の影響を受け，2000年以後に急激に増えたと思われる。韓国取引所の「15年外国人取引動向および時総比重推移」（2015）によると，14年末の有価証券市場の外国人投資家の時価総額基準比率は34％で，業種別では，電気電子（49.2％），通信業（42.3％），機械（37.5％），運輸装備（37.4％），金融業（36.9％）などの業種の株式を大量に保有している。また，韓国取引所の「主要グループ社の外国人株式保有比重

第Ⅴ部　韓国のコーポレート・ガバナンス

図9－1　経済危機以後の投資部門別株式所有比率の推移（時価総額基準）

（年）
（単位：％）

年	政府および政府管理	機関投資家	一般法人	個人	外国人
2013	3.3	16.1	24.1	23.6	32.9
2011	2.4	13	29.6	24.4	30.6
2009	1.7	12.1	21.2	34.6	30.4
2007	2.8	20	21	25.3	30.9
2005	3.6	18.6	18	22.6	37.2
2003	4.6	15.7	18.8	23.3	37.6
2001	8.1	15.8	17.2	22.3	36.6
1999	16.4	16.9	19.1	25.9	21.7

■ 政府および政府管理　▨ 機関投資家　■ 一般法人　▧ 個人　□ 外国人

（出所）　韓国取引所「1999〜2013年の株式投資人口および投資者別株式保有現況」を基に筆者作成（http://www.krx.co.kr　2017年2月1日閲覧）。

現況」(2010)によると，10大グループ社の外国人の株式保有比率は2009年35.9%を占め，これらは，外国人投資家の株式所有比率が大規模の企業グループに集中していることを示している。外国人投資家が韓国企業の経営やコーポレート・ガバナンスにもたらした影響は，短期的収益性の向上に対する圧力，企業財務戦略及び経営権への介入という逆機能よりも，収益性や成長性が高い企業において配当を減らし，投資を促進させるという順機能が働くと指摘されている。とりわけ，5％以上を保有する外国人投資家の存在がコーポレート・ガバナンスの改善に影響を与えているという。

（2）　機関投資家の行動

株主は，株式市場において株主間の株式取引を通して企業の成果を反映させ株価を形成し企業の経営活動を間接的に監視する機能および議決権の行使を通して経営に介入し企業の経営活動を直接的に監視する機能を有している。

小規模の個人株主は全体発行株式における持ち分が少ないため，株価の形成や議決権行使を通して企業経営を監視する機能を発揮しようとする誘因がかな

第9章　外部監視とコーポレート・ガバナンス

り低く実現も難しい。一方，機関投資家は株主権を活用できるほどの持ち分を保有している場合が多く，株主権を積極的に活用し企業経営を監視する機能を果たすことが実現可能である。したがって，機関投資家には議決権行使を通して企業の経営活動を監視し，長期的に企業価値の向上に寄与するという役割が一層期待されている。

①機関投資家の投資行動および国内証券市場に対する見解

韓国取引所が投資基金を運用する機関投資家76社を対象に行った「機関投資家の役割向上のための設問調査結果」（2003a）をもとに機関投資家の投資行動および国内証券市場に対する見解を検討してみよう。韓国の機関投資家の株式投資比率は，アメリカ50.9％，日本40.1％，イギリス40％に比べ，15.9％と低い投資水準である。機関投資家の運用資産の内，株式に投資する比率が10％未満である機関投資家が36.8％と最も高く，10％以上が22.4％，30％以上が18.4％，50％以上が22.4％である。機関投資家の株式投資規模に関する見解は，「投資規模の拡大が必要である」が46.1％，「現水準が適切である」が47.4％を占め，株式投資の拡大の必要性に対する認識が高いとはいえない。株式投資比率が低い理由としては，債券など安全な資産を選好する傾向が65.8％と高い。一方，理想的株式投資比率は30～40％とする機関投資家が52.6％を占めており，現実と理想とする株式投資比率の間に乖離が見られる。

また，機関投資家の株式の長期投資（1年以上）を難しくする要因として，第1に，ファンドマネジャーに対して頻繁に行われる成果評価（42.1％）が挙げられている。機関投資家は決算期の収益率評価を重視し，短期売買や決算期末に顧客や株主に提出する資産内容（portfolio）を良く見せるために保有する株式の評価額を上げる目的で買い注文を入れる「お化粧買い」（window dressing）などの非正常的な売買パターンをしばしば行う。すなわち，ファンドマネジャーは，決算期になると成果評価を上げるために収益率を高める管理作業を行うのである。第2に，株式市場の不安定性（40.8％）などが挙げられている。国内証券市場は海外証券市場に比べて低い評価を受けており，機関投資家はその要因として，「低いソブリン格付け（sovereign credit ratings）」（48.7％），

177

第Ⅴ部　韓国のコーポレート・ガバナンス

表9-1　機関投資家の議決権行使の開示の推移（2003-2012年）

(単位：件，%)

区　分	2003	2004	2005	2006	2007	2008	2009	2010	2011	2012
開示件数	397	530	532	1,463	2,200	2,943	2,634	2,420	2,302	1,950
案件数	1,413	2,186	2,150	6,505	9,917	13,366	11,372	9,688	11,098	9,960
賛成率	95.6	94.8	98.8	98.9	96.9	95.3	98.4	98.1	97.9	97.5
反対率	0.8	1.5	0.3	0.4	0.6	0.5	0.4	0.3	0.2	0.4
中立率	1.8	2.8	0.9	0.2	0.3	0.4	0.6	1.4	1	1.5
不行使率	1.8	0.9	0	0.6	2.3	3.5	0.3	0.5	1	0.7

(注)　中立（shadow voting）とは，定足数不足で株主総会で決議が否決されることを防ぐために出席していない株主の議決権を代理行使することができる一種の議決権代理行使制度である。不行使とは，棄権を指す。
(出所)　韓国取引所2004年，2005年，2007年，2008年，2010年，2012年報道資料を基に筆者作成。

「消極的な配当などの株主軽視傾向」(36.8%)，「企業統治および会計の不透明性」(28.9%) を指摘している。

②機関投資家の投資行動の現状および問題点

韓国の株式市場においても長期安定期な投資主体としての機関投資家の役割の重要性が増してきおり，顧客利益の最大化および企業経営の透明性の向上においてその役割を果たすべきであるという認識が高まっている。その中で，韓国国内市場において機関投資家がその役割を果たしているかどうか，その現状と問題点を韓国取引所の「機関投資家の株式投資現況及び売買形態分析」(2003b) をもとに探ってみよう。これによると，韓国の機関投資家の現状および問題点として，第1に，株価の下落期において機関投資家は売買比率を下げ，株の売りを増やす傾向にあり，株式市場の安全を図る役割が不十分な点，第2に，機関投資家の売買回転率が市場回転率を上回り，短期的売買性向が強く長期投資家としての役割が不十分な点，第3に，主要上場企業（時価総額規準30大企業）への投資比率が減少し（1998年末20.15%，2002年末19.85%），企業の経営権を保護する機能が不十分な点，第4に，機関投資家の議決権行使件数は増加しているものの株主総会の案件について賛成比率が95%以上で，経営牽制機能が不十分な点が指摘されている。

議決権行使について機関投資家は選別的に行使すべきが51.3%，積極的に行使すべきが44.7%と全体の96%が議決権を行使すべきであると認識していたが，

178

第9章　外部監視とコーポレート・ガバナンス

表9-2　機関投資家の議決権行使の案件別反対現況（2010年，2011年，2012年）

区　分	社外取締役選任	監査報酬	監査選任	配　当	取締役報酬	取締役選任	財務財表承認	定款変更	その他	総　計
2010			12		1	10	1	4	4	32
2011	5	2	6	6	2	5	3	2		31
2012	15		9	4		4		4	3	39

（出所）　表9-1と同じ。

　実際の議決権行使の現状においては，積極的な議決権行使行動は見られず，認識と実際の行動に差がある。

　韓国取引所（2003b）の調査分析以後においても，議決権行使件数は増加しているものの案件に対する賛成意見が大部分を占めており，機関投資家の議決権行使の特徴にほとんど変化が見られない（**表9-1**）。

　機関投資家の議決権行使の内，反対意思表示をした案件の内容を見ると，最も多く反対された案件は監査選任27件で，次に社外取締役の選任20件，取締役の選任19件と役員の任免に対する案件に集中しており，反対の意思表示をした機関投資家に限っては，投資対象企業の経営陣に対するけん制・監視活動を通して企業統治の改善を促そうとしているように思われる（**表9-2**）。一方，議決権を行使しない機関投資家は，議決権を棄権しても投資資産の損益に及ぼす影響が微々たるものであることを理由に棄権しているという(9)。

　議決権行使件数が増加した原因としては，2004年より「間接投資資産運用法」(10)127条および「有価証券市場公示規定」74条1項により，「議決権行使に対する公示」が義務化されたことや株式型ファンドの規模が2005年34兆ウォン，2006年55兆ウォン，2007年116.4兆ウォンと徐々にその規模が拡大するにつれて株主価値の向上を図る目的に議決権の行使件数も自然と増えたのではないかと思われる。議決権行使開示件数が2010年度から減少しだしたのは，「資本市場法」の施行により，公示義務の集合投資（間接投資）機構の資産総額基準が10億ウォンから100億ウォンに上向調整されたことによって議決権行使の公示対象法人が減少したためである(11)（表9-2）。

第Ⅴ部　韓国のコーポレート・ガバナンス

　前述したように2013年の資本市場法の改正によって機関投資家の議決権行使の透明性を向上させるため，議決権を行使した際に賛成および反対した理由を具体的に公示することが規定されたが，法案の改定以後も反対事由に対して充実かつ具体的な反対事由を公示せず，形式的な事由のみを公示している比率が23％を占め，機関投資家の議決権行使に対する透明性は向上されていないように思われる。

　これらに加えて，第5に，年金基金の株式投資比率が低く，議決権行使に消極的である点が挙げられる。世界5大年金基金といわれている年金基金の株式投資比率は，日本の公的年金（GPIF）が33％，ノルウェーの政府年基金（GPF）が61％，オランダの公的年金（ABP）が37％，アメリカのカルパース（CaLPERS）が54％，韓国の「国民年金」（NPS）が31％である。NPSの株式投資比率は，2004年7.2％，2009年18％，2014年には31％と徐々に増えているものの安定的に収益が得られる債券への投資が60％以上を占めており，株式への投資比率は未だ低い水準である。第6に，国内で行われているM＆Aの99.9％が友好的M＆Aで，市場からの規律としての敵対的M＆Aはほとんど行われていない点も問題といえよう。

第3節　自主規制機関の規制

　韓国企業支配構造院（CGS）が1999年に企業統治の改善のために制定した「企業支配構造規範規準」は，制定以来2003年に1次改定以後，G20とOECDが「コーポレート・ガバナンスの原則」を改定したことを受け（2015年9月），13年ぶりに2016年7月に2次改定が行われた。

　模範規準の内容は，株主，取締役会，監査機構，利害関係者，市場による経営監視など5つの部門に構成され，企業統治の模範規準を強化し，規準に従わない場合はその理由を開示させ，企業統治の改善を図ることに重点を置いている。とりわけ，公示および機関投資家の役割を強化させる規準を設けている。公示の強化については，企業は事業報告書または電子公示システムなどを通じ

て自身の企業統治構造と本模範規準との差異およびその理由を説明すべきなど
と勧告している。機関投資家の役割の強化については，市場による経営監視の
部門に機関投資家関連の項目を新設し，投資企業に対する株主権行使の内部規
定を制定・公表し，株主権を積極的に行使するとともにその内容を公示すべき
などと勧告している。

　韓国取引所は，CGS の企業統治模範規準の改定を受け，その規準の項目の
うち，核心原則として10項目を選択し，その遵守状況について自律的に説明す
る制度，いわゆる「コンプライ・オア・エクスプレイン」(comply or explain)
手法を導入した（2017年 3 月10施行）。上場企業は，年 1 回の事業報告書の法廷
提出期間以後 2 カ月以内に「支配構造現況報告書」に核心原則の10項目につい
て遵守状況を記載し，遵守していない場合はその理由を説明する。報告書は証
券取引所の電子公示システムに開示されることになる。

　NYSE においては上場規則に基づいて「コーポレート・ガバナンスのガイド
ライン」の開示が義務づけられており，東京証券取引所においても上場規則に
基づいて「コーポレート・ガバナンス・コード」の遵守状況の説明が義務づけ
られているが，韓国の「企業支配構造模範規準」およびその公示制度は，あく
までも自律規制であり，制裁力はない。しかしながら，その遵守状況の報告書
を作成しなかったり，遵守しない理由を説明しなかったりした場合は，公示シ
ステムを通じて市場から評価を受けることになる。いわゆるネーム・アンド・
シェイム（Name and Shame）効果が得られ，市場の牽制機能が働くのではな
いかと期待されている。

　「企業支配構造模範規準」の改定後，CGS と金融委員会が中心となり，機関
投資家が収益率のみならず企業の経営監視にも積極的に参加し企業統治の改善
に寄与することで企業価値の向上および顧客・受益者の投資リターンの拡大を
図ることを目的とした行動規範であるスチュワードシップ・コードの「機関投
資家の受託者責任に関する原則」を作成し公表した（2016年12月16日）。スチュ
ワードシップ・コードの目的および意義，適用の仕方は，日本と同様「ルール
ベース・アプローチ」（細則主義）ではなく，「プリンシプルベース・アプロー

チ」（原則主義）を採用し，原則を実施するか実施しない場合は説明するという「コンプライ・オア・エクスプレイン」の手法を採用している。スチュワードシップ・コードが導入されて日が浅いということもあり，現時点でスチュワードシップ・コードの受け入れを表明している機関投資家は皆無である（2017年2月時点）が，いくつかの大手年金基金や生命保険会社が受け入れる意向を示しており，今後増えていくであろう。

第4節　監査法人による監査

監査法人の現状とその現状から読み取れる問題の要因について考察する。

（1）　監査法人の現状

スイス国際経営開発院（IMD）が2016年に世界経済フォーラム（WEF）で発表した国際競争力評価のうち，韓国の「会計および監査の適切性」の水準は61カ国中61位で最下位である。[17]

監査当局（証券先物委員会）は，株式会社の外部監査に関する法律に違反し，社員および所属公認会計士が株式を所有する会社の財務諸表に対する監査業務を遂行した12の監査法人の会計士22名に対し，賠償共同基金の追加積立，当該会社の監査業務制限（5年以内）などの措置をした。[18]このように監査を受ける会社の株式を不法に取引した会計士が摘発され，監査当局から懲戒を受けるなど国内の会計業界に対する信頼が崩れている。

さらに，CEOスコアデイリーの調査によると，国内500大企業の同一会計法人の平均監査年数が6.8年，金融当局が外部監査人維持期限として定めた6年を超える企業は269社（55.7%）に達しており，10年以上同一監査法人から会計監査を受けている企業も114社（23.6%）を占めている。[19]その内，サムスン電子，サムスン重工業，現代自動車，ヨンプン，韓国ヤクルトは，外部監査人の開示が始まった1998年以後18年間1回も監査法人を変えず，同一監査法人から監査を受けている。また，15年以上にわたって同一監査法人に監査を任せて

第9章　外部監視とコーポレート・ガバナンス

いる企業も41社に上るなど，監査法人と企業との癒着関係が長年続いている。

（2）　監査法人の不適切な監査業務の要因

　このように監査法人の監査業務が適切に行われず，その質を低下させる主要要因として，以下の3つの要因が挙げられる。第1に，監査法人と大企業との構造的問題（甲乙関係）である。上場企業と外部監査人との契約期間は3年間であり，決算終了日から4カ月の間に監査人を選任することになっており，上場会社は毎年4月まで監査法人との契約を延長するか中止するかを決める。監査法人としては12月決算報告書を書きながら，契約の延長を請託することになる。企業との話し合いによって再契約や毎年更新される外部監査報酬の引き上げが決まるため，監査法人は企業の機嫌取りをせざるを得ない。すなわち，監査人の選任権を有している企業と企業から受注を受ける監査法人との関係において強い甲と弱い乙の関係（上下関係，主従関係）が確立され，弱い立場の監査法人が適正な監査業務を遂行することは困難である。このような甲乙関係は，韓国会計学会が金融当局の依頼を受けて作成した「会計透明性の向上のための会計制度の改善方案」の報告書にも示されている。この報告書によると，国内4大会計法人の会計士72名中，「監査証拠を適時に提供してもらっていない」と応答した割合が93％，「監査報酬の引き下げを要求されたことがある」62.5％，「監査人の交代の圧力を受けたことがある」59.7％，「無報酬のサービス提供の要請を受けたことがある」47.2％，「企業が作成すべき財務諸表の作成を要求されたことがある」84.7％となっており，適正な会計監査業務が行われていないことが明らかである。

　第2に，自由選任制下の激しい受注競争による低価受任である。外部監査を単純な費用として認識している企業が多く，低い受任料を提示する会計法人が選択される傾向にあるため，監査人の間で受注競争の激化によって低価受任が発生し，その分，監査業務に投入する時間が短縮され，監査の品質が低下される（**表9-3**）。企業が監査人を変更する際に受任料をそのまま維持するかあるいは引き下げる場合が全体の63.8％を占めており，企業による自由選任制が

第Ⅴ部　韓国のコーポレート・ガバナンス

表9－3　低価受任による監査品質の低下に対する会計学
会の設問結果

区　分	企　業		公認会計士		合　計	
	名	％	名	％	名	％
大いに低下させた	27	9.5	121	79.1	148	33.8
低下させた	76	26.7	27	17.7	103	23.5
普　通	85	29.8	5	3.3	90	20.6
低下させていない	60	21.1	0	0	60	13.7
全然低下させていない	37	13	0	0	37	8.5
合　計	285	100	153	100	438	100

（出所）　金融委員会・金融監督院，2017，『会計透明性及び信頼性向
上のための総合政策』25頁。

受任料を引き下げ，監査の質を低下させている要因であることを示唆している。

　第3に，監査人の独立性の欠如である。監査人の独立性が欠如する理由には，
①形式的な要件重視，②公認会計士への薄い倫理教育，③監督当局の監理不足
が挙げられている。①公認会計士法と公認会計士倫理綱領に，会計士は監査を
担当している会社の株式の売買禁止，監査業務と非監査業務の同時進行禁止な
どの独立性基準が明示されており，これらの形式的な要件を満たせば独立性が
保たれていると判断される。しかしながら，監査業務を担当する企業内に親友
がいる場合や親しい隣人がいる場合など独立性に問題が発生するケースが少な
くない。②公認会計士の試験に職業倫理に関する試験の100点満点の内，配点
が10点しかなく，公認会計士を輩出するシステムにおいて倫理教育が軽視され
ている。③外部監査対象の非上場会社2万4000社と所属会計士30人未満の小規
模会計法人は韓国公認会計士会が監理を担当し，上場会社2000社および30人以
上の中大型会計法人は金融当局が監理を担当しているが，担当者の人員不足に
よって実際に韓国公認会計士会が監理した会社は2万4000社のうち700社
（2.9％），金融監督院が監理した会社は2000社のうち150社（7.5％）にとどまっ
ている。

184

第9章 外部監視とコーポレート・ガバナンス

第5節 金融委員会などの監督官庁の規制

近年，大宇建設（2013年），モニュエル（2013年），大宇朝鮮海洋（2015年8月）などの大企業の粉飾会計や大型会計不正行為が相次いで発生し，企業経営に対する信頼の喪失により，会社の粉飾会計と監査法人の不十分な監査の実態が浮き彫りになっている。

このような不十分な監査の実態を招いている韓国の外部監査の問題点[23]は，第1に，会社側の問題として，外部監査をコストと考え，安い受任料を提示する監査法人を選択する傾向や会社の経営陣の粉飾会計に対する責任意識の欠如，第2に，監査人側の問題として，自由選任制の下での激しい受注競争による低価受注および監査人の独立性の欠如による監査の質の低下，第3に，監督当局側の問題として，会計不正に対する低い制裁力および監理人員の不足による監視・監督機能の限界などが指摘されており，これらを解決するために金融委員会（日本の金融庁に当たる）は，「会計透明性・信頼性の向上のための総合対策」を策定し，会計不正を防止するための根本的な制度の改変を以下のように推進している[24]。

（1） 会社側の問題への対策

内部監査（監査および監査委員会）による監視・統制の強化，会社内部告発の活性化，内部会計管理制度の実効性の向上，事業報告書および監査報告書提出期間の延期の制限的許可などの改善策を打ち出している。

（2） 監査人側の問題への対策

上場企業の外部監査人の選任制度は，自由選任を基本原則としながら，管理種目，負債比率過多，監理結果などによって監査人を指定する制度であるが，第1に，自由選任制によって監査人の独立性が欠如され監査の質が低下されることを防ぐために，直権指定制の拡大および選択指定制を導入している。直権

185

第Ⅴ部　韓国のコーポレート・ガバナンス

指定制とは，証券先物委員会が 1 社の会計法人を選択し，会社の監査人として指定する制度であり，直権指定制の指定事由を追加しその対象となる会社を拡大する。選択指定制とは，上場会社が監査人として指定を受けたい会計法人 3 社を提示し，証券先物取引委員会がその内 1 社を指定する制度である。選択指定制対象会社は外部監査人を 6 年間は自由に選任した後， 3 年間は選択指定をしなければならない。16年度基準では上場会社の1958社のうち134社（6.8％）が直権指定であったが，今後は上場会社の約10％が直権指定制，約40％が選択指定制を受けることになる。

　第 2 に，現行の監査報告書は監査意見のみが提示され，監査過程とそれに伴う監査人の意見などに対する説明が不足していることを改善するために，現在受注産業に適用されている監査上の主要な事項(Key Audit Matters)を拡大導入している。監査上の主要な事項とは，監査人と経営陣が協議し留意すべき監査事項を決定し，詳細に監査手続き・結果などを監査報告書に記載する国際監査基準であり，2016年12月以後の会計年度より適用される制度である。この制度が適用される会社は，その規模を考慮し23年までに段階的に全上場会社に導入する。

　第 3 に，監査業務の独立性を強化するために，監査業務を担当している当該会社に対する非監査業務（コンサルティングなど）禁止対象業務を欧米と同一水準に拡大している。

　第 4 に，監査投入時間が短すぎる問題に対し，適正監査投入時間を規定する。韓国公認会計士協会が企業規模および業種別に監査に必要な適正な時間として標準監査時間のガイドラインを提示する対策案を打ち出している。

（3）　監督当局側の問題への対策

　監督当局の監督の強化を図るための対策案として，以下の 3 点が挙げられている。第 1 に，上場会社の外部監査人登録制度の導入である。現在では，資本金 5 億ウォン以上あるいは10人以上の公認会計士が在籍しているなど形式的要件さえ備えれば，金融委員会に上場会社の監査人として登録が可能であり，監査法人として適切な能力を兼ね備えていない監査法人による不適切な監査が行

第**9**章　外部監視とコーポレート・ガバナンス

われている。そのため，監査品質のシステムなど一定の要件を備えた監査法人
のみが外部監査をすることができる監査人として登録される「上場会社の監査
人登録制度」を導入する。

　第2に，金融監督院の監理制度の改善である。国内企業の平均上場維持期間
が12.7年であるのに対し，監理周期が約25年と長く，約2000社の上場会社に対
して監理人員が38名と人員不足が問題とされている。そのため，監理人員を現
在38名から66名に増員し毎年上場会社10％を監理する。すべての上場会社に対
して監理周期を25年から10年に短縮し，監査人指定を受けない会社については
6年以内に監理を実施する。また，上場会社の会計実態を常時モニタリングし，
監理対象会社数を拡大するために会計監理部署を追加新設する。監理権限に対
しても現行の金融監督院の監理権限では適切な監理が難しいことから，監理に
必要な資料提出要求権を付与するなど管理権限の強化を図る。

　第3に，粉飾会計や不正会計に対する制裁の強化である。粉飾会計や不正会
計を行い摘発された場合，刑罰を5〜7年から10年以下に上向，課徴金の上限
を廃止し，会計不正で摘発された場合は厳しく処罰する。その他，公示義務お
よび会計担当者への会計教育の強化を図り，会計担当者の会計能力を高め，公
示を通して市場監視機能の活性化を図る。

おわりに

　以上，本章では，韓国の外部監視とコーポレート・ガバナンスについて近年
の動向を通して現状および問題について検討した。

　韓国の外部監視とコーポレート・ガバナンスの近年の動向は，外部主体によ
る外部規律があまり機能していない問題を解決するために，自主規制機関およ
び監督官庁の規制および法制度の整備が急激に進んでいる。このように外部監
視体制が整えられていく中，形式的な制度のみが強調されることなく，外部規
律が機能するためには，外部監査主体がコーポレート・ガバナンスに対する役
割の重要性を認識し，自律的かつ積極的に取り組んでいくことが望ましい。

第Ⅴ部　韓国のコーポレート・ガバナンス

注

⑴　韓国では，企業統治を英語で「Corporate Governance」と表記し，韓国語で「企業
　　支配構造」と訳されている。
⑵　会社に対し自己の影響力を利用して取締役に業務執行の指示をした場合，取締役の名
　　義をもって直接業務を執行した場合，取締役でないにもかかわらず名誉会長，会長，社
　　長などの名称を使用して会社の業務を指示・執行した場合，取締役として見なす制度で
　　ある。
⑶　佐久間・水尾編著，2010，216頁。
⑷　公正取引委員会が2010年3月4日に指定した「相互出資制限企業集団」中，資産総額
　　基準10大グループ社所属の上場会社。POSCO，サムスン，GS，現代，LG，SK，韓進，
　　現代重工業，ロッテ，錦湖アシアナである。
⑸　パクキョンソ・イウンジョン，2006。
⑹　株価収益比率（PER）は，韓国10.8％，アメリカ21％，イギリス15.8％，香港12.8％，
　　シンガポール13.2％である（2003年4月末基準）。
⑺　韓国企業の平均配当性向は，日本企業の25％，欧米企業の30〜50％に比べて20％と低
　　い。
⑻　韓国取引所，2003a，13-14頁。
⑼　韓国取引所，2007，報道資料。
⑽　間接投資資産運用法とは，間接投資機構の構成と資産運用および投資者保護に必要な
　　事項を規定することによって資本市場の間接投資を活性化するために制定した法。2007
　　年8月3日「資本市場と金融投資業に関する法律」の制定で2009年2月に廃止され代替
　　されている。
⑾　韓国取引所，2010，報道資料。
⑿　韓国企業支配構造院，2015，19-23頁。
⒀　『朝鮮日報』2014年12月27日付。
　　　基金管理基本法第3条3項において年金基金の原則的株式・不動産の売買禁止条項が
　　あったが，2005年1月に改訂され，原則的株式投資禁止条項が削除された。
⒁　韓国企業支配構造院（Corporate Governance Service）は，2002年6月韓国取引所，
　　金融投資協会，韓国上場会社協会，コスダック協会などの機関の参与によって発足され，
　　企業のESGおよびCSRに関する評価と調査・研究を遂行する非営利社団法人である。
⒂　韓国取引所「Comply or Explain方式の支配構造公示制度の導入」報道資料2017年3
　　月9日。
　　　核心原則の10項目は，①株主の権利行使の保護，②株主への議決権の付与および企業
　　情報の提供などを通じた公平な待遇，③取締役会の機能，④取締役会の構成および選任
　　に関わる透明な手続き，⑤独立的な立場での社外取締役の経営陣への監督，⑥取締役会

第**9**章　外部監視とコーポレート・ガバナンス

の効率的かつ合理的な運営，⑦取締役会内の委員会の役割，⑧社外取締役の評価および
報酬の公正性，⑨監査委員会，監査などの内部監査機構の独立的な立場で業務遂行およ
びその活動の公示，⑩独立的な立場での外部監査人の公正的な監査業務の遂行に関わる
内容である。

⒃　金融委員会（Financial Services Commission）は，旧財政経済部の金融政策機能と
旧金融監督委員会の監督政策機能を統合し，国内金融政策を統括する国内金融分野の最
高意思決定の行政機関である（2008年3月設立）。民間機構である金融監督院（Financial
Supervisory Service）は，金融委員会が委任する監視業務を遂行する執行機関である。

⒄　『東亜日報』2016年6月3日付。

⒅　金融委員会・金融監督院，2016。（http://www.fsc.go.kr　2017年3月1日閲覧）。

⒆　CEOスコアデイリー「500大企業，同一会計法人6.8年固着監査」（http://www.
ceoscoredaily.com/news/　2017年2月22日閲覧）。

⒇　毎日経済MKニュース「未だに大企業はスーパー甲，会計法人は丙」2017年2月5
日（http://news.mk.co.kr　2017年3月2日閲覧）。

(21)　ファイナンシャルニュース「会計品質と監査受任料」2016年12月19日（http://fnnews.
com　2017年3月30日閲覧）。

(22)　chosun biz.com「会計業界信頼危機⑩会計独立性なぜ崩れる」（http://biz.chosun.com
2017年3月1日閲覧）。

(23)　外部監査の対象企業は，資産総額が100億ウォン以上の株式会社，上場法人，大統領
令が定める株式会社も外部会計監査を受けなければならない。監査基準は公認会計士法
（13条）の規定によって設立された韓国公認会計士会が金融委員会の事前承認を得て定
める（5条）。

(24)　金融委員会・金融監督院，2017，1-40頁（http://www.fsc.go.kr　2017年3月1日
閲覧）。

(25)　対象会社は①粉飾会計で解任勧告を受けた役員または横領・背任前歴のある役員がい
る上場会社，②証券取引所の規定上不誠実な公示法人として指定され罰点が4点以上の
会社，③内部告発者の不利益措置会社，選択指定対象会社で不正行為が摘発された上場
会社である。

(26)　対象会社は①経済に及ぼす影響が大きい資産総額が5兆ウォン以上の大規模企業集団
所属会社および金融会社，②粉飾会計の疑いがあると判断される大規模上場会社，③受
注産業など証券取引委員会が定める「会計透明性の留意業種」に属する上場会社（建設・
造船業種企業，原価基準投入法適用建設契約締結企業）も適用される。

(27)　非監査業務禁止対象に追加される業務は①買収目的資産などの実査・価値評価，②資
金調達・投資関連幹旋および仲介業務，③経営者の役割および意思決定を伴う業務，加
えて連結された子会社の非監査用役も制限される。

189

第Ⅴ部　韓国のコーポレート・ガバナンス

引用参考文献

金在淑，2014，「韓国の企業統治と取締役会」菊池敏夫・金山健・新川本編著『企業統治
　　論：東アジアを中心に』税務経理協会，77-89頁。

佐久間信夫・水尾順一編著，2010，『コーポレート・ガバナンスと企業倫理の国際比較』
　　ミネルヴァ書房。

（韓国語文献）

韓国企業支配構造院，2015，「機関投資家の反対議決権行使に対する事由公示現況分析」
　　『CGS Report』5巻12号。

　　韓国取引所の報道資料　以下　http://www.krx.co.kr　2017年2月1日閲覧。

　　韓国取引所「12年集合投資業者などの議決権行使公示現況」2012年3月21日，報道資料。

　　韓国取引所「機関投資家の役割向上のための設問調査結果」2003a. 7月，報道資料，1
　　　　-16頁。

　　韓国取引所「機関投資家の株式投資現況及び売買形態分析」2003b. 7月，報道資料，
　　　　1-13頁。

　　韓国取引所「2008年度12月決算法人配当性向および外国人現金配当（有価証券市場）」
　　　　2009年4月2日，報道資料。

　　韓国取引所「機関投資家の議決権行使に対する公示現況」2004年3月15日，2005年3月
　　　　4日，報道資料。

　　韓国取引所「有価証券市場上場12月決算法人定期株主総会関連機関投資家の議決権行使
　　　　開示現況分析」2007年3月19日，報道資料。

　　韓国取引所「有価証券市場上場12月決算法人定期株主総会関連資産運用社など機関投資
　　　　家の議決権行使公示分析」2008年3月20日，報道資料。

　　韓国取引所「2010年集合投資業者の議決権行使公示現況分析」2010年，報道資料。

　　韓国取引所「Comply or Explain 方式の支配構造公示制度の導入」報道資料2017年3月
　　　　9日。

金融委員会・金融監督院「株式会社の外部監査に関する法律違反嫌疑に対する調査結果
　　措置」2016年3月29日，報道資料。

金融委員会・金融監督院「会計透明性および信頼性の向上のための総合対策」2017年1
　　月20日，報道資料。

バクキョンソ・イウンジョン（2006）「外国人投資家が韓国企業の経営及び支配構造に及
　　ぼす影響」『金融研究』20巻2号，73-113頁。

（金　在淑）

第10章

会社機関とコーポレート・ガバナンス

はじめに

　2016年秋からの韓国社会は大統領を中心とする政治スキャンダル，いわゆる崔順実ゲートに翻弄され続けた。憲政史上初の大統領弾劾と罷免とそれに伴う各方面への後遺症は現在も終わっていないが，企業問題，特に韓国企業のコーポレート・ガバナンス問題を考える上でもその影響は少なくない。創業家出身のグループトップが逮捕されたサムスンの場合は，自らの支配基盤の強化を図り三代世襲による創業家支配を強化するために，大統領からの要請に応じて巨額の賄賂を贈り，その見返りとしてグループ系列企業間の合併案件を株主総会で通過させるために政治的便宜を受けたという容疑がかけられている。真偽のほどは裁判結果を見ないと判断できない。しかし，長期にわたる大統領友人の国政壟断スキャンダルの政治的・法的決着が，財閥と政治の歪んだ関係の正常化，あるいは政経癒着の解消に向けての第一歩にならなければならないとの認識が広まっていることは注目に値しよう。

　そうした社会の空気を端的に反映し，2016年12月初旬，サムスンをはじめ大手財閥の創業家オーナー9人と経済団体の責任者などが国会聴聞会に召喚され，与野党国会議員の厳しい追及にさらされる様子が生中継で報道された。公開の場にほとんど現れない財閥オーナーの肉声が伝えられる貴重な場であったが，ベールに包まれた財閥内部の経営実態や大統領との関係が明らかにされるまでには至らなかった。国民にとっては，むしろ財閥に対する漠然としたマイナスイメージの増幅に終わったのではないだろうか。

第Ⅴ部　韓国のコーポレート・ガバナンス

表10-1　上位10大グループの現況

(2017年5月基準〔社，兆ウォン〕〔10ウォン≒1円〕)

	グループ	オーナー	系列企業	資産総額	売上高	当期純利益
1	サムスン	李健熙	62	363.2	223.5	13.5
2	現代自動車	鄭夢九	53	218.6	161.5	10.8
3	SK	崔泰源	96	170.7	125.4	6.8
4	LG	具本茂	68	112.3	114.6	4.0
5	ロッテ	辛格浩	90	110.8	68.1	2.8
6	ポスコ	—	38	78.2	54.8	1.0
7	GS	許昌秀	69	62.0	50.2	2.1
8	ハンファ	金昇淵	61	58.5	31.9	2.9
9	現代重工業	鄭夢準	29	54.3	42.0	1.2
10	新世界	李明熙	37	32.3	21.4	0.6
	合計	—	1,259	1,642.5	1,111.5	48.4

(出所)　公正去来委員会「2017年大規模企業集団指定現況」2017年5月2日。

　本章では，以上述べたような韓国特有の財閥と政治との関係を考慮に入れつつ，会社機関の状況とコーポレート・ガバナンスの問題を考察する。具体的議論に入る前に，公正去来委員会が毎年発表する大規模企業集団指定制度，いわゆる財閥ランキングを概観してみよう。

　同制度は1987年より始まったが，当初は「資産規模4000億ウォン以上」というもので32集団が初の指定を受けた。対象集団数の増加に伴い，1993年度からは「上位30集団」が新たな指定基準となった。2002年度からは再び「資産規模2兆ウォン以上」，2009年度からは「同5兆ウォン以上」と指定基準は上方修正されてきたが，2016年10月には「同10兆ウォン以上」と新たな指定基準への移行が決定し，2017年5月には31集団が指定を受けた。対象企業集団には，相互・循環出資の禁止，債務保証制限，金融保険会社議決権制限，創業家一族の私益詐取制限，公示義務などが適用されている。**表10-1**は対象企業集団のうち，公企業を除く民間企業集団の上位10位を示している。

　一瞥して明らかなのがサムスンと現代自動車という2大グループの圧倒的存在感である。

192

第**10**章 会社機関とコーポレート・ガバナンス

第1節 株主総会

（1） 外国人株主の影響力

　近年の株主総会で確認できる顕著な特徴が外国人株主の影響力の高まりである。多くの財閥企業の場合，株主構成状況を見ると外国人株主が全体の半分近くに迫っている。サムスン電子の場合は約6割が外国人株主によって占められており，彼らの存在は「モノ言う株主」として知られる米国投資資本（ヘッジファンド運用会社）エリオットのように，近年ではガバナンス面で厳しく評価し，経営陣に対し改革圧力となっている。

　エリオットはサムスン電子株0.62％を保有しているが，自ら株主としての利益を第1に考え，「創業家の利益追求を第1にするのはおかしい」と表明し，株主提案を実行している。その狙いは財閥特有の循環出資構造の解消であり，創業家が少ない持ち株により複雑な所有構造を構築している状況を改めさせるものだが，これにより創業家によるグループ支配力を低下させる可能性があるため，こうしたサムスン側とエリオット側の神経戦はガバナンス構造を巡る重大課題となっている。その一端を時系列で追ってみよう。

　2015年5月，グループ持株会社格である第一毛織がサムスン物産を吸収合併する計画が発表されたところ，翌6月，エリオットはこの計画に反対を表明した。同年7月に開催されたサムスン物産の臨時株主総会において，票決の結果，同社と第一毛織の合併が承認され，第一毛織の株主総会においてもサムスン物産との合併が承認された。エリオットは合併案に反対したが，韓国最大の機関投資家，国民年金基金が合併案に賛成することで可決された。

　同年9月，創業家出身でグループトップの李在鎔副会長に関し，臨時株主総会（10月）で登記理事（取締役）への就任が発表されると，翌10月，エリオットはサムスンに公開書簡を送付し，サムスン電子の会社分割提案（持株会社と事業会社の2社への分割）を発表した。さらに30兆ウォン（約2兆8000億円）の特別配当の支払い，米ナスダック市場への上場，理事会に自社の推薦する3名

193

の社外理事を導入することなどを要求し，創業家主導の経営に対する厳しい要求を突きつけた。10月に開催された臨時株主総会ではサムスン側の原案がすべて通り，李在鎔副会長の登記理事就任が承認される一方，エリオットからの要求はいったんすべて退けられることとなった。

　臨時株主総会の翌11月，サムスンは「持株会社体制への移行を検討する」と発表した。それまで公式的に持株会社移行に言及したことがなかったため，この発表は注目を集めることとなった。そもそも韓国では持株会社を設立するためには上場子会社の20％以上の株式をもつ必要がある。サムスン電子株の20％以上を保有するための資金捻出問題をどう実現するのかということは，外国資本による経営改革要求への対応といった側面を有するが，サムスングループ全体に対する創業家支配といったグループガバナンスの本質にかかわる極めて重要な問題である。その後2017年4月27日，サムスンは持株会社体制に移行しない決定を下したと正式に発表している。

（2）　株主総会

　大手財閥傘下の12月決算上場企業のほとんどが例年3月中・下旬に株主総会を迎える。2017年は3月18日に178社，3月24日に924社の集中開催があった。前半には現代自動車，LGなどの系列企業，後半にはサムスン，SK，ロッテ，CJなどの系列企業が株主総会を開催している。今年の株主総会の特徴を2つ挙げておこう。

　第1は韓国内最大の機関投資家，国民年金基金の存在である。同基金ホームページによると，2017年5月末現在，基金の資産は589.5兆ウォンであり，そのうち金融投資部門に588.5兆ウォン，うち121.7兆ウォンが国内株式への投資となっている。2016年末時点と比較しても約30兆ウォンほど資産が増加し，国内株式にも20兆ウォンほど投資が増加している。

　2016年末現在，同基金が投資先企業の全株式の5％以上の持ち分を保有する企業が161社，10％以上保有する企業は51社と発表されている。この中でサムスングループに対しては，持ち分率の高い順にホテル新羅9.93％，サムスン電

第**10**章　会社機関とコーポレート・ガバナンス

子9.23％，サムスン電機9.14％，サムスン火災9.04％，第一企画8.50％，サムスン SDI8.37％，サムスンエンジニアリング6.43％，サムスン生命5.87％，サムスン物産5.57％となっている。現代自動車グループに対しては現代建設11.25％，現代モービス9.84％，現代グロービス9.76％，現代自動車8.13％，現代製鉄7.69％，起亜自動車6.96％，現代ロテム5.52％となっている。

　ではこうした株式保有は実際の議決権行使にはどのように反映しているのだろうか。現代自動車の株主総会において注目されたのが，創業家オーナーである鄭夢九 会長の社内理事再任案件である。国民年金基金は鄭夢九案件に対し，2008年総会での反対，2011年総会での反対に続き，2014年総会では賛成，そして今年の総会では棄権を表明している。

　単純比較は困難だが，今年の国民年金基金には2008年当時の明確な反対姿勢⁽⁴⁾は感じられない。国民年金基金は2016年のデータとして，株式を保有する企業753社の株主総会に出席し，上程案件3035件に対して賛成2715件（89.46％），反対306件（10.08％），中立あるいは棄権14件（0.46％）という議決権行使を行っ⁽⁵⁾ている。同基金の反対意思はわずかに1割にすぎない。一方，議決権行使のための案件分析団体である「優良企業支配構造研究所」は鄭夢九案件に対し，かつての背任・横領事件を挙げて反対意思を表明し，また現代自動車の他に現代モービス，現代建設，現代パワーテックにも社内理事（兼職）となろうとすることは忠実義務の阻害に当たるとして反対している。国民年金基金は，こうした敏感な内容の案件に対しては積極的な反対姿勢を見せず，棄権あるいは中立といった態度であったため「株主総会挙手機」などと揶揄される結果になっている。

　第2の特徴は，サムスンのガバナンスに関する問題である。前述した政治スキャンダルの中で李在鎔副会長が逮捕・起訴され，政経癒着の象徴といわれるグループ未来戦略室が2017年2月末をもって解体された。従来，12月初旬には未来戦略室人事担当により社長団人事として系列会社社長クラスの人事異動が発表され，それを受けて系列各社の役員人事が動くパターンがとられてきた。しかし未来戦略室が解体されたことでグループ最高意思決定機関がなくなり，

今後はすべての意思決定が系列各社理事会において行われるようになった。グループトップの逮捕・収監，未来戦略室長（崔志成副会長）と同室次長（張忠基社長）の辞任によりグループ次元でのガバナンス構造にも大きな変化となって跳ね返ってくるものと予想される。

　そうした中開催された3月24日のサムスン電子株主総会では，一連の政治スキャンダルに関して議長役の権五鉉副会長がどのようなメッセージを発表するのか，大きく注目された。疑惑を巡る株主の質問に「違法行為はなかったと考える」と強調する一方，「物議をかもして申し訳ない」との陳謝があった。結局8月25日の一審判決で，李在鎔被告は懲役5年（求刑懲役12年）の実刑判決を受けた。その後サムスンのみならず検察側もこれを不服として控訴に至っている。

第2節　理事会（取締役会）改革

（1）　創業家一族の登記理事（取締役）就任状況

　公正去来委員会の発表による「大企業集団支配構造現況」（2016年12月）に基づき，大企業集団（財閥）の理事会を考察してみる。最新の企業集団指定基準（資産基準10兆ウォン以上，2016年10月）の対象グループ中，総帥（創業家オーナー）とその一族のいる民間企業集団（21グループ，系列社数918社：上場146社，非上場772社）のデータが発表されている。はじめに創業家一族の理事会への関与を見てみよう。

　前掲表10-1に挙げたように，ロッテを除くすべての財閥は創業者2世代目が現在のオーナーとして支配の頂点に位置し，さらにその子・孫が登記理事に就任し，それ以外の親族なども登記理事に就任している。「創業家一族」とはそれらをすべて合わせた表現であり，上場企業146社中58社に就任している。法的責任をもつ取締役は韓国では「登記理事」と呼ばれるが，創業家一族の場合，非登記理事の状態にあっても理事会に対し，あるいは経営全般に対し実質的な影響力を行使する場合がよく見られる。創業家一族の登記理事就任状況を

第**10**章　会社機関とコーポレート・ガバナンス

表10-2　創業家一族の登記理事就任状況

(2016年4月1日〔社，%〕)

	グループ	系列企業 (a)	オーナー（総帥） の登記理事就任 企業（b）	創業家親族の登 記理事就任企業 (c)	創業家一族の登 記理事就任企業 (d=b+c)	創業家一族の登 記理事就任比重 (e=d/a)
1	サムスン	59	0	1	1	1.7
2	現代自動車	55	4	11	15	27.3
3	SK	86	1	3	4	4.7
4	LG	65	2	3	5	7.7
5	ロッテ	91	5	9	14	15.4
6	GS	66	3	19	22	33.3
7	ハンファ	56	0	1	1	1.8
8	現代重工業	26	0	0	0	0.0
9	韓進	38	8	7	15	39.5
10	斗山	23	0	8	8	34.8

(出所)　公正去来委員会「2016年大企業集団支配構造現況分析」2016年12月3日。

グループ別に整理したのが**表10-2**である。

　ここでサムスンと現代自動車の2大グループを見てみよう。サムスンの場合，オーナー（総帥）である李健熙（イ・ゴンヒ）（1942年生まれ）は2014年5月，急性心筋梗塞で倒れて以降長期療養中であり，経営の第一線からは事実上の引退状態にある。サムスン電子発表資料によれば，李健熙は3.54％を保有する最大株主として記録があるのみで登記理事の地位には就いていない。登記理事ではなく，代表権もないまま「会長」として，サムスン電子を，またサムスングループ全体を率いてきた事実に改めて注目したい。

　父親と同様，李健熙の長男・李在鎔は，今まで登記理事ではない状態で「副会長」にまで昇進してきた[7]。父親が倒れた後は事実上の創業家トップとしてサムスンの代表者の立場にある。2016年10月27日に開催されたサムスン電子臨時株主総会でようやく登記理事に就任し，正式な理事会メンバーに名を連ねることになった。

　表10-2が示すサムスン唯一の登記理事は，李健熙の長女・李富眞（イ・ブジン）である。李富眞はホテル新羅の「代表理事（代表取締役）社長」の立場にある。かつて登記理事ではないもののサムスンエバーランド社長（経営戦略担当），第一毛織

197

社長（経営戦略担当），サムスン物産リゾート建設部門社長（経営戦略担当）などを歴任していた。李健熙の次女・李叙顕もまた現在サムスン物産社長（ファッション部門長）であるが，かつてはサムスンエバーランド社長（ファッション部門経営企画担当），第一企画社長（経営戦略担当），第一毛織社長（ファッション部門経営企画担当），サムスン物産社長（ファッション部門経営企画担当）を歴任している。李叙顕の場合は過去も現在もすべて非登記理事の立場である。

　韓国の慣例として，1つの会社に複数の「社長」が存在する場合が多く，「社長」といっても登記理事・非登記理事に関係なく，その企業を代表する最高経営者ではなく，「部門長」といった意味合いに近い。サムスンの場合，創業家3世代目の若き経営者たちにはそうした処遇が多くなされており，法的責任の発生する登記理事には，実力ある専門経営者が就任する場合が一般的である。しかし創業家出身経営者であるという立場は専門経営者とは本質的に異なるものであり，創業家一族によるグループ経営に対する影響力行使であることには間違いないといえる。

　現代自動車グループの場合は，サムスンとは対照的に創業家による登記理事就任が顕著である。創業者2世代目の鄭夢九（1938年生まれ）はすでに高齢であるが，登記理事として主力企業の現代自動車会長（代表理事）をはじめ現代モービス会長（代表理事），現代パワーテック（理事），現代建設（理事）を掌握している。鄭夢九の長男・鄭義宣は登記理事として主力の現代自動車副会長のほか起亜自動車（理事），現代モービス（理事），現代建設（理事）を兼任している。

　このようにグループによって創業家一族の登記理事就任状況には差があるが，公正去来委員会の発表によると，さらなる特徴として次の点が指摘できる。第1は，創業家一族の登記理事就任は主にグループ内の主力企業（資産規模2兆ウォン以上の上場会社）に見られることである。資産規模2兆ウォン以上の上場会社（主力企業）85社に対し，創業家一族は36社（42.4％）において登記理事に就任し，その他（資産規模2兆ウォン未満の上場会社および非上場会社）の場合は127社（15.2％）に止まっている。いうまでもなく，創業家一族によるグ

第**10**章　会社機関とコーポレート・ガバナンス

ループ主力企業重視の姿勢が明確になっている。第２は，持株会社形態に移行したグループとそうでないグループにおける創業家一族の登記理事就任状況の違いである。結論的にいえば，持株会社形態に移行したグループの場合，持株会社そのもの対する創業家一族の登記理事就任が非常に高くなっている（12社中９社，75.0％）。

創業家オーナーが持株会社トップに登記理事として就任している例としては，SK グループ・崔泰源（SK ㈱会長など），LG グループ・具本茂（㈱LG 会長），GS グループ・許昌秀（㈱GS 会長など），韓進グループ・趙亮鎬（㈱韓進会長），CJ グループ・孫京植（CJ ㈱会長など），富榮グループ・李重根（㈱富榮会長など），LS グループ・具滋烈（㈱LS 会長）が挙げられる。

（２）　社外理事（社外取締役）

分析対象は民間企業集団26グループで上場企業165社である。**表10−3**は企業集団を創業家オーナーの有無により分類しているが，上場企業全体（1089人）の中で社外理事は547人（50.2％）を占めている。商法（542条）によると，上場企業についての社外理事の最少基準は「３名以上，理事総数の過半数（資産規模２兆ウォン未満の場合は理事総数の４分の１以上）」となっている。上場企業の理事会は平均6.6名の理事から構成され，社内理事は3.28人，社外理事は3.32人となり，社外理事が過半数となっている。

商法（382条）を見ると，社外理事とは「当該会社の常務に従事しない理事」であり，具体的には「会社の常務に従事しない理事・執行役員および被雇用者，または最近２年以内に会社の常務に従事した理事・監査・執行役員および被雇用者であってはならない」，あるいは「最大株主が自然人である場合，本人と配偶者および直系尊属卑属であってはならない」といった規定が見られる。内容としては，業務執行決定権および理事の職務執行に対する監督権を有する理事会の一構成員として，法律上常勤理事と同一の権限と責任をもつ非常勤理事のことと理解できる。

韓国の場合，1997年の通貨危機，いわゆる IMF 経済危機の原因の１つとし

199

第Ⅴ部　韓国のコーポレート・ガバナンス

表10-3　社外理事現況　（民間企業集団26グループ，人）

	上場企業数	理事総数	社内理事（％）	社外理事（％）
オーナーのいる集団 （21グループ）	146	954	470（49.3）	484（50.7）
オーナーのいない集団 （5グループ）	19	135	72（53.3）	63（46.7）
全　体 （26グループ）	165	1,089	542（49.8）	547（50.2）

（出所）　公正去来委員会「2016年大企業集団支配構造現況分析」2016年12月3日より抜粋して筆者作成。

　て後進的な企業支配構造が指摘され，企業経営の透明性を高め，投資家の利益を保護する目的で企業の支配構造の改善のために導入された経緯がある。社外理事は独立的な位置から，創業家一族など支配株主をはじめとした社内理事の職務執行に対する監視と監督を遂行し，経営の透明性を高めるとともに，経営意思決定のための助言と専門知識を提供するなど，企業の健全な発展のための内部統制を遂行する意義がある。制度的には1998年2月，証券去来所の有価証券上場規定が改正される形で社外理事制度の導入が義務化され，2001年には証券去来法に同規定が明文化されている。2009年3月になると証券去来法上の社外理事規定が商法に移管されている。

　表10-4から明らかなとおり，GSグループを除くすべてのグループで社外理事の比重が過半数となっている。さらに社外理事による理事会出席率を見るとすべて90％以上と良好な状況が確認できる。社外理事規定を設置した商法の目的を満足させていると考えられるが，問題は社外理事が本来の機能を果たしているかである。

　「2016年大企業集団支配構造現況分析」によると，2015年4月1日から2016年3月31日までの1年間，上記の上場企業165社の理事会案件（3997件）の中で社外理事の反対などによって原案通りに理事会を通過できなかった案件は16件（全体の0.4％）であったという。その16件中，否決された案件は2件，否決はされなかったが案件への影響力行使が確認できたものが14件であった（条件付き可決3件，保留6件，修正議決5件）。否決の内容は，ロッテハイマート（ロッ

第**10**章　会社機関とコーポレート・ガバナンス

表10-4　上位10大グループにおける社外理事現況

(2016年4月1日〔社，％〕)

	グループ	上場企業数	理事数 (a)	社外理事数 (b)	社外理事比重 (c＝b／a)	社外理事の 理事会出席率 (d)
1	サムスン	15	105	57	54.3	93.8
2	現代自動車	11	86	45	52.3	97.2
3	SK	16	100	52	52.0	95.7
4	LG	12	84	44	52.4	97.4
5	ロッテ	9	61	31	50.8	95.8
6	GS	6	42	19	45.2	94.0
7	ハンファ	7	51	28	54.9	95.6
8	現代重工業	2	12	7	58.3	91.3
9	韓進	5	32	16	50.0	96.8
10	斗山	6	35	21	60.0	90.8

(出所)　公正去来委員会「2016年大企業集団支配構造現況分析」2016年12月3日より抜粋して筆者作成。

テグループ)「新規店舗出店の件」，そしてポスコICT（ポスコグループ)「理事会運営規定改正の件」の2件であった。また理事会を通過できなかった16件は，創業家オーナーのいるグループは5件（ロッテ2件，サムスン1件，現代自動車1件，ハンファ1件）で，そうでないグループ11件ですべてがポスコグループのケースであった。

　これら理事会で否決や保留などに至った案件は16件で，全体の0.4％に過ぎない。今後の推移や個別案件の具体的な分析を通し，社内理事の職務執行に対する監視と監督が社外理事によって効果的になされているのか検証しなければならない。次に理事会内の委員会について見てみよう。

(3)　理事会内委員会

　資産総額2兆ウォン以上の上場企業の場合，社外理事候補推薦委員会と監査委員会が設置義務化されているのに対し，報奨委員会や内部去来委員会などは企業の判断に委ねられている。

　民間企業集団26グループ・上場企業165社を対象にした調査結果では，社外理事候補推薦委員会の場合，165社中92社（55.8％）において設置され，社外理事の比重は68.3％に至っている。監査委員会の場合は，同様に165社中124社

第Ⅴ部　韓国のコーポレート・ガバナンス

表10-5　理事会内委員会の設置状況

(2016年4月1日〔社，%〕)

	2010年	2011年	2012年	2013年	2014年	2015年	2016年
対象企業	193	218	238	238	238	239	165
社外理事候補 推薦委員会	92 (47.7%)	103 (47.2%)	120 (50.4%)	128 (53.8%)	127 (53.4%)	124 (51.9%)	92 (55.8%)
監査委員会	114 (59.1%)	133 (61.0%)	158 (66.4%)	168 (70.6%)	165 (69.3%)	169 (70.7%)	124 (75.2%)
報奨委員会	14 (7.3%)	28 (12.8%)	36 (15.1%)	46 (19.3%)	40 (16.8%)	54 (22.6%)	48 (29.1%)
内部去来 委員会	16 (8.3%)	23 (10.6%)	32 (13.4%)	45 (18.9%)	55 (23.1%)	59 (24.7%)	53 (32.1)

(注)　対象企業：2010-15年度は「資産総額5兆ウォン以上の大規模企業集団」所属の上場企業，2016
　　　年度は「同10兆ウォン以上の大規模企業集団」所属の上場企業。
(出所)　公正去来委員会「2016年大企業集団支配構造現況分析」2016年12月3日より抜粋して筆者作成。

(75.2%) で設置がなされ，監査委員会に占める社外理事の比重は96.7%に達している。一方設置が義務化されていない報奨委員会の場合，165社中48社 (29.1%) の設置にとどまり社外理事の比重は60.9%である。内部去来委員会は165社中53社 (32.1%) に設置され，社外理事の比重は86.5%である。

　ここで**表10-5**より，2010年からの設置状況の推移を確認してみよう。最近7年間の推移を見ると，4つの委員会すべてにおいて，設置割合は上昇している。2010年と2016年を比較してみると，設置義務化されている社外理事候補推薦委員会の場合，47.7%から55.8%へ，監査委員会は59.1%から75.2%へと上昇している。監査委員会の設置は顕著である。設置が義務とはならない報奨委員会の場合，7.3%から29.1%へ急増している。2013年末に施行された登記役員の報酬公開義務化に伴う状況であると予想される。内部去来委員会も同様に設置が進んでいる。創業家一族による私益詐取規律の導入 (2014年2月) に伴い，企業自らが内部統制装置の導入に踏み切っているものと見られる。

　次に上位10大グループにおける委員会設置状況を確認してみよう。**表10-6**から明らかなように，設置義務のある社外理事候補推薦委員会と監査委員会の導入が進む一方，任意である報奨委員会と内部去来委員会においてグループ間

第**10**章　会社機関とコーポレート・ガバナンス

表10-6　上位10大グループにおける委員会現況

(2016年4月1日〔社，%〕)

	グループ	上場企業数	社外理事候補推薦委員会		監査委員会		報奨委員会		内部去来委員会	
			設置企業数	社外理事比重	設置企業数	社外理事比重	設置企業数	社外理事比重	設置企業数	社外理事比重
1	サムスン	15	12	65.5	12	90.2	15	67.4	14	91.1
2	現代自動車	11	9	67.6	11	97.4	1	66.7	5	95.8
3	SK	16	9	67.9	12	94.6	2	83.3	2	100.0
4	LG	12	8	66.7	12	97.2	0	—	0	
5	ロッテ	9	6	73.7	6	94.4	3	77.8	7	82.6
6	GS	6	4	66.7	5	100.0	0	—	2	100.0
7	ハンファ	7	6	81.0	6	88.9	4	76.9	7	70.4
8	現代重工業	2	2	71.4	2	100.0	0	—	2	100.0
9	韓進	5	2	66.7	2	100.0	0	—	2	71.4
10	斗山	6	5	100.0	6	100.0	0	—	5	100.0

(出所)　公正去来委員会「2016年大企業集団支配構造現況分析」2016年12月3日より抜粋して筆者作成。

のばらつきが見られる。ここでサムスングループ，現代自動車グループの主力企業であるサムスン電子と現代自動車の理事会構成について概観してみよう。

　表10-7の通り，サムスン電子の場合，社内理事4名，社外理事5名の9名編成となっている。注目されるのは，前述した創業家3世代目の李在鎔の登記理事就任である。2016年10月27日の臨時株主総会において社内理事であった李相勲が辞任し，交代する形で李在鎔が新たな社内理事に就任した。代表権をもっておらず，また経営委員会メンバーにもなっていないが，父親の事実上の引退以降は，グループトップの位置づけになっていることは周知の事実である。サムスンでは設置義務のある社外理事候補推薦委員会と監査委員会，任意である報奨委員会と内部去来委員会のすべてが設置されている。その4つ以外に新たにガバナンス委員会が2017年4月に設置された。既存のCSR委員会の拡大・改編である。

　表10-8の通り，現代自動車の理事会は，サムスン電子と同様，社内理事4名，社外理事5名の9名から編成されている。設置義務のある社外理事候補推薦委員会と監査委員会の2つが確認できる。特筆すべき特徴としては，2015年

表10-7　サムスン電子の理事会構成　(2017年3月31日現在)

理事区分	職位	氏名	担当分野	所属委員会					
				経営委員会	監査委員会	社外理事候補推薦委員会	内部去来委員会	報奨委員会	ガバナンス委員会
社内代表理事	副会長	権五鉉	理事会議長, DS部門経営全般総括	○ 委員長		○			
社内代表理事	社長	申宗均	IM部門経営全般総括	○					
社内代表理事	社長	尹富根	CE部門経営全般総括	○					
社内	副会長	李在鎔	経営全般総括						
社外(2016-)	—	朴宰元	—			○			○
社外(2012-)	—	金漢中	—		○	○ 委員長	○		○
社外(2013-)	—	宋光洙	—		○		○	○ 委員長	○
社外(2012-)	—	李秉基	—				○		○ 委員長
社外(2010-)	—	李仁鎬	—		○ 委員長		○ 委員長	○	○

（注）　社外理事5名の主たる経歴は次の通り。朴宰元：成均館大学教授（行政学），国会議員，企画財政部長官。金漢中：延世大学総長・名誉教授（医学部）。宋光洙：検察総長，金＆張法律事務所弁護士。李秉基：ソウル大学名誉教授（工学部）。李仁鎬：新韓金融持株株式会社社長，新韓銀行長。

（出所）　サムスン電子「第48期事業報告書」，同社WEB資料などより筆者作成。

4月より倫理委員会が透明経営委員会に改編されている。審議対象と機能を拡大改編し，同時に委員会活動の独立性・透明性強化のため，従来社内理事も構成メンバーであったものを全員社外理事（4名）から構成される委員会として再出発させている。

第3節　外部監査と監査委員会

　企業と利害関係のない外部の監査人（公認会計士など）が行う会計監査が外

第**10**章　会社機関とコーポレート・ガバナンス

表10-8　現代自動車の理事会構成　　　（2017年3月31日現在）

理事区分	職位	氏名	担当分野	所属委員会		
				監査委員会	社外理事候補推薦委員会	透明経営委員会
社内代表理事	会長	鄭夢九	業務総括		○	
社内	副会長	鄭義宣	業務総括			
社内代表理事	社長	李元熙	業務総括		○	
社内代表理事	社長	尹甲漢	業務総括			
社外(2017-)	—	崔恩洙	法務など	○	○	○
社外(2016-)	—	南盛一	経営戦略など	○委員長		
社外(2016-)	—	李侑載	マーケティングなど		○	○
社外(2015-)	—	李東揆	法務など	○		○
社外(2015-)	—	李炳國	財務など	○		○

（注）　社外理事5名の主たる経歴は次の通り。崔恩洙：大田高等法院長・法務法人 DR&AJU 顧問弁護士，
　　　南盛一：西江大学教授（経済学），李侑載：ソウル大学教授（経営学），李東揆：公正去来委員会事務
　　　処長・金＆張法律事務所顧問，李炳國：ソウル地方国税庁長・イチョン税務法人会長。
（出所）　現代自動車「第49期事業報告書」，同社 WEB 資料などより筆者作成。

部監査であり，企業内部の監査人とは別途に外部監査人が会計監査を行うことで株主，債権者，従業員など利害関係者を保護し，企業の健全な発展を実現することを目的としている。「株式会社の外部監査に関する法律（外部監査法）」を法律的根拠としているが，外部監査人もまた創業家オーナーなどの支配株主や経営陣からの影響力を受けざるを得ず，完全なる独立性を確保することは容易ではない。このため従来の監査方法では理事会に対して監査人としての意見表明ができても，直接意思決定には参画できないため，強制力をもった意見とはなりえなかった。こうした背景から，資産規模2兆ウォン以上の上場企業に関しては，社外理事候補推薦委員会と監査委員会の2つを設置義務化したとい

第Ⅴ部　韓国のコーポレート・ガバナンス

う経緯がある。監査委員会メンバーは社外理事として理事会に出席することで，最高意思決定に参画するようになったのである。

　しかしそれだけでは厳格な監査のためには決して十分とはいえない。そもそも監査委員会メンバーである以前に社外理事として選任される必要がある。日本同様，韓国においても企業不祥事の多くに監査法人などが関わる事例が後を絶たない。いうまでもなく厳正な監査のためには監査人の独立性と高度な専門性が確保されなければならない。しかし現実には社外理事が兼務する形で監査委員としての業務を担当している。社外理事とは切り離した形で監査委員会メンバーの選任必要性が指摘されるところである。また，社外理事規定としては商法では多様な欠格事由が列挙されている。しかし理事会の競争力強化のためにも，社外から求めるべき人材の資格要件をもっと前面に出した議論をすべきであろう。監査委員会メンバーの選任に当たっては，監査業務に求められるより積極的な資格要件を明示する必要がある。

　本章で扱ったサムスン電子と現代自動車の場合，公認会計士で構成される外部監査人（それぞれ三逸会計法人，アンジン会計法人）による従来からの監査と，理事会内委員会としての監査委員会による監査の両方が行われている。

第4節　内部統制機関と企業倫理

　韓国のほとんどの民間大企業は財閥の系列企業である。数十社に及ぶ系列企業を束ねる求心力には，創業家のオーナー自身やグループ文化を表すブランド，オーナー支配の根幹をなすグループコントロールタワーなどの存在が不可欠である。しかしグループ規模が巨大化し，経営のグローバル化が進むにつれ多様な価値観を受け入れざるを得なくなり，一方的で単純な情報伝達による統制だけではグループ経営は立ちゆかなくなってきている。

　さらに経営権継承に関連した企業不祥事や政治スキャンダルへの関わりは企業価値を毀損し株主の利益を損ねる事態にエスカレートするため，コーポレート・ガバナンスの視点からの改革の必要性が高まっている。企業犯罪に至るこ

206

となく，企業自らの力で事件を未然に防ぐ努力が求められる。その意味で理事会内の委員会として，サムスン電子におけるガバナンス委員会，現代自動車における透明経営委員会のような組織がますます強化されていかなければならない。

財閥を見る国民の視線が現在ほど厳しい時期はない。深刻化する格差拡大の矛先は国民感情としての反財閥感情の高まりになって表れている。その上自らの利益実現のために朴槿惠前大統領の政治スキャンダルに関わったとして，サムスングループに対する批判は特に厳しくなっている。しかしその一方で，大学新卒者に最も選好されている職場を提供してくれるのが財閥（大企業）である。財閥に対するこうした屈折した思いが広く国民に蔓延しているのが現在の韓国社会である。こういう時期であるからこそ，財閥（大企業）の側には特に高度な倫理観，道徳観が求められる。そうした姿勢が市場からの信頼と評価を勝ち取る正道であることはいうまでもない。

おわりに

2017年5月10日，第19代大統領に文在寅が就任した。李明博・朴槿惠と9年に及ぶ保守派政権から久々の進歩派政権の誕生である。文在寅政権の目玉人事は随所に見られるが，財閥にとっての最大関心事は青瓦台（大統領府）政策室長に就任した張夏成高麗大学教授，そして公正去来委員長に就任した金尚祚漢城大学教授であろう。ともに代表的進歩派の学者であり参与連帯，経済改革連帯といった市民団体を率いてきた大学教授としても有名である。両氏がかつて少額株主運動の実践を通しサムスン電子株主総会で経営陣と激しい応酬を繰り広げた1998〜99年の様子は，マスコミを通し広く知られることとなった。財閥側からは常に警戒される人物であったが，IMF経済危機後に新しいガバナンス文化が生まれる機会を作ったことは事実である。

コーポレート・ガバナンス改革を進めていくための仕組み作りはかなりの程度進んだ。今後はどのように実効性を上げ，市場からの評価につなげていくの

第Ⅴ部　韓国のコーポレート・ガバナンス

かに尽きるであろう。グローバルな視点が不可欠となるのはいうまでもない。

注

(1) 『日本経済新聞』2016年11月29日。

(2) 『日本経済新聞』2017年4月27日。

(3) 国内株式委託運用責任投資型ファンドのデータ。

(4) 国民年金基金による2008年3月総会での「反対」は日本でも報道され話題になった。2006年4月，鄭夢九は長男・鄭義宣への経営権継承過程に関し，不正資金造成疑惑が発覚して逮捕・収監された。背任・横領などの罪により一審（2007年2月）で有罪，二審で執行猶予となった（同年9月）。その後大統領特赦にて赦免・復権している（2008年8月）。一連の過程に関し，国民年金は鄭夢九を「企業価値を棄損または侵害した履歴のある者」と見て理事再任に反対票を投じている（議案自体は承認）。『日経産業新聞』2008年4月25日など。

(5) 『聯合ニュース』2017年3月17日（韓国語）。

(6) 『日本経済新聞』2017年3月24日。

(7) 1968年生まれの李在鎔の略歴は次の通りである。ソウル大学（東洋史）を卒業後，慶應義塾大学経営大学院（MBA）を経て，ハーバード大学の経営学博士課程で学んだ。サムスン電子総務グループ入社後，2001年常務補，03年常務，07年専務，10年COO副社長，同年COO社長，そして12年より副会長となっている。グループ内では2015年5月よりサムスン文化財団理事長とサムスン生命公益財団理事長をも兼務している。

引用参考文献

「2016年大企業集団支配構造現況分析」公正去来委員会，2016年12月3日（http://www.ftc.go.kr/news/ftc/reportboView.jsp?report_data_no=7114&tribu_type_cd　2017年3月1日閲覧）。

「2017年相互出資・債務保証制限企業集団指定現況」公正去来委員会，2017年5月1日（http://www.ftc.go.kr/news/ftc/reportboView.jsp?report_data_no=7280&tribu_type_cd　2017年5月10日閲覧）。

「国民年金基金運用本部　責任投資現況」（http://fund.nps.or.kr/jsppage/fund/mcs/mcs_06_03.jsp　2017年5月1日閲覧）。

『サムスン電子　第48期事業報告書』2017年3月31日（http://images.samsung.com/is/content/samsung/p5/sec/ir/financialinfo/business/2016/2016_work_year.pdf　2017年5月1日閲覧）。

『現代自動車　第49期事業報告書』2017年3月31日（http://dart.fss.or.kr/dsaf001/main.do

第**10**章　会社機関とコーポレート・ガバナンス

?rcpNo=20170331004820　2017年 5 月 1 日閲覧)。

イ・スジョン，2016,『2006〜2015年　社外理事分析』経済改革研究所(http：//www.erri.
or.kr/report/report_view.php?code=economy&rpt_seq=271&pageNo=1&searchField=
&searchString=　2017年 3 月10日閲覧)。

イ・スジョン，2017,『社外理事及び監査の独立性分析（2015〜2016年）』経済改革研究所
(http：//www.erri.or.kr/report/report_view.php?code=economy&rpt_seq=289&
pageNo=1&searchField=&searchString=　2017年 3 月10日閲覧)。

イ・チョンヒ，2016,『30大民間企業集団　監査及び監査委員会分析（2016)』経済改革研
究所(http://www.erri.or.kr/report/report_view.php?code=economy&rpt_seq=270&page
No=1&searchField=&searchString=　2017年 3 月10日閲覧)。

（柳町　功）

第Ⅵ部

その他の国のコーポレート・ガバナンス

第11章

フランスのコーポレート・ガバナンス

は じ め に

　フランスでは，1990年代半ば以降の企業不祥事の続発や外国人機関投資家の持株比率の増加などを背景に，コーポレート・ガバナンス改革が進められてきた。従来のフランスのコーポレート・ガバナンス改革の主たる課題は，①取締役会会長兼最高経営責任者（Président-Directeur Général：PDG）への権限集中と，②社外取締役の監視機能の低下を改善することであった[1]。本章では，フランスのコーポレート・ガバナンス改革の今日までの動向を検討する。

　なお，フランスの株式会社は，イギリス式の単層型の取締役会構造とドイツ式の二層型の取締役会構造のいずれかを選択できる。本章では，単層型の取締役会構造における取締役会メンバーを取締役，そして二層型の取締役会構造における監査役会メンバーを監査役，執行役会メンバーを執行役と表記する。これらの他に役員を指す用語して，フランスには，会社受任者(mandataire social)や指揮者（dirigeants）がある。だが，これらの概念規定は従来極めてあいまいなものであった。もっとも，筆者がサーベイした限りでは，会社受任者は，取締役，監査役，執行役を包摂する概念として概ね使用されてきた。

　また，フランスでは，イギリスと同じく，様々なコーポレート・ガバナンス・コードが発表され，コーポレート・ガバナンスに関する提案・原則が示されてきた。ただし，それらは，すべて単層型の取締役会構造を前提としたものである。各提案・原則の二層型の取締役会構造への転用については，妥当（ブトン報告書5頁），必要（第2次ヴィエノ報告書3-4頁），必要な修正の上で妥当（2013

第Ⅵ部　その他の国のコーポレート・ガバナンス

年改訂版 AFEP-MEDEF コード 1 頁）などとされてきた。

第 1 節　コーポレート・ガバナンス改革の歴史（1）：1990年代から2000年代半ばまで

（1）　各報告書の公表と集大成としての新経済規制法の制定

　フランスのコーポレート・ガバナンスにおける最初の大きな改革は，1995年に発表された第 1 次ヴィエノ報告書である。これは，フランス企業連盟（Mouvement des Entreprises de France：MEDEF）とフランス私企業協会（Association Française des Entreprises Privées：AFEP）が組織した作業グループ（委員会）によって発表されたものであり，ヴィエノとはこの委員会の委員長であるソシエテ・ジェネラル銀行の PDG の名前である。

　EU で最初のコーポレート・ガバナンス・コードがイギリスのキャドバリー報告書（1992年）であることは広く知られているが，第 1 次ヴィエノ報告書はこれに次ぐ 2 番目に古いコードである。[2]ただし，これは「コンプライ・オア・エクスプレイン（appliquer ou expliquer）」を採用したものではない。その後も，フランスでは，同様のコードが相次いで発表されているが，「コンプライ・オア・エクスプレイン」が採用されるのは2008年になってからである。

　第 1 次ヴィエノ報告書の正式名称は『上場会社の取締役会（Le conseil d'administration des sociétés cotées）』であり，取締役会の機能についての様々な改革が提案された。その主な提案は，①2 名以上の独立取締役（administrateurs indépendants）の選任（第 1 次ヴィエノ報告書13頁），②監査（comité des comptes），報酬（comité des rémunérations），指名（comité de sélection）を担当する取締役会内委員会の設置（同18頁），③会長（président）および最高経営責任者（directeur général）の取締役兼任の上限（最大 5 社まで）の設定（同21頁）[3]などである。

　その翌年には，『会社法の現代化（La modernisation du droit des sociétés）』（通称：マリーニ報告書）が発表された。第 1 次ヴィエノ報告書，そして後述す

る第 2 次ヴィエノ報告書とブトン報告書が，いずれも MEDEF と AFEP の作業委員会によって作成されたのに対して，これは，政府付託を受けたフィリップ・マリーニ元老院議員によって提出された。そこでは，二層型の取締役会構造への肯定的評価，および単層型の取締役会構造における取締役会会長と最高経営責任者の分離の提案などがなされた。(4)

そして，1999年には第 2 次ヴィエノ報告書，正式名称『コーポレート・ガバナンス委員会報告書（Rapport du comité sur le gouvernement d'entreprise）』が発表された。そこでは，①取締役会会長と最高経営責任者の分離・兼務の選択制の導入，②上場企業の指揮者報酬の開示，③取締役任期の上限（最長 4 年）の設定，④独立取締役の一定割合（取締役会全体，監査委員会，指名委員会（comité des nominations）でそれぞれ 3 分の 1，報酬委員会で過半数）の確保が提案された。(5)

その後，2001年に制定された「新しい経済規制に関する2001年 5 月15日の法律第2001-420号（loi n° 2001-420 relative aux nouvelles régulations économiques）」，通称「新経済規制法」は，これまでの報告書を集大成した法律であり，以下の項目が盛り込まれた。(6) なお，代理最高経営責任者（directeur général délégué）とは，最高経営責任者を補佐する役職であり，同法で最大 5 人まで設置できるとされた（新経済規制法107条）。

①取締役会会長と最高経営責任者の分離と兼務の選択制の導入

②上場企業の役員報酬の個別開示義務（対象役員：取締役，取締役会会長，最高経営責任者，代理最高経営責任者，監査役，執行役）

③取締役会の員数上限の低減（従来の24名から18名へ）

④取締役会の兼務数上限の低減（従来の 8 社から 5 社へ）

⑤株主の質問権の獲得条件の緩和（従来の持株比率10％以上から同 5 ％以上へ）

⑥従業員代表への緊急時の株主総会の招集権および出席権の付与

（2） フランス版 SOX 法の成立

フランスでは，新経済規制法の制定後も，粉飾決算疑惑などの企業不祥事が

第VI部　その他の国のコーポレート・ガバナンス

相次いで発生した。また，2001年から2002年にかけて世界のコーポレート・ガバナンスの模範とされたアメリカで起きた，エンロン事件の発覚とその後のサーベンス・オックスリー法（SOX法）の成立・施行をめぐる動きは，先進各国のコーポレート・ガバナンス改革に大きな影響を与えた。

　このような中で，フランスでは，2003年にフランス版SOX法として，「2003年8月1日の法律第2003-721号」が成立した。これは，金融安全法とも呼ばれる。その主な内容は，①金融規制監督機関の統合と再編，②金融における消費者保護の強化，③コーポレート・ガバナンスの改善である。③コーポレート・ガバナンスの改善に関しては，以下のような内容が盛り込まれた。

ⅰ）　会計監査制度の改革：会計監査人監督機関の新設，同一企業の6年超の監査の禁止，同一企業のコンサルティング業務との兼業禁止など

ⅱ）　企業の内部統制の強化：取締役会（または執行役会）会長による株主総会への内部統制報告とその報告内容の公表，会計監査人による内部統制報告書の作成と株主総会への報告

ⅲ）　情報開示の強化と緩和：会社受任者の自社株取引に関する情報開示の義務化，会社受任者の報酬額開示の緩和

ⅳ）　投資家行動に関する諸改革：資産管理会社の議決権行使に関する報告の義務化，投資家擁護団体に関する規制緩和

ⅴ）　会計基準に関する改革：連結決算対象の見直し（所有関係・議決権の保持などではなく，契約関係といったより実質的な関係に基づいて判断）

ⅵ）　新たに発足する金融市場庁（Autorité des Marchés Financiers：以下，AMF）による金融アナリスト・格付会社の監督・監視

（3）　ブトン報告書とAFEP-MEDEF報告書の発表

　AFEPとMEDEFは，2000年代以降もコーポレート・ガバナンス・コードを発表してきた。2002年9月には，報告書『上場企業のより良い統治のために（Pour un meilleur gouvernement des entreprises cotées）』が発表された。これは，ヴィエノ報告書と同じく，MEDEFとAFEPが組織した作業委員会によっ

て発表され，その委員長の名前がブトン（Bouton, D.）であったことから，ブトン報告書と通称として呼ばれる。なお，ブトン氏も，この当時，ヴィエノ氏と同じくソシエテ・ジェネラル銀行のPDGであった。

ブトン報告書では，以下のような提案がなされた。なお，同報告書における会社受任者とは，単層型の取締役会構造における取締役会会長，最高経営責任者，代理最高経営責任者，および二層型の取締役会構造における執行役会会長と執行役を指す概念であるとされている（ブトン報告書7頁）。

①独立取締役の定義：当該企業，その関連会社，その経営者とあらゆる面で関係が一切ないこと（同9頁）

②独立取締役の条件（同10頁）：

i） 過去5年間，a）当該企業の従業員や会社受任者でない者，b）親会社や連結会社の従業員または取締役でない者，c）間接的・直接的な役員（取締役，これに相当する従業員，会社受任者）の人的結合関係のある企業の会社受任者でない者，d）当該企業の会計監査人（commissaires aux comptes）でない者

ii） 直接的ないし間接的に重大（significatif）な顧客，供給業者，事業銀行（banquier d'affaire），融資銀行でない者

iii） 当該企業の会社受任者と密接な家族関係にない者

iv） 過去12年間，当該企業の取締役でない者

※10％超の株式保有者の独立性についても，取締役会で検討すること。

③監査委員会の機能強化（独立取締役の比率の3分の2への引き上げ，会社受任者のメンバーからの除外など）（同12頁）。

④報酬委員会の機能強化（アニュアル・レポートでの年次活動報告，取締役会へのストック・オプションに関する助言機能など）（同14-16頁）

⑤会計監査人の独立性の向上（同一企業での監査業務とコンサルティング業務の兼務禁止など）（同19頁）

そして，2003年10月に，AFEPとMEDEFは，『上場会社のコーポレート・ガバナンス（Le gouvernement d'entreprise des sociétés cotées）』を発表した。

第Ⅵ部　その他の国のコーポレート・ガバナンス

これは，これまで発表してきた３つのコードの集大成である。既存の複数のコードを１つのコードにまとめる動きは，1998年のイギリスの統合規範が最初であり，これに続く取組みであるといえる。

なお，AFEP と MEDEF 以外にも，フランス資産運用協会（L'Association Française de la Gestion Financière：以下，AFG），フランス取締役協会（Institut Français des Administrateurs：IFA），フランス株式発行会社協会（Association Nationale des Sociétés par Actions：ANSA）などがコーポレート・ガバナンスに関する提案や報告書などを発表してきた。[11]

第2節　コーポレート・ガバナンス改革の歴史（2）：2000年代後半以降

（1）　AFEP-MEDEF コード

2006年に「コンプライ・オア・エクスプレイン」を採用したコーポレート・ガバナンス・コードの導入を加盟国に要求する EU 指令が発令された。これにより，これまで「コンプライ・オア・エクスプレイン」を採用してこなかった EU 加盟国もこれを採用しなければならなくなった。フランスでは，「2008年7月3日の法律第2008-649号」が制定され，「コンプライ・オア・エクスプレイン」の採用が初めて法的に義務づけられた。[12]

これを受け，2008年10月に AFEP と MEDEF が発表した，『規制市場での株式売買を認められた会社の業務執行取締役報酬に関する勧告（Recommendations Concerning the Compensation of Executive Directors of Companies Whose Shares are Admitted to Trading on a Regulated Market)』では，「コンプライ・オア・エクスプレイン」が初めて採用された。さらに，AFEP と MEDEF は，その2カ月後の12月に，これまでの提案・勧告などを統合した『上場会社コーポレート・ガバナンス・コード（Code de gouvernement d'entreprise des sociétés cotées)』（通称：AFEP-MEDEF コード）を発表した。このコードでも同じく，「コンプライ・オア・エクスプレイン」が採用された。

218

その後，AFEP-MEDEF コードは，2016年までに，2010年，2013年，2015年，2016年の4度にわたって改訂された。[13] 2010年の改訂では，取締役会の女性比率を40％以上とすることが盛り込まれ，2013年の改訂では同コードの適用状況を監視するコーポレート・ガバナンス上級委員会（Haut Comité de gouvernement d'entreprise）の新設，セイ・オン・ペイ制度の導入などが盛り込まれた。セイ・オン・ペイ制度とは，株主が株主総会での法的拘束力のない議案の議決を通して，役員報酬（pay）に対して物申す（say）制度のことである。株主による役員報酬への意見の反映や監視を強化しようとの観点から，近年フランス以外の国でも導入する国が増えてきている。2015年の改訂では資産処分や年金についての改訂がなされ，2016年の改訂では会社受任者・指揮者（dirigeants mandataires sociaux）の独立性，CSR，報酬についての規定がより具体化された。

2016年の改訂[14]では以下のような改訂がなされた。独立性の基準が厳格化され，成果主義に基づく報酬ないし現金や証券で変動報酬を得る者（同§8.6）は独立性が乏しいとされ，また勤続12年目で独立性を失うとされた（同§8.5.6）。この勤続12年目で独立性が失効するとの規定は，勤続11年目で独立取締役として契約を更新すればその後4年間，すなわち勤続15年間は独立性がある者として見なされていたことが背景にあった。加えて，非業務執行会社受任者・指揮者が変動報酬を受け取る際には，取締役会はその正当な理由を説明しなければならないこと（同§24.2）なども規定された。

なお，先述したように，これまでのコードでは，会社受任者，指揮者，取締役などの役員を指す概念規定が非常に曖昧であったが，2016年の改訂では，これらの概念の違いが整理された。この整理された結果については，取締役会について検討する第4節で詳しく検討する。

（2）　ミドルネクスト・コード

また，2009年12月には，『中小上場企業のためのコーポレート・ガバナンス・コード（Code de gouvernement d'entreprise pour les valeurs moyennes et petites）』

第Ⅵ部　その他の国のコーポレート・ガバナンス

（別名「ミドルネクスト・コード（code MiddleNext）」）が公表されている。これ
は，ユーロネクスト・パリ証券取引所において，株式時価総額10億ユーロ未満
の中小上場企業を対象としたものである。ミドルネクスト・コードにおいても，
「コンプライ・オア・エクスプレイン」が採用されている。

　AFEP-MEDEF コードに加えて，ミドルネクスト・コードが導入されたの
は，上場大企業と上場中小企業に対して同じ規範を適用することは必ずしも適
切とは限らないとの考え方からである。株式が分散しているケースが多い上場
大企業では，株主利益が取締役会の課題である。これに対して，同族による過
半数所有・支配・経営が一般的な上場中小企業では，①所有者でもある経営者
のリスクと経営の自由度，および②少数株主の保護のバランスをとることが求
められるという（ミドルネクスト・コード，3-4頁）。すなわち，所有者支配な
いし所有経営者が一般的な上場中小企業では，経営者支配と専門経営者を特徴
とする上場大企業とは異なる規範が適用されなければならないということであ
る。

　例として，ミドルネクスト・コードでは2名以上の独立取締役（ただし，取
締役の総数が5名以下の場合には1名以上）の任命が求められている（ミドルネク
スト・コード13頁）。これは，AFEP-MEDEF コードが求める半数以上（支配株
主無），3分の1以上（支配株主有）と比べて低い水準である（2016年改訂版 AFEP
-MEDEF コード§8.3）。上述したミドルネクスト・コード導入の趣旨から，こ
の水準の低さは，少数株主よりもリスクの高い大株主と所有経営者の影響力を
優先するためのものと考えられる。このことは，AFEP-MEDEF コードで，
支配株主の有無により異なる独立取締役の比率が要求されていることの理由の
1つでもあるだろう。

（3）　労働者の経営参画の強化

　フランスでは，監査役会の半数が労働者側代表で構成されるドイツほど水準
は高くないものの，労働者の経営参画制度が以前から存在してきた。既存の制
度としてまず，国が株式の過半数を直接所有する公共部門の株式会社の取締役

会では，従業員代表取締役が全取締役の3分の1ないし6名を上限に任命され
なければならない。また，民営化された旧国有・国営企業では，2名の従業員
代表取締役と1名の従業員株主代表取締役の任命が，そして，従業員の所有比
率が3％以上の上場企業では1名以上の従業員株主代表取締役の任命が義務づ
けられている。その他に，従業員数50人以上の企業では，従業員代表で構成さ
れる企業委員会（comité d'entreprise）の設置が義務づけられており，そこから
代表2名の委員が取締役会に出席し傍聴・意見陳述することが認められている
（ただし，取締役会での議決権はない）。

　2013年に制定された「2013年6月14日の法律」（雇用安定化法）では，従業員
数がフランス国内で5000人以上，または全世界で1万人以上のフランス大企業
を対象に，従業員代表取締役の選出が義務づけられた。選出されなければならな
ない従業員代表取締役の数は，取締役会の定員が12人以下の場合には1名以上，
同定員が13人以上の場合には2名以上とされた。なお，同法の適用対象は，CAC
40構成銘柄（以下，CAC40社）では25社に上る。もっとも，上記の規定からも
わかるように，フランスの労働者の経営参画は取締役会の意思決定を大きく左
右するほどの規模ではないことに変わりはない。

　なお，CAC40とは時価総額上位40銘柄で構成される株価指数である。この
他に，CAC40社とこれ以外に流動性が最も高い80銘柄を加えた120銘柄（以下，
SBF120社）でそれぞれ構成される，SBF120という株価指数もある。

　また，2014年に制定された「実体経済回復のための法律2014–384号」，通称
フロランジュ法により，長期保有株主への2倍議決権の自動付与制度が導入さ
れたが，この導入については，次節で詳細に検討する。

第3節　フランス経済社会の伝統と外部監視

（1）　所有構造の変化

　フランスの企業と政府が密接な関係にあることは，以前から知られてきた。
もともと，フランスの経済社会は，長らく「暗黙の社会主義（socialisme implic-

第Ⅵ部　その他の国のコーポレート・ガバナンス

ite)」と呼ばれ，吉森（1984）は，これを「国家資本主義（capitalisme d'Etat）」
と規定している。第二次世界大戦後と1980年代初期に主要企業の国有化がなさ
れ，1980年代の国有化の際には，従業員数2000人以上の大規模製造企業の約半
分が国有企業となった。[17]

　また，企業の役員の多くは，フランス独自のエリート高等専門教育機関であ
るグランゼコール（Grandes Écoles）出身の天下り官僚で占められてきた。未
だに，フランス大企業40社の経営幹部の84％はグランゼコールの出身者で占め
られ，さらにその半分はフランス国立行政学院（École nationale d'administra-
tion：ENA），エコール・ポリテクニーク，HEC 経営大学院の3校で占めら
れているとのデータもある。[18]ただし，2000年代前半時点で，このHEC経営大
学院のようなビジネススクールの出身者や外国人の経営者の増加は，新たな変
化として報告されている。[19]

　その他に，フランスは以前から同族企業の多さも指摘されており，1970年代
にはフランス大企業の約半分が同族支配であった。[20]また，吉森が，1990年代初
頭に5カ国の管理者，経営者に対して行った調査によれば，フランスでは企業
は全ステークホルダーのためにあるとの回答が8割近くを占め，株主のために
あるとの回答が大半を占めるアメリカ，イギリスとは異なり，日本，ドイツと
同様に，ステークホルダー志向であることが明らかにされている。[21]

　だが，1990年代以降の金融・経済のグローバル化を背景に，フランスにおい
ても，証券市場の活性化に向けた取組みが進められてきた。[22]1990年の第4次資
本移動自由化指令の施行により，すべての資本がEU域内を原則自由に移動で
きるようになり，1994年に金融機関の単一免許制が導入されるなど，EU域内
での金融市場の自由化が進められた。また，フランス国内でもEU単一市場に
おける主導権の掌握に向けて，資本市場改革が進められ，これは「フランス版
ビッグバン」として知られている。

　その結果，1990年代に，フランス企業の所有構造における外国人機関投資家
の所有比率は，諸外国同様急速に上昇した（**図11-1**）。2000年代以降も一貫
して外国人がフランス上場企業全体の4割もの株式を保有しており，1990年に

大株主であった非金融企業や個人株主を上回る最大の所有主体となっている。また，2015年時点で，SBF120社では59.0％が，さらにCAC40社では80％が支配株主のいない企業である。[23]

　この支配株主の有無は，商法第L. 233-3条で示された以下の基準に基づいて判断される。その基準は，①所有による過半数の議決権の保持，②契約による過半数の議決権の保持，③議決権行使による議決の事実上の決定（détermine en fait），④取締役，執行役ないし監査役の過半数を選任・解任させる権限（ただし，出資者ないし株主であること）である。また，単独で40％超の議決権を保有する株主が1名しかいない場合にも，その株主は支配権を行使しているとみなされる。その他に，複数の株主が共同で株主総会の議決を事実上決定する場合にも，その株主達により共同の支配がなされていると見なされる。

（2）　機関投資家の台頭

　資本市場改革や企業不祥事の続発などを背景に，フランスではコーポレート・ガバナンスにおける機関投資家の役割を重視する改革も推進されてきた。[24]2003年に制定された金融証券法とAMFの一般規則において，資産運用会社の議決権行使に関する規定が設けられた。これらには，資産運用会社に対する，①議決権を行使しない場合の説明，②議決権行使方針の公表，③議決権行使条件の報告の要求なども盛り込まれた。これら規則は，1998年にAFGが作成した，顧客の利益に適う議決権行使の推奨案がモデルとされた。さらに，AMFは，投資先企業や議決権行使助言会社との非公式な対話を実施してきたほか，2012年9月以降は，AFEP-MEDEFコードとミドルネクスト・コードに従わない企業名を毎年公表してきた。

　このAMFによる取組みは「Name and Shame」手法（または方式）と呼ばれる。これは，「『コンプライ・オア・エクスプレイン』の適用が不十分な企業の実名を公表することで改善を促す手法」[25]である。PwCあらた有限責任監査法人の調査によれば，回答企業9社のうち，「Name and Shame」手法の導入にプレッシャーを感じているとの回答は2社だけであった。とはいえ，ステー

第Ⅵ部　その他の国のコーポレート・ガバナンス

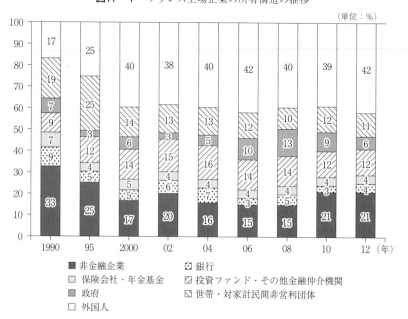

図11-1　フランス上場企業の所有構造の推移

（出所）Observatoire de l'Epargne Européenne & INSEAD OEE Data Services, 2013, p. 86 を基に筆者作成。

クホルダーからの期待を感じるとの回答が大半（4社）を占めており，また，全くプレッシャーはないとの回答も2社だけであり，実際には少なからずプレッシャーを感じているようである[26]。

また，所属資産運用会社を対象としたAFGの2015年の調査結果（調査対象58社，2014年のデータ）[27]によれば，出席した株主総会の数についての回答（回答数51社）は，1～19社：5社，20～99社：20社，100～499社：19社，500社超：7社であり，100社超出席する資産運用会社が過半数を占めている。さらに，少なくとも1つの議案に反対票を投じたとの回答も62％と高く，とりわけフランス企業に対しては75％にも上る。したがって，資産運用会社の4社に3社が反対票を投じている状況にある。

なお，議案ごとの反対比率は，役員・従業員の報酬が40％，金融取引・合併に関する議案が26％，買収防衛策に関する議案が21％の順に最も高く，日本同

様，役員報酬議案や株主価値を毀損しかねない議案の反対比率が高い。また，以上のデータから，外国人投資家のみならず，国内の資産運用会社もコーポレート・ガバナンス活動を積極的に展開している状況がうかがえる。

（3） フランスの経済社会とフロランジュ法の制定

　前項では，フランスにおいて，支配権市場とコーポレート・ガバナンスの両面で機関投資家の台頭が進んでいることを明らかにした。だが，2012年に誕生したオランド政権は，民間企業の株式保有を積極的に進め，企業のリストラ政策等にも積極的に介入し，反対の意思を表明してきた。このことは，フランスの伝統的な「国家資本主義」的特徴が未だ根強く残っていることを意味している。

　とりわけ，2014年にはフロランジュ法が制定され，株式を 2 年以上保有する株主には，通常の 2 倍の議決権が， 3 分の 2 以上の株主（議決権）があえて反対をしない限り，自動的に付与されることになった。松本（2015）は，この法律が導入された意図を，①長期株主の増加を通じた企業価値の向上，②財政赤字削減と企業に対する発言力維持の両立，③深刻な失業問題を背景とした雇用維持の 3 点にまとめている。[28]

　もっとも，当然ながら，受託者責任をもつあるいはこれを重視する資産運用機関や議決権行使助言会社は， 2 倍議決権の導入に懸念を表明している。[29]これらの主体は， 2 倍議決権は，長期保有株主と投資先企業のなれ合いやガバナンスの弱体化をもたらすと主張している。また，世界的なコーポレート・ガバナンス推進団体である国際コーポレート・ガバナンス・ネットワーク（ICGN）もまた，少数株主や企業の長期パフォーマンスに悪影響を与える可能性があると警告し， 2 倍議決権ではなくスチュワードシップ・コードの導入を提案している。

　そもそも，ヨーロッパでは多議決権株式を採用する国は少なくなかったのであり， 1 株 1 議決権の導入が広まったのは，アメリカ主導のグローバル化とアメリカに倣ったコーポレート・ガバナンス改革が進められた1990年代以降であ

第Ⅵ部　その他の国のコーポレート・ガバナンス

る。フランスでも，フロランジュ法の制定以前から定款を修正すれば2倍議決権の付与は可能で，同法の制定時点でも，CAC40社の6割で2倍議決権がすでに導入されていたという。[30]2007年の欧州委員会の調査報告書でも，一株一議決権からの逸脱がヨーロッパの上場企業のパフォーマンスやコーポレート・ガバナンスに影響を及ぼす決定的な証拠は存在しないとさえ結論づけられている。

第4節　会社機関構造と取締役会

（1）　役員分類

　2016年改訂版 AFEP-MEDEF コードでは，これまで曖昧であった役員に関する各種概念規定が整理された（**表11-1**）。

　会社受任者とは，取締役，監査役，そして執行役を指し，役員を指す各概念の中で最も幅広い概念として規定された。なお，取締役会の国際比較において単層型と二層型の取締役会構造を比較する場合には，取締役会と監査役会を比較するのが一般的である。したがって，執行役を含む会社受任者という概念は，取締役よりも範疇が広い概念である。

　また，指揮者には，非業務執行役員である最高経営責任者を兼務しない取締役会会長と監査役会会長も含まれる。したがって，指揮者は，イギリスの業務執行取締役とは異なる概念である。なお，非業務執行会社受任者は，イギリスの非業務執行取締役と，ドイツの監査役会メンバーにそれぞれ相当する。

（2）　会社機関構造

　フランスの会社形態には，①株式会社（Société Anonyme：SA），②簡易株式会社（Société par Actions Simplifiée：SAS），③有限会社（Société à Responsabilité Limitée：SARL）などがある。SAS は，7人の株主を必要とする SA とは異なり，株主が1人でもよいほか，一定の条件を満たせば監査役が不要であるなど，SA よりも柔軟な機関設計が認められているものの，上場は禁止されている。[31]本節では，上場大企業が最も頻繁に用いる会社形態である，SA の会社機関構[32]

第**11**章　フランスのコーポレート・ガバナンス

表11-1　フランスの株式会社の役員分類（取締役会構造別）

分類1	分類2	該当する役職	
		単層型	二層型
業務執行会社受任者	業務執行会社受任者・指揮者	PDG，最高経営責任者，代理最高経営責任者	執行役会会長，その他の執行役
非業務執行会社受任者	非業務執行会社受任者・指揮者	最高経営責任者を兼務しない取締役会会長	監査役会会長
	指揮者ではない非業務執行会社受任者	その他の非業務執行取締役	その他の監査役

（出所）　2016年11月改正版 AFEP-MEDEF コード，p. 32を一部修正。

造について検討する。

　SA は，イギリス式の単層型の取締役会構造とドイツ式の二層型の取締役会構造のいずれかを選択できる。単層型の取締役会構造では，取締役会（conseil d'administration）が置かれ，取締役会は，業務執行と非業務執行の会社受任者で構成される。なお，単層型の取締役会構造においては，PDG を置く仕組みと，取締役会会長と最高経営責任者を分離する仕組みのいずれかを選択できる。一方，二層型の取締役会構造では，監督を担当する監査役会（conseil de surveillance）と業務執行を担当する執行役会（directoire）が置かれている。監査役会には業務執行会社受任者が含まれず，そして執行役会にもまた非業務執行会社受任者は含まれない。

　フランス上場大企業における取締役会構造の採用状況をまとめたものが**図11-2**である。そこでは，採用状況がユーロネクスト・パリの株価指数の構成企業別に示されている。フランス上場大企業の8割以上が単層型の取締役会構造を採用している。とりわけ，PDG が置かれているケースが，SBF120社では全体の5割強，CAC40社では同6割に上る。このことから，かつての特徴であり，またフランスのコーポレート・ガバナンス改革の一貫した課題であった PDG は，フランスで今なお最も普及した経営者のあり方であるといえる。

　また，今日，取締役会内委員会の設置は世界的な広まりを見せているが，フランスにおいてもこの状況は同じである。2015年時点で，監査，報酬，指名を

227

第Ⅵ部　その他の国のコーポレート・ガバナンス

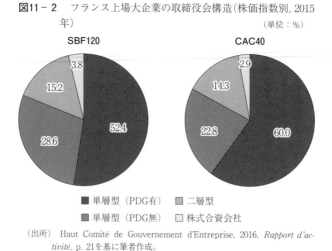

図11-2　フランス上場大企業の取締役会構造（株価指数別，2015年）
（単位：％）

（出所）　Haut Comité de Gouvernement d'Entreprise, 2016, *Rapport d'activité*, p. 21を基に筆者作成。

担当する取締役会内委員会の設置率は，SBF120社，CAC40社ともに100％である。なお，監査委員会の設置は，2008年以降，フランス商法において，法的に義務づけられている。もっとも，AFEP-MEDEFコードでは，指名委員会は報酬委員会と分離されなくともよいと規定されている（2016年11月改正版AFEP-MEDEFコード§16）。そのため，報酬委員会と指名委員会が別個の委員会として設置されているケースは，CAC40社でも54.3％程度であり，とりわけSBF120社では30.5％に過ぎない。

(3)　独立取締役の比率

独立取締役の比率に関して，AFEP-MEDEFコードでは，以前から支配株主がいる場合には半分以上，そして支配株主がいない場合には3分の1以上が求められてきた。なお，先述したように，支配株主の有無は，商法第L.233-3条の基準に基づいて判断される。また，取締役会内委員会における独立取締役の比率は，監査委員会では3分の2以上，報酬委員会と指名委員会ではともに過半数をそれぞれ達成することが求められてきた。

表11-2は，2009年と2015年のAFEP-MEDEFコードが要求する独立取締

第**11**章　フランスのコーポレート・ガバナンス

表11－2　AFEP-MEDEF コードが要求する独立取締役比率の達
成状況　　　　　　　　　　　　　　　（単位：％）

	要求比率	SBF120社		CAC40社	
		2009年	2015年	2009年	2015年
取締役会（支配株主無）	半数以上	76	90.3	82	96.4
取締役会（支配株主有）	1/3以上	63	88.4	71	100.0
監査委員会	2/3以上	69	83.8	80	88.6
報酬委員会	過半数	78	89.5	91	100.0
指名委員会	過半数	68	65.6	91	78.9

（出所）　AFEP & MEDEF, 2011；Haut Comité de Gouvernement d'Entre-
prise, 2016のデータを基に筆者作成。

役比率の達成状況をまとめたものである。5つの項目のうち指名委員会を除く
4つの項目において，達成状況が大きく向上している。だが，CAC40社の指
名委員会においては向上していないだけでなく，10％以上も達成比率が低下し
ている。とりわけ，2015年時点で，指名委員会に業務執行会社受任者・指揮者
が含まれている割合は，SBF120社（73.3％）とCAC40社（77.1％）ともに7
割を超えており，ともに2014年から10％以上増加している。[35]PDG の多さと指
名委員会の独立性の低さは無関係ではないと考えられる。

お わ り に

　フランスのコーポレート・ガバナンス改革は，諸外国と同様1990年代以降か
ら進展し，またアメリカとイギリスの取組みをモデルに進められてきた。フラ
ンスでは，ソフトローが1990年代半ばから，また「コンプライ・オア・エクス
プレイン」が2000年代後半からと，イギリス流の取組みがわが国よりもかなり
早い時点で導入された。これは，イギリスとフランスが同じ EU 加盟国であり，
また海を挟む隣国であることから，経済的にも，文化的にも，政治的にも，日
本より相互に密接な関係にあることが影響してのことだろう。
　1990年代以降，経済・金融のグローバル化を背景に，資金調達とコーポレー
ト・ガバナンスの両面で，直接金融の発展と機関投資家の台頭が起こったこと

229

第Ⅵ部　その他の国のコーポレート・ガバナンス

も，他国と共通している。とりわけ，世界で最も進んだ地域統合を進めてきた
EU の主要構成国であるフランスには，経済や政治などのあらゆる面で，国際
的な影響力を確立するために改革を推し進めることが強く求められた。

　しかしながら，このような改革が進められながらも，フランス独特の「国家
資本主義」的特徴がすべて失われたわけではない。このことは，未だ顕著なエ
リートたちによる官界と財界の人的つながり，政権による経営への介入，2倍
議決権の自動付与制度の導入などからも明らかである。そして，未だ多数を占
める PDG や指名委員会の独立性の乏しさからは，フランスのコーポレート・
ガバナンス改革の一貫した課題であった，PDG への権力集中と社外取締役の
監視機能の改善もさほど進展していないことが伺える。

　2000年代終わりに起こったアメリカに端を発する世界金融危機以降，これま
で世界のモデルとされてきたアメリカ型のコーポレート・ガバナンス改革に対
する不信が世界各地へと広まった。その後，アメリカで自国中心主義を唱える
トランプ氏が大統領に就任し，イギリスの EU 脱退が決まり，さらにその他の
EU 加盟国でも保護主義が台頭してきている。これまで加速してきたグローバ
ル化の流れを逆行させるような動きが欧米で広がる中で，フランスのコーポ
レート・ガバナンス改革の今後の動向が注目される。

注

(1)　黒川，2010，170頁。

(2)　Internal Market and Services, 2009, p. 23. ただし，この資料では，キャドバリー報
　　告書ではなく，統合規範が最初のコーポレート・ガバナンス・コードとして位置づけら
　　れている。

(3)　*Le conseil d'administration des sociétés cotées*, ECGI（http://www.ecgi.org/codes/
　　documents/vienot1_fr.pdf　2017年2月24日閲覧）。

(4)　末永・藤川，2004，52頁。

(5)　*Rapport du comité sur le gouvernement d'entreprise*, ECGI（http://www.ecgi.org/
　　codes/documents/vienot2_fr.pdf　2017年2月24日閲覧）。

(6)　黒川，2010，171頁。

(7)　黒川，2010，172頁。

第**11**章　フランスのコーポレート・ガバナンス

(8)　金融安全法の内容については，奥山（2004）を参照のこと。

(9)　*Pour un meilleur gouvernement des entreprises cotées*, ECGI（http://www.ecgi.org/codes/documents/rapport_bouton.pdf　2017年 2 月26日閲覧）。

(10)　 2 年以上の定期・通知預金受入れや出資といった長期の産業金融関連業務を主要業務とする銀行。日本銀行調査統計局編，1967。

(11)　Landwell & Associés & PwC, 2009, pp. 100-101.

(12)　石川，2015，38頁。

(13)　AFEP-MEDEF コードの改正の推移については，以下を参照のこと。2016年11月改正版 AFEP-MEDEF コード（http://www.afep.com/uploads/medias/documents/Code%20de%20gouvernement%20d'entreprise%20des%20soci%C3%A9t%C3%A9s%20cot%C3%A9es%20novembre%202016.pdf, p. 31　2017年 2 月26日閲覧）。

(14)　2016年11月改正版 AFEP-MEDEF コードの改正内容については，以下を参照のこと。フランス取締役協会（Institut Français des Administrateurs），*Révision Code AFEP/MEDEF de gouvernement d'entreprise*（http://www.ifa-asso.com/informer/actualites/actualites-de-la-gouvernance/revision-code-afepmedef-de-gouvernement-d-entreprise.html　2017年 2 月27日閲覧）。

(15)　*Code de gouvernement d'entreprise pour les valeurs moyennes et petites*（https://www.middlenext.com/IMG/pdf/Code_de_gouvernance_site.pdf, p. 3　2017年 2 月26日閲覧）.

(16)　フランスの労働者の経営参画に関する従来の制度と2013年の強化については，以下に依拠している。労働政策研究・研修機構，2014。

(17)　吉森，1984，106-109頁。

(18)　Lichfield, J., 2013, "Liberte, Inegalite, Fraternite : Is French Elitism Holding the Country Back?," *The Independent*（http://www.independent.co.uk/news/world/europe/liberte-inegalite-fraternite-is-french-elitism-holding-the-country-back-8621650.html　2017年 3 月 1 日閲覧）。

(19)　瀬藤，2004。

(20)　吉森，1984，142-145頁。

(21)　Yoshimori, 1995, p. 34.

(22)　本段落の内容は，細田ら（2000）を参照のこと。

(23)　Haut Comité de Gouvernement d'Entreprise, 2016, p. 32.

(24)　本段落の内容は，三和（2014）28-29頁を参照のこと。

(25)　PwC あらた有限責任監査法人，2014，35頁。

(26)　PwC あらた有限責任監査法人，2014，29-30頁。

(27)　Pardo & Valli, 2015.

(28)　松本，2015。

第Ⅵ部　その他の国のコーポレート・ガバナンス

⒆　以下，2倍議決権をめぐる議論の動向は，別途注のない限り，沼知（2015）に依拠している。

⒇　松本，2015，1-2頁。

㉛　アムサレム，2010，795-796頁。

㉜　アムサレム，2010，795頁。

㉝　本段落の定量データは，以下より引用。Haut Comité de Gouvernement d'Entreprise, 2016.

㉞　de Witt & Saadoun, 2016, p. 73.

㉟　SBF120社とCAC40社の2014年の値は，それぞれ61.9％，64.9％であった。2015年，2014年の値ともに以下より引用。Haut Comité de Gouvernement d'Entreprise, 2016, p. 57.

引用参考文献

アムサレム，ジル／大西千尋監訳・藤原拓訳，2010，「〔欧州各国の株式会社の機関とコーポレートガバナンス③〕フランス会社法」『国際商事法務』38(6)，795-806頁。

石川真衣，2015，「フランスにおけるコーポレートガバナンス・コードの見直しについての覚書」『早稲田法学』第91巻第1号，37-51頁。

奥山裕之，2004，「フランスの金融安全法」『レファレンス』第54巻第2号，63-82頁。

黒川文子，2010，「第9章　フランスのコーポレート・ガバナンス」佐久間信夫・水尾順一編著『コーポレート・ガバナンスと企業倫理の国際比較』ミネルヴァ書房，165-190頁。

末永敏和・藤川信夫，2004，「コーポレート・ガバナンスの世界的動向」『経済経営研究』25(3).，日本政策投資銀行設備投資研究所（http://www.dbj.jp/ricf/pdf/research/DBJ_EconomicsToday_25_03.pdf　2017年2月24日閲覧）。

瀬藤澄彦，2004，『台頭する新たな産業エリート群像（2004年1月）』日本貿易振興機構（https://www.jetro.go.jp/ext_images/jfile/report/07000477/eurotrend_sangyoelite.pdf　2017年3月18日閲覧）。

日本銀行調査統計局編，1967，「フランスにおける銀行制度改革と金融再編成の動き」『日本銀行調査月報』第18巻第8号，9-24頁（http://www3.boj.or.jp/josa/past_release/chosa196708b.pdf　2017年4月3日閲覧）。

沼知聡子，2015，『2倍議決権は特効薬か？』大和総研（http://www.dir.co.jp/research/report/capital-mkt/20150609_009812.pdf　2017年3月2日閲覧）。

PwCあらた有限責任監査法人，2014，『コーポレートガバナンス・コード等に関する海外運用実態調査～英国，フランス，ドイツ，シンガポール，米国～〔株式会社東京証券取引所委託調査報告書〕』。

細田道隆・望月晃・牛窪賢一，2000，「1990年代における欧州の金融・保険市場の変化と

第**11**章　フランスのコーポレート・ガバナンス

金融・保険事業者の動向：英国，ドイツ，フランスを中心に」『安田総研クォータリー』32号，24-69頁。

松本惇，2015，『2倍議決権を義務づけたフランス～株主議決権拡大の裏側にある政府の思惑：みずほインサイト』みずほ総合研究所（https://www.mizuho-ri.co.jp/publication/research/pdf/insight/eu150617.pdf　2017年3月2日閲覧）。

三和裕美子，2014，「日仏両国のコーポレート・ガバナンス改革における機関投資家の役割」『明大商学論叢』第96巻第4号，173-190頁。

労働政策研究・研修機構（2014）『労使対話促進のための従業員代表取締役の任命義務』（http://www.jil.go.jp/foreign/jihou/2014_6/france_01.html#link_07　2017年3月24日閲覧）。

吉森賢，1984，『フランス企業の発想と行動』ダイヤモンド社。

吉森賢，1994，「〈論説〉ドイツにおける会社統治制度：その現状と展望」『横浜経営研究』第15巻第3号，横浜国立大学，93-119頁。

AFEP & MEDEF, 2011, *3rd Annual Report on the AFEP-MEDEF Code.*

Haut Comité de Gouvernement d'Entreprise, 2016, *Rapport d'activité.*

Internal Market and Services, 2009, *Study on Monitoring and Enforcement Practices in Corporate Governance in the Member States, European Commission*（http://ec.europa.eu/internal_market/company/docs/ecgforum/studies/comply-or-explain-090923_en.pdf　2017年3月25日閲覧）.

de Witt, N. & Saadoun, Y-D, 2016, "Corporate Governance Updates: Inside French Corporate Governance System: Focus on Principles and Expected Reforms"『月刊監査役』No. 648, 68-76頁。

Landwell & Associés & PricewaterhouseCoopers, 2009, *Study on Monitoring and Enforcement Practices in Corporate Governance in the Member States, European Commission*（*Appendix 1*）（http://ec.europa.eu/internal_market/company/docs/ecgforum/studies/comply-or-explain-090923-appendix1_en.pdf　2017年3月26日閲覧）.

Observatoire de l'Epargne Européenne & INSEAD OEE Data Services, 2013, *Who Owns the European Economy?: Evolution of the Ownership of EU-Listed Companies between 1970 and 2012.*

Pardo, C. & Valli, T., 2015, *Exercise of Voting Rights by Asset Management Companies in 2014*, AFG.

Yoshimori, M., 1995, "Whose Company Is It? The Concept of the Corporation in Japan and the West," *Long Range Planning*, Vol. 28, pp. 33-44.

（村田大学）

第**12**章

インドのコーポレート・ガバナンス

はじめに

　20世紀に独立し，共和国として新たなスタートを切ったインドの産業経済は，イギリスの会社法を部分的に修正して1956年にインドの会社法を制定した。そして自由主義の原理をもとに，個人の財産権の行使と個人の政治的権利の行使を保証した新たな民主主義国家が生まれた。それにより個人の所有権を明確化し，共同体による財産所有を一体化することが可能になった。さらに，家族あるいは同族の資産を一体化して所有することができるようになったことで，多くの資産を分散せずに大きな投資や事業を起こすことが可能になり，インド経済に大きく貢献することになったのである。当時の商家の中で大規模なものは，後にインドの巨大財閥になることができた。本章ではインドの会社機関とコーポレート・ガバナンスについて述べることにしたい。

第1節　インドの会社形態の歴史

　インドでは会社法（1956年）（以下，旧会社法）に，ソキエタス原理を採用しているイギリスのリミテッド・パートナーシップ形態がある。安岡重明によると，イギリスのパートナーシップと日本の合名会社では，企業の永続性と社員の責任のあり方について大きな差異がある。[2]

　まず，イギリスのパートナーシップは個人の結合という性格が強い。イギリスのパートナーシップは出資者の個性が強いため，出資金の相続や譲渡により

永続性が断たれやすいのである。日本の合名会社も出資者の個性を重視するが，それよりも協調性が強い。日本の合名会社は法人性が強く，出資金あるいは出資持株分の相続や譲渡がなされやすいので，永続性を保ちやすい。

さて，世界初の株式会社として，オランダ東インド会社がインドの地で誕生した。インドは長年イギリスの植民地として支配されていたので，イギリスの企業形態をほぼ全面的に採用した。イギリス統治から独立した後，インド会社法は経営代理制度の箇所を除けば，その内容はほぼイギリスの会社法を受けて改正されていた。ここでは，インド会社法（2013年）（以下，新会社法）の法律上の企業形態について述べたい。

インドでは新会社法3条2項上，会社（Company）には無限責任会社（Unlimited Company），保証付有限会社（Company Limited by Guarantee）と有限責任会社（Company limited by shares）の3種類に区分されている。

無限責任会社とは，発起人や複数人（出資主）が出資した集団企業のことである。この出資者は会社の債務につき，会社債権者に対して会社とともに無限連帯責任を負う会社である。日本会社法における合名会社に相当する会社である。

保証付有限会社とは，出資の限度で責任を負うが，会社が清算，解散するに至った場合，あらかじめ定款により定められた金額を上限として，会社の債務に対して責任を負う社員により構成される会社をいう。保証付有限会社において，債権者が株主に直接責任を追及できるのは会社が清算，解散した場合に限られている。したがって無限責任というわけではない。

有限責任会社とは，発起人あるいは出資者が，その出資した限度で会社の責任を負う有限責任社員により構成される会社のことである。インドではこの企業形態は，最も一般的に普及したものであり，日本の株式会社に相当する。インドの有限責任会社の構成員を株主と定義し，有限責任会社の出資を割合的単位に分割した会社の社員たる地位を株式とする。

有限責任会社へと至る企業形態の展開は，企業が資本の，つまりは企業規模の拡大を目指して，自ら推し進めた1つの「進化」過程である。この進化は資

第Ⅵ部　その他の国のコーポレート・ガバナンス

本主義経済の下に置かれた，有限責任会社形態を採用して完成することになる。企業は，有限責任会社形態を採用することは，市場に散在する資本を集中させるのに適している。しかし，日本の場合，旧商法の有限会社は，株式会社の後に，政策上，中小企業のために株式会社の制度的特質を簡素化して創出された特殊な会社形態である。この有限会社は，世界的に普遍の企業形態ではなく，もともとはドイツにおいてつくられ，日本はそれに倣ったのである。[4]

　新会社法では，会社の資本金額や定款規定により，公開会社（Public Company）と非公開会社（Private Company）に区別される。これらは，日本の会社法上の公開会社（日本の会社法2条5号）および公開会社でない会社（いわゆる非公開会社）に似ている。[5]さらに，新会社法の2条2項では，一人会社（One Person Company：OPC）として新たな企業形態を導入された概念である。一人会社とは，株主が1名のみの会社であると定義されている。

（1）　非公開会社（Private Company）

　新会社法の2条68項では，非公開会社とは，一定の資本金を有するとともに，株式譲渡が定款上制限され，株主数は200人以下に制限（2条68項1）と定めている。非公開会社には，公開会社が求められる多くの手続規定，コンプライアンス規定などが免除されている。

　また，各種行為についてのインド中央政府の事前承認取得義務や役員報酬の上限規定，企業への貸付や他の企業の株式の購入規制などについても免除されている。新会社法上，定款には，4条では基本定款（Memorandum of Association）と5条附属定款（Articles of Association）の2種類がある。

　非公開会社は，①資本金が10万ルピー以上で，かつ②附属定款（Articles of Association）[6]に次のすべての規定がある。さらに，新会社法の2条68項では以下のように非公開会社の定義がなされている。

　（ⅰ）株式譲渡の制限。

　（ⅱ）株主数は200人以下に制限。

　　（a）ただし，会社経営者はこの人数に含まない。

第12章　インドのコーポレート・ガバナンス

（b）ただし，以前会社の元経営者であること，またその後，会社の株主
　　　である人は，この人数に含まない。

（iii）すべての証券の公募発行禁止の定めがある。

さらに，非公開会社の商号には，原則として「Private Limited」という文
言を入れる必要がある（8条1項）。

（2）　公開会社（Public Company）

公開会社とは，一定の資本金を資本市場で集めるとともに，株式譲渡が自由
にできる会社形態である。公開会社では，多くの手続規定，コンプライアンス
規定などが適用されている。例えば，第三者に対する新株発行の際には，原則
として株主総会特別決議が必要となる。さらに，インド会社法（2013年）の2
条71項では，以下のように公開会社の定義がなされている[7]。

（a）非公開会社でない。

（b）附属定款の規定として資本金10万ルピーまたはそれ以上の会社。

また，第71項で資本金10万ルピーまたはそれ以上，最低株主数は最低7人ま
たはそれ以上（3条1項（a））の公開会社の定義がなされている。さらに，公
開会社の商号には，原則として「Limited」という文言を入れる必要がある〔8
条1項〕。

このように，新会社法では，公開会社と非公開会社を明確に区別するための
定義を設けた。インドでは，会社を設立する際，公開会社や非公開会社のどち
らで設立するかは，発起人が選択できる。しかし，金融機関である，銀行，保
険会社等，いわゆるインド政府から業法規制をされている会社の場合は，公開
会社のみで設立をしなければならない。

第2節　会社法上の機関構造

インドの会社法上，株主の権利は，会社から利益配当や残余財産の分配その
他の利益を受ける権利（いわゆる自益権）と，会社の経営に参画する権利（い

第Ⅵ部　その他の国のコーポレート・ガバナンス

わゆる共益権）に大別される。自益権は会社から主として金銭的な利益を受ける権利であり，日本の会社法上の株主の権利とインドの会社法上の株主の権利との相違はない。しかし共益権については，会社支配や会社の運営に係る権利であり，株主総会決議や少数株主権の行使という形で実現されるが，株主総会決議についてはその決議要件や決議事項，少数株主権についてはその行使要件や行使対象の点で日本の会社法とは大きく異なる。また，会社に対して大きな役割を果たしている会社秘書役に大きな違いがある。

（1）　株主総会

　新会社法96条から122条までは株主総会について書かれている。新会社法96条1項では，株主総会の開催時期や方法などが規定されており，株主総会の招集，定足数，議決権行使方法等について定められている。また，公開会社の場合，附属定款で別に定めている以外に，明文で規定されている場合を除き，附属定款で別に定めをしたとしても無効とする。非公開会社については任意規定（附属定款で別の定めをした場合には，そちらが優先される）としている。

　新会社法では，株主総会には，定時株主総会（Annual General Meeting）および臨時株主総会（Extraordinary General Meeting）の2種類の総会が定められている。株主総会は会社の最高意思決定機関であり，一般株主が経営者と直接議論できる唯一の場でもある。

　96条1項では，定時株主総会は原則として1年に1回開催することと，前回開催してから15カ月以内に（ただし，最初の会計年度の決算終了日から9カ月以内に）開催し，決算報告や取締役の選任等の決議を行わなければならないことが記されている。同条では，株主総会の開催場所を定めており，会社は登記住所または当該登記住所のある市町村内のいずれかの場所で株主総会を開催しなければならない。さらに，株主総会は15カ月以上の期間が空いてはいけない。101条1項で株主総会の招集期間について記載されている。これは株主総会，取締役会の決議により招集され，開催の21日前までに株主や取締役に対して送付される必要がある。議決権を有する95％以上の株主に書面または電子的な方

第**12**章　インドのコーポレート・ガバナンス

法で伝達しなければならない。

　株主総会の定員数として，103条１項において会社の附属定款に人数規定が定められていない（a）公開会社の場合，

　（ⅰ）株主総会の開催日の時点で株主数が1000名未満では５名。

　（ⅱ）株主総会の開催日の時点で株主数が1000名以上5000名未満では15名。

　（ⅲ）株主総会の開催日の時点で株主数が5000名以上であれば30名。

と定められている。

　または，103条１項（b）非公開会社の場合は２名の株主が出席する必要がある。107条１項では，株主総会では原則，株主総会決議は，投票を行うのではなく，株主が手を挙げて（Show of Hands）議決に対して賛否を示す。これはインド独特の方法である。決議を挙手により行うことを制度化した点は，先進国の会社制度と大きく異なることである。

　また，105条１項では，会社の株主は，自分の代理（Representative）として，第三者に委任状（Proxy）を渡して株主総会に出席させ，議決権を行使させることができる。そのような代理人は発言する権利を与えられない。しかし，法人株主（社債者，投資者）の場合，取締役会が決議した場合は代理人を選任することができ，その代理人は一般の代理人と違い，株主総会で発言することができる。

（2）　取締役会

　取締役は株主総会において選任され，取締役会を構成する。取締役会は会社の業務執行の意思決定機関であり，株主から会社経営を委任された機関として，株主の利益を保護するために，日本における委員会等設置会社に似た委員制の下に，業務の執行を監督する役割を担っている[10]。新会社法149条１項（a）では，取締役の人数は公開会社の場合は，最低３名以上15名以下に構成する必要がある。公開会社が15名以上の取締役を構成する場合，株主総会の特別決議が必要であるとしている。その内，１名以上の女性取締役を選任することが新たに義務づけられている。

第Ⅵ部　その他の国のコーポレート・ガバナンス

　さらに，非公開会社の場合は149条1項（a）で最低2名以上15名以下の取締役を構成しなければならない。149条3項では，「すべての会社は，その取締役のうち少なくとも1名の『インド居住者』を選任する必要がある」と規定している。149条4項では上場会社に対して，全取締役の3分の1以上を独立取締役とすることが義務づけられている。「インド居住者」の定義は，昨年の1年間，合計で182日以上インドに滞在した者である。さらに，すべての会社では（一人会社を除く），前年において182日以上インドに滞在した者を選任する必要がある。**表12－1**は新会社法で規定された取締役の選任条件の一覧表である。

　また，インドの取締役の選任・解任について，152条2項ではすべての取締役は株主総会の決議によって選任されなければならない。しかし，169条1項で審判所によって選任されていない取締役の場合，株主総会の決議でその任期満了前でも解任することができる。しかし，非公開会社の場合，新会社法では取締役の任期について規定されていない。

　さらに，149条10項では，独立取締役任期は5年までとして，特別株主総会の決議により，さらに5年間の再任ができる。149条11項では，2期以上継続することは禁じており，任期満了から3年経過した場合，再任することができる。独立取締役本人のみならず，その家族も含め，当該会社およびその関連会社と原則一切の金銭関係があってはならないことや，独立性に関する宣誓書に毎年署名を行うこととして，独立取締役に対する厳しい姿勢を示している。

　表12－2で示している女性取締役はすべて血縁関係である。その実態を踏まえると，インド企業の85％は家族企業であり，家族の一員が女性取締役として以前から就任している現実もある。このことから，新会社法が想定する社外女性取締役の就任には多くの時間を要するともいえる。

（3）　取締役の権限

　日本の会社法上は，取締役会は意思決定機関であり，執行機関は代表取締役（または取締役）とされているが，インドでは，取締役会（Board of Directors）自体が意思決定機関であるとともに執行機関を兼ねている。新会社法179条1

第**12**章　インドのコーポレート・ガバナンス

表12−1　新会社法で定められている取締役の選任の条件

	1名以上の 居住取締役[1]	1名以上の 女性取締役	全取締役の 3分1以上の 独立取締役	監査委員会 設置	指名・報酬員会 設置
上場会社	○	○	○	○	○
すべての会社	○				
上場会社ではなくとも，以下の数値基準に当てはまる公開会社の場合（非公開会社には適用されない）：					
資本金 10億ルピー以上		○	○	○	○
売上金 30億ルピー以上		○	○		
負債総額 20億ルピー以上			○	○	○

（注）　前年に182日以上インドに居住。
（出所）　KMPG「2013年インド新会社法重要な改正点の概要」26頁。（2017年5月8日閲覧）。

表12−2　インドの有力企業の取締役会，監査役の状況

財閥名	総資産	取締役会 （人数）	血縁者	外部取締役	内部取締役	監査役
TATA MOTORS	237,248	10	—	5（女性1）	5	4（外部）
TATA STEEL	251,006	10	—	5（女性1）	5	3（外部）
Reliance	115,000	14	4	8（女性1）	6	4（外部）
Hindalco	29,829	12	2	8（女性1）	4	3（外部）
Bajaj	12,740	16	7	7（女性1）	9	4（外部）
Essar Steel	6,062	10	2	2	8	N. A
Mahindra & Mahindra	5,197	24	2		24（女性2）	N. A

（出所）　各財閥のホーム・ページを基に筆者作成（2017年9月20日閲覧）。

項では取締役会の権限は，法令や定款で株主総会やその他の会社の機関（監査役，会社秘書役等）に認められている権限以外のほぼすべての権限に及び，これらの決議と決定事項の執行を行うことができる。また，同条2項では，株主総会の決議により，すでに行われた取締役会の行為を無効とすることはできな

241

第Ⅵ部　その他の国のコーポレート・ガバナンス

いとされている。

　取締役会で決議すべき事項のうち，特に重要なものについては179条3項に列挙されており（以下の（a）～（k）），これらについては，必ず会合形式の取締役会により決議・執行されなければならず，書面による決議は認められていない。

（a）株式の払い込みを行わない株主に対する払込請求

（b）第68条に基づき有価証券の買戻しを承認

（c）インド国内・外の有価証券を発行

（d）借入

（e）会社資金の投資

（f）融資

（g）財務諸表と取締役会報告書の承認

（h）事業の多角化

（i）M&A あるいは再建の承認

（j）会社の買収，支配権などを取得

（k）他に定められている事項

　一方，取締役会の権限を制限する規定として，取締役会が下記の行為を行うに当たっては，株主総会の特別決議による同意が必要とされる（180条1項）。

（a）会社の事業の一部または全部の譲渡，貸与または放棄

（b）第三者に会社資産を強制取得された場合に，当該強制取得に際して受領した対価を投資すること

（c）会社の資本金および準備金の合計額を超える金額の借入れ

（d）取締役の会社に対する期限が到来した債務の支払への猶予期間の付与

（4）　監査役

　新会社法で設けている監査役は，日本における会社法に定める会計監査人に類似する。インドにおいては，すべての会社が勅許会計士あるいは会計事務所を監査役として選任し，会計監査を実施させ，その結果を中央政府に報告する

第**12**章　インドのコーポレート・ガバナンス

義務がある。139条から147条にかけて，監査に関連して監査役の選任，解任，資格などについて規定されている。139条では，すべての会社は，1人（個人）または1つの会計事務所を株主総会の決議で選任する必要がある。このように就任した監査役が，会社から選任された通知を受け取ってから15日以内に，会社登記局（Registrar of Company）に対して書面で当該選任を受諾したかどうかを通知する必要がある。

　また，139条6項では，新たに登記した会社の場合，会社登記から30日以内に取締役会が監査役を選任しなければならない。もしこれを怠った場合，株主等にその事実を通知し，90日以内に臨時株主総会によって監査役を選任しなければならない。さらに，140条1項では，監査役を任期中に解任する場合，非常に厳格な手続き要件を要求している。具体的には，インド中央政府から事前承認を得て，株主総会の特別決議で解任することができる。

　旧会社法226条3項では，以下の点に当てはまる者は，監査役に就任することができないとしていた。①法人あるいは同会社の役員または従業員。②同会社の共同出資者，役員または従業員。③会社から1000ルピー超の貸付を受けている者，または，1000ルピー超の第三者の貸付に関して何らかの保証を与えている者。⑤会社の議決権付証券あるいは株式などを1年間保有している者⁽¹¹⁾であった。しかし，相次ぐ粉飾決算の影響や監査役の高い独立性を確保するために，新会社法141条3項では，以下の点に当てはまる者は監査役に就任することができないとして，監査人選任に関する要件がより厳しくなり，その範囲を拡大している。

（a）有限責任組合を除く会社

（b）当該会社の役員あるいは従業員

（c）当該会社の株主でありながら，役員あるいは従業員である者

（d）当該会社の親族あるいは取締役または主要な経営者

（e）他社あるいは従業員であるものが，当該会社または子会社と直接，あるいは間接的な取引関係がある

（f）当該会社の主要な経営者，あるいは取締役の親族

243

第Ⅵ部　その他の国のコーポレート・ガバナンス

（g）他社の正社員である者，あるいは20社まで監査役兼任を可能としている者

（h）裁判所より詐欺行為に関し有罪判決を受け，判決日から10年を経過していない者

新会社法143条１項では，監査役はいつでも会社の会計帳簿（Books & Accounts & Vouchers）を，どこに保管されているものであるかを問わず閲覧することができる。また，監査役は会社の取締役に対して，監査義務を果たすために必要とされる資料や情報の提供を要請することができる。

新会社法では，企業の説明責任やコーポレート・ガバナンスの機能を効果的に機能させるために，原則として３つの委員会設置が義務づけられている。①指名・報酬委員会の設置，②監査委員会の設置，③CSR 委員会の設置である。

①指名・報酬委員会（Nomination and Remuneration Committee）の設置

指名・報酬委員会は，取締役の指名や報酬について基準等を決定することで経営陣に対する監督を及ぼそうとするものである。178条１項では，上場会社あるいは(1)資本金１億ルピー以上，(2)売上高が10億ルピー以上，(3)負債総額が５億ルピーを超えるすべての公開会社で，非常勤取締役で指名・報酬委員会を構成する。その構成した委員会の内半数以上は独立取締役で構成する必要がある。

②監査委員会（Audit Committee）の設置

監査委員会は，監査人（Auditor）の独立性を確保すること等を通じて経営陣に対する監督を及ぼそうとするものである。178条１項では，上場会社あるいは(1)資本金１億ルピー以上，(2)売上高が10億ルピー以上，(3)負債総額が５億ルピーを超えるすべての公開会社で，非常勤取締役で監査委員会を構成する。その構成した委員会のうち半数以上は独立取締役で構成する必要がある。特に，監査委員会の責任として，会計監査人の独立性・有効性のモニタリング，関連当事者取引の承認，関連当事者間での貸付・投資のモニタリング，資産価値評価，内部統制の評価の監視することとし，旧会社法より責任が明確化している。

③CSR 委員会（CSR Committee）の設置

第**12**章　インドのコーポレート・ガバナンス

　国内の法人に登録されているすべての企業にはCSR活動が義務づけられている。135条1項では，⑴売上高100億ルピー以上，⑵純資産が50億ルピー以上，⑶純利益が5000万ルピー以上の会社にはCSR委員会を設置することが義務づけられている。または，135条5項では，過去3年間の会計期間における純利益の平均2％をCSR活動に関して支出しなければならない。さらに，政府が指定した，飢餓の撲滅，貧困の減少，教育の促進，男女同権の促進，子どもの死亡率の低下，エイズプログラム，戦争未亡人に対する福祉活動，環境保護活動，その他法律で定められた事項に対してCSR活動をしなければいけない。

（5）　会社秘書役

　一般的にイギリスの植民地であった国々，あるいはその国々の影響下で制定された会社法では，会社秘書役（Company Secretary）を設置することが義務づけられている。インドの会社法の母法は，イギリス会社法である。そのためインドの会社でも会社秘書役を設置することが義務づけられている。

　会社秘書役とは，文書管理，株主管理，法令遵守等をその主要な任務とし，権限を有する会社機関である。会社秘書役のいる会社が対外的な文書公開や発行するときには，会社秘書役の名前で出されるか，会社秘書役の認証を受けているかのいずれかであることが一般的である。また会社秘書役は，コンプライアンスの責任者として，会社の法令に違反する事項がある場合は，処罰対象とされていることが多い。インドの会社秘書役は，日本の会社法上は存在しない。しかし，この会社秘書役の概念や役職は英米法系の会社法では会社の重要な役職とされており，日本でいえば取締役兼総務部長程度の地位，権限を有している。[12]

　新会社法204条1項では，すべての上場会社，または払い込まれた資本金が5000万ルピー以上あるいは売上げ2億5000万ルピー以上の会社では会社秘書役を設置する義務がある。さらに，新会社法に規定された形式で会社の定時株主総会に秘書会計レポートを提出し，取締役会への報告書に添付する義務がある。

　このような重要な役割と高い地位をもつインドの会社秘書役には一定の高い

245

第Ⅵ部 その他の国のコーポレート・ガバナンス

資格，基準が必要とされる。会社秘書役になるためには，インド会社秘書役協会（Institute of Company Secretaries of India）が定めたインドの会社秘書役法（1980年）に従って選任される必要がある。

第3節 1991年以降におけるインド企業の所有変化

インド経済にとって重要な転機となった1991年の自由経済政策について述べる。インドでは，イギリス型憲法に加えて政教分離の議会制民主主義を採用しながら，社会主義国家を目指していた。1956年から1991年までは社会主義国家の建設を目指してきたため，インド政府は各種産業や金融を公有化し，輸入代替型の経済発展戦略をとってきた。しかし，1980年代から始まった財政赤字，経常収支の赤字は1990年代に入ってもさらに悪化の一途をたどっていた。当時インドでは，湾岸戦争による原油価格の上昇，農業生産の減少，ガンジー元首相の暗殺などにより，独立後最大の経済危機に陥っていた。また，中国との軍事衝突やインド・パキスタン戦争での膨大な軍事費の支出も経済悪化の原因であった。

このような経済・政治危機を招いたインドでは，1991年にIMFと世界銀行の支援の下で，新経済政策を導入した。この新しい政策の導入に踏み切ったのは，当時，財務大臣であったマンモハン・シン（Man Mohan Singh）元首相であった。その特徴として，経済の自由化や外資資本規制の緩和などがあった。そのシン財務大臣チームが導入した新経済政策は，以下のようなものであった。

①産業許認可制度，輸入許認可制度の事実上の撤廃，②公的部門独占事業の民間への開放，③輸出補助金の撤廃，④平均関税率の大幅引き下げ，⑤外資出資制限の緩和。さらに1997年から，IT産業国家への移行，金融改革などが行われた。その結果，多国籍企業のインド進出やNon Residence Indian（NRI）からインドへの投資の増加によって，経済成長がプラスとなった。

また1991年の新経済政策導入以降，国内だけの資本に大きく依存してきたインド経済に対して，海外からの投資家が積極的に資本参加するようになった。

246

第**12**章　インドのコーポレート・ガバナンス

表12-3　1991年前後の大企業の株式保有パターンの変化

(単位：企業数，社)

株式保有比率	政府保有		外資保有		法人・取締役・親戚	
	前	後	前	後	前	後
10％未満	31	33	118	90	46	43
10％以上25％未満	67	76	18	39	57	36
25％以上40％未満	72	76	24	24	56	67
40％以上50％未満	21	11	27	13	23	30
50％以上	9	4	13	34	18	24
合計	200	200	200	200	200	200

(出所)　Chalapati Rao, Guha, 2006, p. 12.

　長年資金調達や近代的な技術に悩まされていたインド企業は，外資を導入した
ため，著しい成功を収めた。その一方で，公共性の高い産業分野への外資の導
入は依然として部分的にしか参入が認められていないという現実もある。そう
した産業分野の事例としては，リテール分野，農業，原子力などがある。この
産業分野に対して，外資資本家の関心は高いが，外資の参入が認められていな
かった。そのように守られていた産業へ海外企業の参入が今も十分に解放され
ていないので，自由経済政策を導入したときに描かれていた計画と大きく離れ，
思い通りに経済成長していないのも実情である。

　表12-3からわかるように，40％以上の政府保有企業は1991年前後半減し，
法人・取締役・親戚による企業保有数が増加している。こうした変化は経済の
自由化が進んだことを表している。

(1)　インド企業の方針転換の理由

　上記で述べたように，自由経済政策が導入され，その新政策の大きな特徴は
経済の自由化や外資資本規制の緩和などであった。その結果，インド企業の経
営の変容をめぐっては，所有構造，経営の透明性，機関投資家の活動，外資投
資家の参入などといった観点から，自由経済政策導入以前と比較して大きな変
化が生じた。特に，インド企業では所有と経営の問題に関して大きな差が見ら

247

れるようになった。1991年の自由経済政策で，企業や機関投資家など国内の特定の資本家だけに大きく依存してきたインド経済市場に，一般のインド投資家や海外からの投資家も積極的に資本参加するようになった。それにより，インド企業が著しく経済的な成功を収めたといってよい。

新経済政策導入以前はインド国内の特定の投資家だけが企業に投資していたので，乗っ取り等の心配がなかった。そのため，インド大手企業の経営者が企業の所有強化にあまり積極的な行動をとっていなかった。しかし，1991年以降は，買収や乗っ取りへの危惧から**表12−4**から明らかなように，傘下企業の株式所有比率を高めている。

ほかにも表12−4から，TATA Sonsが主要なグループ傘下企業に対する所有を強化していることがわかる。TATAグループの持株会社（TATA SonsとTATA Industries）が戦略的に上場企業への増資を行いながら，傘下企業への支配を強化している。次に，タタ財閥の企業集団管理について述べていく。

2017年の20社の上場企業の中で，TATA Sonsや傘下企業のいわゆる発起人の株式保有率を見ると，最高で73.26％（Tata Consultancy Services），最低でも19.35％（TATA Chemicals）保有していることが明らかになっている。次に，財閥の主要な傘下企業であるTISCOの株式保有比率の変化を示す。

TISCOの発起人の持株比率（**表12−5**）を見てみると，1988年にはわずか2.9％だった比率が，2017年には，31.35％までに上昇している。先述したように，TATAグループは重要な傘下企業の所有を強化するために，発起人あるいはTATA Sonsが財閥の傘下企業の持株関係を強化している。

（2）　インド企業の経営的特徴

インド企業の特徴として，インド経済の支配的地位にある巨大企業群のほとんどが家族企業形態をなしている。その構造的特徴は，家族・同族による封鎖的所有・支配と，高度の多角化にある。具体的には，①同族経営で所有と経営が分離していないこと，②総帥あるいはCEOが財閥全体の圧倒的な所有権に基づき最高意思決定者として経営権を支配していること，③企業分野の多角化

第**12**章　インドのコーポレート・ガバナンス

表12- 4　TATA Sons がもつ傘下企業の株式所有比率の強化（1995-2017年度）

（単位：%）

主な傘下企業	1995	1996	2001	2003	2005	2007	2009	2011	2013	2017
TISCO	2. 3	8. 5	19. 86	19. 8	19. 8	27. 63	29. 13	29. 75	29. 75	29. 75
TELCO	1. 8	2. 7	14. 33	20. 86	22. 36	21. 94	27. 22	25. 96	25. 93	28. 71
TATA Power	5. 6	6. 3	28. 62	28. 74	28. 74	32. 13	29. 24	29. 81	29. 81	31. 05
TATA Chemicals	7. 9	8. 2	10. 14	10. 85	11. 22	15. 42	13. 79	19. 35	19. 35	19. 35
TATA Global Beverages	7. 6	8. 6	15. 06	15. 06	12. 33	22. 78	22. 78	23. 10	23. 10	23. 50
Indian Hotels	13. 3	13. 3	13. 87	14. 92	14. 92	11. 89	14. 37	19. 58	25. 02	28. 01
TATA Consultancy Services	NA	NA	NA	NA	80. 64	75. 98	73. 75	73. 75	73. 75	73. 26
TATA Investment	NA	NA	31. 75	31. 75	31. 75	40. 44	65. 21	68. 14	68. 14	68. 14

（出所）　ボンベイ証券取引所（http://www.bseindia.com/corporates/Sharehold_Searchnew.aspx?expandable =3　2017年 5 月15日閲覧）と Kakani & Joshi, 2006, p. 10を基に筆者作成。

に積極的であること，④傘下企業との間に相互持株関係が見られること，⑤企業集団やグループの名前に家族の名前が冠されていること，などが挙げられる。

　インド企業の経営者の多くはイギリス，アメリカで高水準の教育を受けているため，従来からコーポレート・ガバナンス本来の意味を十分理解していると思われる。しかし，少人数の者に所有が支配されているため，コーポレート・ガバナンスは機能し難い。長年，インド国内では，コーポレート・ガバナンスに関する議論やセミナーが行われているが，多くの議論やセミナーを実施したとしても，企業自身が積極的に議論を行うことは皆無であった。

お わ り に

　以上のように，インドにおける会社形態と会社機関を新会社法に沿って述べ

第Ⅵ部　その他の国のコーポレート・ガバナンス

表12－5　TISCO の株式保有比率の変化（1988－2017年）

	TISCO　株に対する所有比率（％）					
	1988	2001	2004	2007	2013	2017
発起人	2.9 （TATA　Sons と傘下企業）	19.86 （TATA Sons） 4.68 （TELCO） 1.68 （その他	19.86 （TATA Sons） 4.68 （TELCO） 1.68 （その他	27.63 （TATA Sons） 4.29 （TELCO） 1.85 （その他	29.75 （TATA Sons） 0.46 （TELCO） 1.14 （その他	29.75 （TATA Sons） 0.46 （TELCO） 1.14 （その他
機関投資家	50.5	32.81	40.32	40.32	41.12	44.73
インド人株主	42.2	32.45	21.65	21.65	25.29	19.84
その他	4.4	8.52	4.26	4.26	2.24	4.08

（出所）ボンベイ証券取引所（http://www.bseindia.com/corporates/Sharhold_Search.aspx?expandable=0#
2017年5月15日閲覧）を基に筆者作成。

てきた。インドは長年イギリスの植民地として支配されていたので，イギリス
の企業形態をほぼ全面的に採用してきた。イギリス統治から独立した1956年に
おいても，インド会社法は前節で述べた経営代理制度の箇所を除けば，その内
容はほぼイギリスの会社法を受けて改正されていた（旧会社法）。インドの会
社形態や会社機関は，植民地時代の統治国であったイギリス会社法に倣ってい
るところが大きいのである。

　2013年に改正された新会社法では，1956年の旧会社法において存在した多く
の不明点を解決する目的と同時に，簡素化・整理と各主要な定義を明確化する
ことが主要な目的であった。その結果，旧会社法では700条であったものが，
新会社法では477条に整理された。また，1991年以降，インドでは長年コーポ
レート・ガバナンス改革が行われてきたにもかかわらず，不祥事の発生件数は
減少することはなく，これまでの改革の効果はあまり見られなかった。このよ
うな中で，2009年に発生したサティヤム・コンピューターの粉飾決算により，
インドでは，より厳しい法的制度の改革が要請されていた。

　その結果，新会社法では，会社機関に，より厳格な報告義務の導入，監査人
の責任強化，取締役会，（主要な経営陣），独立取締役，監査委員会などのさら

第**12**章　インドのコーポレート・ガバナンス

なる責任拡大などが盛り込まれている。さらに，アジア初となる女性取締役の
1名選任が義務づけられている。しかし，ほとんど家族経営中心であるインド
企業では長年，血縁関係の女性が取締役に就任していることを考えると大きな
変化であるとは言い難い。

　2013年の改正により法律の簡素化やコーポレート・ガバナンスが強化された
ことからインド企業の社会的責任が義務化され，ガバナンス問題は，多少改善
したように見受けられる。

　さらに，大きな経済市場を有するインドでは，今後も企業の存在感が一層増
大していくに違いない。そして，外資系企業がインドに投資を行う際も，イン
ド企業と事業提携をすることが今より加速するだろう。しかし，今後も積極的
にインド企業のガバナンス改革が実行されなければ，継続的なインド経済の発
展は困難となるだろう。

注

(1)　中世イタリアの商業都市で初めて複数の個人出資者から創出されたソキエタス（socie-
　　tas）は，現在でいう合名会社に相当する企業形態である。この企業形態は出資者が無
　　限責任を負い，企業経営に参加するが，出資者数を大幅に拡大することができない。そ
　　れは，出資者全員が経営に参加するので，大幅に出資者が増加した場合，統一的な企業
　　支配の維持ができなくなるからである。したがって，この企業形態では多くの資本を集
　　めることは困難である（佐久間，2005a，3頁）。

(2)　安岡，1998，56頁。

(3)　経営代理制度とは，インドで株式会社の発起をなすとともに当該会社との間に一定の
　　契約を結び，企業経営に関する一切の責任を引き受けそれに対して一定の報酬を受ける
　　という制度である。経営代理人とは，会社との間に結んだ契約，または会社の定款ない
　　し，副定款により，その会社の事務の全部もしくはほとんど全部を経営する権限を，イ
　　ンド会社法（1956年）の諸規定に従って与えられた個人，商社もしくは社団をいい，か
　　つ経営代理人の地位を占める個人，商社もしくは社団であれば，その称呼のいかんを問
　　わずこれを包含する（金田，1960，6，117頁）

(4)　小松，2000，27頁。

(5)　日本の会社法上，非公開会社についての定義は存在せず，公開会社の定義に該当しな
　　い会社が非公開会社と呼ばれている。

第Ⅵ部　その他の国のコーポレート・ガバナンス

⑹　インドの会社法上，定款には基本定款（Memorandum of Association）と附属定款（Articles of Association）の2種類がある。前者は会社の商号や所在地，事業目的といった基本的事項についての定款であり，後者は会社の運営に関する具体的規定についての定款である（JETRO, 2008, 19頁）。

⑺　Taxman, 2016, pp. 1, 15.

⑻　JETRO, 2008, 49頁。

⑼　JETRO, 2008, 51頁。

⑽　佐久間，2005a，28頁。

⑾　Taxman, 2016, pp. 211-212.

⑿　Taxman, 2016, p. 95.

⒀　榊原・吉越，2005，19頁。

⒁　NRI- Non Residence Indian（NRI）とは，期間を定めず国外に居住しているインド人を指す（非居住インド人，印僑と言う）。外国企業に雇用されているか否かは問わない。NRI の国内滞在は年間181日を超えてはならないとされる。

引用参考文献

井上隆一郎，1987，『アジアの財閥の企業』日本経済新聞社。

金田近二，1960，「インド経営代理制度の研究」『インドの経営代理制度』アジア経済研究所，6，117頁。

韓国調査団報告書「韓国のコーポレート・ガバナンス：IMF 管理体制後の推移と日本への示唆」日本監査役協会韓国調査団，2002年10月10日。

菊池敏夫・平田光弘，2000，『企業統治の国際比較』文眞堂。

小松章，2000，『企業形態論　第2版』新世社。

榊原英資・吉越哲雄，2005，『インド巨大市場を読みとく』東洋経済新報社，19頁。

坂本恒夫・佐久間信夫編，1998，『企業集団支配とコーポレート・ガバナンス』文眞堂。

佐久間信夫，2005a，「現代企業の諸形態」佐久間信夫編『現代経営学　新版』学文社。

佐久間信夫，2005b，「日本の会社機関とコーポレート・ガバナンス」佐久間信夫編『現代経営学　新版』学文社，28頁。

佐久間信夫，2007，『コーポレート・ガバナンスの国際比較』税務経理協会。

佐久間信夫編，2014，『アジアのコーポレート・ガバナンス改革』白桃書房。

JETRO 日本貿易振興機構，2008，「インド会社法調査」49頁。

末廣昭，2003，『ファミリービジネス論』名古屋大学出版会。

出見世信之，1998，「コーポレート・ガバナンス論争の背景とその意義」坂本恒夫・佐久間信夫編『企業集団支配とコーポレート・ガバナンス』文眞堂，1-23頁。

ビシュワ・ラズ・カンデル，2006，「インド財閥の家族経営とその特質」『アジア経営学会』

第**12**章　インドのコーポレート・ガバナンス

第12号。

ビシュワ・ラズ・カンデル，2009，「タタ財閥の企業集団管理」『日本経営教育学会』第12
　巻第 2 号。

三上敦史，1993，『インド財閥経営史研究』同文館。

安岡重明，1979，『財閥史研究』日本経済新聞社。

安岡重明，1998，『財閥経営の歴史的研究』岩波書店。

Adityabirla Group（http : //www.adityabirla.com/　2017年 5 月20日閲覧）.

Balasubramanian, N., 2010, *Corporate Governance and Stewardship*, Tata McGraw-Hill.

Berger, P. G., E. Ofek, & D. L. Yermack, 1997, "Managerial entrenchment and capital
　structure decisions" *Journal of finance*, 52(4) pp. 1411-1438.

Black, B. S. & Khanna, V., 2007, "Can Corporate Governance Reforms Increase Firm
　Market Values? Event Study Evidence from India", *Journal of Empirical Legal
　Studies*, 4(4), pp. 749-796.

Blair, M., 1995, "Ownership & Control : Rethinking Corporate Governance for the
　Twenty-First Century", *The Brookings institution*, Washington D. C.

Bombay stock Exchange Ltd（http : //www.bseindia.com　2017年 5 月20日閲覧）.

Chalapati Rao, K. S., Guha, A., 2006, "Ownership Pattern of the Indian Corporate
　Sector, Implications for Corporate Governance", *ISID*, 2006.（http : //isidev.nic.in/pdf
　/wp0609.pdf　2017年 4 月30日閲覧）.

Chibber, P. K. & Majumdar, S. K., 1997, "Foreign Ownership and Profitability : Prop-
　erty Rights, Strategic Control and Corporate Performance in Indian Industry", *The
　Journal of Finance*, 42(1) pp. 209-238.

Gokarn, S., Sen, A., Vaidya, R. R., 2004, *The Structure of Indian Industry*, Oxford Uni-
　versity Press.

Hermalin, B. E. & Weisbach, M. S., 1991, "The effects of board composition and di-
　rect incentives on firm performance", *Financial Management*, 20, pp. 101-112.

Kakani, R. K. & Joshi, T. 2006, "Cross Holding Strategy to Increase Control : Case
　of the Tata Group", *XLRI Jamshedpur School of Management*（http : //smfi.org/con-
　vention/con9/fullpapers/Ram%20kumar%20kakani.pdf.　2017年 5 月23日閲覧）.

M & M Group（http : //www.mahindra.com/　2017年 5 月20日閲覧）.

Ministry of Finance（www.finmin.nic.in　2017年 5 月20日閲覧）.

MINISTRY OF LAW AND JUSTICE, 2013, "THE COMPANIES ACT, 2013". Ac-
　cessed 2017.05.10.

Piramal, G. 1998, *Business Legends*, Penguin Books.

Reliance Group（http : //www.ril.com/　2017年 5 月20日閲覧）.

253

第Ⅵ部　その他の国のコーポレート・ガバナンス

Securities and Exchange Board of india (http://www.sebi.gov.in　2017年5月20日閲覧).

Tata Group (http://tata.com/　2017年5月20日閲覧).

Taxman, 2016, *Companies Act 2013 14th edi.,* Taxman Publications, p. 1, 15.

Xie, B., Davidson, W. N. & P. J. DaDalt., 2003, "Earnings management and corporate governance : The role of the board and the audit committee", *Journal of Corporate Finance,* 9(3), pp. 295–316.

Yeh, Y. & Woidtke, T., 2007, "Corporate governance and the informativeness of accounting earnings : The role of the audit committee", Working Paper, Corporate Governance Center, University of Tennessee.

（ビシュワ・ラズ・カンデル）

索　引

あ 行

ISC　→機関株主委員会
IMF 経済危機　*199, 207*
アクティビスト株主　*96*
アクティビスト・ファンド　*49, 50*
アセット・マネジャー　*95, 96, 105, 107*
アングロサクソン・モデル　*133*
委員会　*76*
委員会設置会社　*5*
委員会等設置会社　*27*
ESG 投資　*11, 92, 99, 134*
イギリス現代奴隷法　*99*
イギリス版スチュワードシップ・コード　*9*
李健熙　*197*
李在鎔　*193, 195, 197, 203*
意味のある説明　*103, 104, 108*
李明博　*207*
イングランド銀行　*114, 116, 119*
インベストメント・チェーン　*94, 95, 107*
ウォーカー報告　*94, 116*
ウォール・ストリート・ルール　*43, 77*
AIF　→金融市場庁
エイボン・レター　*43*
AFEP　→フランス私企業協会
SRI　→社会的責任投資
SEC　*54*
SBF120　*221*
FRC　→財務報告評議会
NYSE　*52*
M & A　*175, 180*
MEDEF　→フランス企業連盟
エリオット　*193*
エンゲージメント　*43, 82, 97, 104, 108*
欧州会社（SE）　*140, 142*
OECD コーポレート・ガバナンス原則　*12*

か 行

外国人機関投資家　*143*
会社機関　*24*
会社権力　*70*
会社構成員　*73*
会社支配　*23*
会社受任者　*213, 217, 226*
会社の目的　*83*
会社秘書役　*245*
会社法（インド）　*234*
改正会社法　*3*
外部監査　*185*
外部監視　*4*
外部規律　*173*
外部取締役　*70–72*
株式会社　*64–66, 68, 69, 226*
株式会社権力　*69*
　　——の目的　*67*
株式価値重視経営　*133*
株式相互所有　*19*
株主　*157*
株主アクティビズム　*43*
株主総会（インド）　*238*
株主総会（ドイツ）　*154, 157*
株主代表訴訟　*5*
株主提案　*77–80, 82, 83*
株主提案規則14a-8　*78, 79, 82*
株主理論　*83*
CalPERS　*97*
勧告　*145*
監査委員会　*159, 201, 203, 205*
監査等委員会設置会社　*7, 8, 17, 19, 27, 28*
監査法人　*182*
監査法人ガバナンス・コード　*11*
監査役（インド）　*242*

255

監査役会 135, 154, 157, 159, 227
監査役設置会社 7, 8, 17
機関株主委員会（ISC） 94, 98, 118
機関投資家 33, 118, 176
企業統治改革 152
企業の繁栄 147
企業の利益 147, 163
企業領域における監督と透明性のための法律
　（KonTraG） 135, 155
企業倫理 125
議決権行使 178
議決権行使助言会社 18, 49
気候変動法 99
寄託議決権 156
キャドバリー委員会 91, 92, 114–116, 119, 122, 124
キャドバリー報告書 214
キャピタルゲイン非課税措置 136
共同決定法 157
巨大株式会社 64, 65, 68
銀行権力 133
金融安全法 216
金融市場庁（AMF） 216, 223
グランゼコール 222
グリーンバリ委員会 115
クローバック（claw back） 55
グローバル・スタンダード 12
ケイ, J. 94
経営参加 133
経営者革命論 68
経営者支配 23, 220
経営組織法 158
経営判断の原則 82
経済的制度 69
ケイ報告 94, 97
現代自動車 192, 194, 197, 203, 207
　——グループ 202
公開会社（インド） 237
公正公示 174
コーポレート・ガバナンス・コード 214
コーポレートガバナンス・コード（日本） 3, 4,
　7, 8, 13, 19

コーポレート・ガバナンス規範 116, 120
コーポレート・ガバナンスの原則 180
国民年金基金 193–195
国連責任投資原則 100
国家資本主義 222, 225, 230
雇用安定化法 221
コンプライアンス 123
コンプライ・オア・エクスプレイン（遵守せよ，
　さもなくば説明せよ） 3, 12, 13, 15, 93, 94,
　106, 108, 115, 127, 181, 214, 218, 220, 229

さ　行

最善慣行規範 115
財閥 191, 196, 206, 207
財務報告評議会（FRC） 92, 102, 103, 105, 106, 108
サムスン 191, 194, 195, 197
　——グループ 202, 207
サムスン電子 193, 196, 203, 207
CAC40 221
CEO 74, 75
CSR 92, 99, 100, 107
指揮者 213, 226
資金調達容易化法 137
事実上の取締役 174
執行役員制 27
執行役会 135, 154, 163, 164, 227
執行役報酬の相当性に関する法律 138
CDP 100
支配株主 223
CBI（Confederation of British Industry） 114
GPIF（年金積立金管理運用独立行政法人） 10
資本拘束 66
資本市場振興法 136
指名委員会 159, 228, 230
指名委員会等設置会社 7, 27
　——における指名委員会 17
指名・報酬委員会 32
社外監査役 4, 5, 8
社会的責任投資（SRI） 99
社外取締役 5, 7, 8, 17, 18, 26, 30
社外理事 199, 206

索　引

社外理事候補推薦委員会　201, 203
自由経済政策　247
集団的エンゲージメント　101
種類株式　133
遵守に関する対応説明　146
上場会社　66–68
上場企業会計改革および投資家保護法：企業改
　革法　→SOX 法
女性の役員割当制（クオータ制）　138
所有権の社会的責任条項　146
所有と経営の分離　141
所有と支配の一致　141
所有と支配の分離　23
シン，マンモハン　246
新経済規制法　215
人事労務担当執行役　163
推奨　145
スチュワードシップ・コード　3, 4, 8, 11, 19, 28,
　118
スチュワードシップ責任　8
ステークホルダー　4, 12, 18, 19
スミス委員会　123
セイ・オン・ペイ　54, 219
政治的・社会的制度　69
政府系ファンド　97, 107
戦略報告書（Strategic Report）　99, 101
創業者企業　139
SOX 法（上場企業会計改革および投資家保護
　法：企業改革法）　12, 13, 44, 74, 75
ソフトロー　3, 4, 13, 24, 91, 126, 229

た　行

第1次ヴィエノ報告書　214
大企業集団　196
大規模企業集団　192
貸借対照表法現代化法　139
第2次ヴィエノ報告書　215
代理最高経営責任者　215
多議決権株式　225
タタ財閥　248
DAX 企業　156

短期主義　51, 94
単層型の取締役会構造　213, 227
チャーカム，J.　116, 117
鄭義宣　198
鄭夢九　195, 198
定款自治　5
TISCO　248
TESCO　117, 118, 121–125
DCGK　→ドイツ企業統治規範
ドイツ企業統治規範（DCGK）　134, 137, 145, 152
ドイツ企業買収法　137
ドイツ独占委員会　155
ドイツ・モデル　133
同意権　158
登記理事　193, 196, 198, 203
統合規範　93, 115–117, 218
統合報告書　10
同族企業　139
透明化法・開示法　137
独立監査役　160
独立社外監査役　147
独立性の規準　219
独立取締役　18, 19, 26, 32, 42, 71–75, 214, 217, 220,
　228
独立役員　5
ドッド＝フランク法　45, 54
取締役会（インド）　239, 240
取締役会（フランス）　227
取締役会委員会　75, 77
取締役会会長　75
取締役会構成員　70
取締役会内委員会　214, 227, 228

な　行

内部監査　185
内部規律　173
内部統制　5, 216
内部取締役　70
二層型会社機関　135
二層型の取締役会構造　213, 227
2倍議決権　225, 230

257

日本版コーポレートガバナンス・コード　*12*
日本版スチュワードシップ・コード　*8–10, 28, 33*
任意の指名委員会　*17*
Name and Shame 手法　*223*
ノイア・マルクト　*142*
ノルウェー政府年金基金　*97*

は 行

ハードロー　*3, 12, 13, 24, 126*
ハーミーズ　*96*
バーリ, A. A.　*68*
買収防衛策　*6*
朴槿恵　*207*
反財閥感情　*207*
ハンペル委員会　*115*
PRI　→国連責任投資原則
非業務執行取締役　*104*
非公開会社（インド）　*236*
非財務情報開示　*92*
ビジネス・ラウンドテーブル　*51, 56*
非上場会社　*66, 67*
ヒッグス委員会　*115*
筆頭独立取締役　*104*
1株1議決権　*155, 225*
非法人企業　*64*
BAT（British American Tabacco）　*117, 118, 121–125*
BP　*117, 118, 121–124, 126*
複数議決権株式　*155*
ブトン報告書　*217*
フランス企業連盟（MEDEF）　*214*
フランス私企業協会（AFEP）　*214*
　AFEP-MEDEF コード　*218, 226, 228*
　AFEP-MEDEF 報告書　*217*
フランス資産運用協会（AFG）　*223*
フランス版 SOX 法　*216*
フランス版ビッグバン　*222*
プリンシプル・ベース　*91*
プリンシプル・ベース・アプローチ　*12, 13, 145*
プロキシー・アクセス　*55, 80*

フロランジュ法　*225*
PDG（取締役会会長兼最高経営責任者）　*213, 214, 217, 227, 230*
ヘッジ・ファンド　*51*
報酬委員会　*18*
法人　*64*
保証付有限会社（インド）　*235*

ま 行

ミーンズ, G. C.　*68*
ミドルネクスト・コード　*220*
未来戦略室　*195, 196*
無議決権株式　*155*
無限責任会社（インド）　*235*
無限責任の有限責任化　*139*
文在寅　*207*
持株会社　*194, 198*
モノ言わぬ株主　*9, 10*
モンタン共同決定法　*157*

や 行

役員報酬　*6*
有限責任会社（インド）　*235*
優先株式　*155*
ユニバーサル・バンク制度　*156*

ら 行

利益相反　*11*
利害関係者　*67, 73, 117*
利害関係者理論　*83*
利害のない取締役　*26*
リスクマネジメント　*123, 124*
リミテッド・パートナーシップ　*234*
リレーションシップ・インベスティング　*78*
リレーションシップ・インベストメント　*43*
ルール・ベース　*91*
ルール・ベース・アプローチ　*12*
労使共同決定　*133*
労働者の経営参画　*220*
ロンドン証券取引所　*115, 116*

執筆者紹介 （所属，執筆担当章，執筆順，＊は編者）

＊佐久間信夫（松蔭大学経営文化学部教授，創価大学名誉教授，第1章）

文　載皓（常葉大学経営学部准教授，第2章）

浦野倫平（九州産業大学商学部教授，第3章）

今西宏次（同志社大学商学部教授，第4章）

田中信弘（杏林大学総合政策学部教授，第5章）

出見世信之（明治大学商学部教授，第6章）

風間信隆（明治大学名誉教授，第7章）

山口尚美（香川大学経済学部准教授，第8章）

金　在淑（日本経済大学経営学部教授，第9章）

柳町　功（慶應義塾大学総合政策学部教授，第10章）

村田大学（大原大学院大学会計研究科准教授，第11章）

ビシュワ・ラズ・カンデル（名古屋外国語大学世界共生学部教授，第12章）

〈編著者紹介〉

佐久間信夫 (さくま　のぶお)

1947年　生まれ
　　　　明治大学大学院商学研究科博士後期課程修了
現　在　松蔭大学経営文化学部教授，創価大学名誉教授　博士（経済学）
専門分野　経営学，企業論
主　著　『企業支配と企業統治』白桃書房，2003年
　　　　『コーポレート・ガバナンスの国際比較』（編著）税務経理協会，2007年
　　　　『コーポレート・ガバナンスと企業倫理の国際比較』（共編著）ミネルヴァ書房，
　　　　2010年

コーポレート・ガバナンス改革の国際比較
──多様化するステークホルダーへの対応──

2017年11月10日　初版第1刷発行　　　　　　　〈検印省略〉
2024年 2 月20日　初版第3刷発行

定価はカバーに
表示しています

編著者　　佐久間　信　夫
発行者　　杉　田　啓　三
印刷者　　藤　森　英　夫

発行所　株式会社　ミネルヴァ書房
607-8494　京都市山科区日ノ岡堤谷町 1
電話代表　（075）581-5191番
振替口座　01020-0-8076番

© 佐久間信夫ほか，2017　　　　　　　　亜細亜印刷

ISBN978-4-623-08113-4
Printed in Japan

よくわかるコーポレート・ガバナンス

――― 風間信隆 編著　Ｂ５判　248頁　本体2600円

社会環境の変化・複雑化に伴い企業のあり方も多様化する中，規模にかかわらず社会から企業に求められる役割や責任への期待は高く，その範囲も拡大している。いかに不正なく企業価値を高め，企業内部，外部の多くのステークホルダーとの関係を保ち，発展する経営を実現，管理していくか。本書は，企業の存続を図る上で必要不可欠な企業統治にかかわる理論と知識を，丁寧にわかりやすく体系的・網羅的に解説する。

よくわかる企業論

――― 佐久間信夫 編著　Ｂ５判　228頁　本体2700円

これからの企業の理念や経営戦略に何が必要とされているのか。現代の企業のあり方を基礎から理解する必携のテキスト。

よくわかる現代経営

――― 「よくわかる現代経営」編集委員会 編　Ｂ５判　228頁　本体2700円

経営学を学び始めるために必要な基礎知識を網羅し，企業を取り巻くさまざまな現象を，具体的事例とともにわかりやすく解説。

コーポレート・ガバナンスと経営学

――― 海道ノブチカ・風間信隆 編著　Ａ５判　260頁　本体2800円

●グローバリゼーション下の変化と多様性　社会環境とともに変化する統治構造の実態を把握する。

50のテーマで読み解く CSR ハンドブック
――キーコンセプトから学ぶ企業の社会的責任

――― Ｓ・ベン／Ｄ・ボルトン 著　松野　弘 監訳　Ａ５判　352頁　本体4000円

「企業の社会的責任」（CSR）に対する関心はますます高まっているが，その議論は，社会的，経済的，環境的および政治的各方面から注目されてきた。本書は，「CSRとは何か」「なぜCSRが重要か」「CSRをどのように実行するか」という3つの大きな問題領域を，50のテーマを軸に詳解する。現在，企業に求められる役割，責任，社会からの期待といった複雑な内的，外的環境を，CSRの概念や課題を知ることから理解する。

――― ミネルヴァ書房 ―――

https://www.minervashobo.co.jp/